Wolfgang Schneider

Wie arbeite ich mit dem IBM PC

Wolfgang Schneider

Wie arbeite ich mit dem IBM PC

Mit 23 Bildern

Friedr. Vieweg & Sohn   Braunschweig / Wiesbaden

CIP-Kurztitelaufnahme der Deutschen Bibliothek

Schneider, Wolfgang:
Wie arbeite ich mit dem IBM PC / Wolfgang
Schneider.— Braunschweig; Wiesbaden:
Vieweg, 1985.

Das im Buch enthaltene Programm-Material ist mit keiner Verpflichtung oder Garantie irgendeiner Art verbunden. Der Autor übernimmt infolgedessen keine Verantwortung und wird keine daraus folgende oder sonstige Haftung übernehmen, die auf irgendeine Art aus der Benutzung dieses Programm-Materials oder Teilen davon entsteht.

1985

Umschlaggestaltung: Peter Lenz, Wiesbaden
Satz: Vieweg, Braunschweig
Druck und buchbinderische Verarbeitung: Lengericher Handelsdruckerei, Lengerich

ISBN-13: 978-3-528-04339-1   e-ISBN-13: 978-3-322-84196-4
DOI: 10.1007/978-3-322-84196-4

Vorwort

Das Buch *Wie arbeite ich mit dem IBM PC* richtet sich an diejenigen Benutzer eines IBM PC, die geringe oder keine Erfahrungen mit Mikrocomputern besitzen, aber auch an diejenigen Benutzer, die möglichst *schnell* und *mühelos* an die Bedienung des IBM PC mit seinen wichtigsten Zusatzgeräten, wie Bildschirm, Drucker und Diskettenlaufwerke, herangeführt werden möchten, ohne sich durch eine Vielzahl von Bedienungshandbüchern durchlesen zu müssen.

Die vom Hersteller mitgelieferten Bedienungshandbücher haben für den genannten Benutzerkreis den Nachteil, daß in ihnen *alle* Möglichkeiten aufgezeigt werden müssen, die das Mikrocomputersystem bietet. Dieser Vielfalt steht der Anfänger meist hilflos gegenüber. Bedienungshandbücher können i.a. auch nur *kurz* auf Einzelheiten eingehen, da sonst bei der Beschreibung aller Möglichkeiten der Umfang des Handbuches zu stark anwachsen würde. Außerdem werden in den Bedienungshandbüchern in der Regel Grundkenntnisse der Datenverarbeitung vorausgesetzt, denn man bedient sich bei den Beschreibungen der in der Datenverarbeitung üblichen *Fachsprache*.

Dieses Buch soll die Nachteile, die Bedienungshandbücher für den Anfänger aufweisen, überbrücken helfen, indem sich hier auf das Wesentliche konzentriert wird, dieses dafür aber um so ausführlicher behandelt wird.

Zunächst wird in einer kurzen Einleitung der Aufbau von Datenverarbeitungsanlagen erläutert. Dabei erlernt der Leser die wichtigsten Begriffe der Datenverarbeitung. Anschließend wird dieses Wissen auf den IBM PC umgesetzt.

Mit diesem Wissen ausgestattet wird dem Leser gezeigt, wie das IBM PC-System zu installieren ist und wie es anschließend getestet werden kann. Bevor der Benutzer erlernt, wie Programme eingegeben und zum Ablauf gebracht werden, erhält er den dazu notwendigen allgemeinen Überblick über die Programmierung von Mikrocomputern und den Aufgaben von Betriebssystemen.

In aufeinander abgestimmten Schritten wird dann an einer Vielzahl von nachvollziehbaren Beispielen gezeigt, wie BASIC-Programme erstellt, geändert und zum Ablauf gebracht werden. Es wird ausführlich dargelegt, wie ein Drucker angeschlossen wird und Programme und Ergebnisse programmgesteuert ausgedruckt werden. Einen großen Raum nimmt weiterhin die ausführliche Beschreibung des IBM-DOS Betriebssystems ein. Es wird an vielen Beispielen gezeigt, wie Programme auf Disketten gespeichert und wieder abgerufen werden können, wie Dateien kopiert und gelöscht werden, Inhaltsverzeichnisse von Disketten ausgegeben werden u.dgl.

Nach dem Durcharbeiten dieses Buches wird der Leser in der Lage sein, übliche Arbeiten am IBM PC selbständig vorzunehmen und in weitergehenden Fragen das Bedienerhandbuch gezielt einzusetzen.

Cremlingen, Winter 1984 *Wolfgang Schneider*

Inhaltsverzeichnis

1 Aufbau von Datenverarbeitungsanlagen 1

  1.1   Allgemeines 1
  1.2   Eingabeeinheiten 2
  1.3   Speicher 2
  1.4   Rechenwerk 3
  1.5   Steuerwerk 3
  1.6   Ausgabeeinheit 3
  1.7   Struktur einer Datenverarbeitungsanlage 3

2 Überblick über die Hardwareausstattung des IBM PC 5

  2.1   Zentraleinheit 5
  2.2   Systemeinheit 5
  2.3   Eingabetastatur 6
  2.4   Bildschirm 14
  2.5   Magnetbandkassettenrecorder 14
  2.6   Diskettenlaufwerke (Floppy-Disk-Laufwerke) 14
      2.6.1   Allgemeines 14
      2.6.2   Technische Daten 16
      2.6.3   Formatieren von Disketten 18
      2.6.4   Behandlung von Disketten 18
      2.6.5   Zukünftige Entwicklung 18
  2.7   Festplatte 19
  2.8   Drucker 19
  2.9   Weitere Möglichkeiten 19

3 Installation und Test von Systemeinheit, Eingabetastatur und
  Bildschirm 20

  3.1   Vorbereitung der Systemeinheit 20
  3.2   Eingabetastatur an die Systemeinheit anschließen 20
  3.3   Anschluß der Systemeinheit an das Stromnetz und Einschalttest 20
  3.4   Anschluß des IBM-Schwarz-Weiß-Bildschirms (Monitor) 21
      3.4.1   Anschluß des IBM-Schwarz-Weiß-Bildschirms bei eingebautem
              Adapter 22
      3.4.2   Einbau des Bildschirmadapters in die Systemeinheit 23
  3.5   Kontrolle der Schalterstellung auf der Systemplatine zur Anzahl der
       installierten Diskettenlaufwerke 25

3.6 Kontrolle der Schalterstellung auf der Systemplatine zum Arbeitsspeicherausbau 25
    3.6.1 Schalterstellung des Arbeitsspeicherausbaus auf der Systemplatine 25
    3.6.2 Schalterstellung des Arbeitsspeicherausbaus bei Erweiterungen außerhalb der Systemplatine 25
3.7 Einschalttest des Grundsystems 26

4 Allgemeiner Überblick über die Programmierung von Mikrocomputern 28
4.1 Allgemeines 28
4.2 Programmiersprachen 28
    4.2.1 Maschinensprachen 28
    4.2.2 Assemblersprachen 30
    4.2.3 Problemorientierte Programmiersprachen 31
4.3 Übersetzerprogramme 33
    4.3.1 Compiler 33
    4.3.2 Interpreter 35
    4.3.3 Vor- und Nachteile von Interpreter und Compiler 35

5 Programmiersprachen des IBM PC 37
5.1 Standard- oder Kassetten-BASIC 37
5.2 Disketten-BASIC 37
5.3 Fortgeschrittenes BASIC — Advanced BASIC 38
5.4 Weitere Programmiersprachen 38

6 Allgemeiner Überblick über die Aufgaben von Betriebssystemen bei Mikrocomputern 39
6.1 Allgemeines 39
6.2 Elementare Aufgaben 40
    6.2.1 Ablaufsteuerung 40
    6.2.2 Ein- und Ausgabesteuerung 40
    6.2.3 Speicherverwaltung 40
    6.2.4 Zusammenarbeit zwischen Ablaufsteuerung, Ein-Ausgabe-steuerung und Speicherverwaltung 41
    6.2.5 Weitere Aufgaben von Betriebssystemen 42
6.3 Betriebssystemkommandos 43
6.4 Dialog zwischen Mikrocomputer und Mikrocomputerbenutzer 44
6.5 Speicherung von Betriebssystemen 45

7 Allgemeiner Überblick über das Betriebssystem des IBM PC 46
7.1 Betriebssystem für den Betrieb im Standard- bzw. Kassetten-BASIC 46
7.2 IBM-DOS-Betriebssystem 46
7.3 Wichtige Betriebssystemkommandos des IBM PCs 47

8 Eingabe von BASIC-Programmen in den Arbeitsspeicher des IBM PCs 55
8.1 Eingabe einer Anweisung eines Programmes 55
8.1.1 Eingabe der Anweisungsnummer 55
8.1.2 Eingabe des Schlüsselwortes 56
8.1.3 Eingabe der Eingabevariablen 57
8.1.4 Abschluß der Anweisung 57
8.2 Eingabe weiterer Anweisungen 58
8.3 Starten von BASIC-Programmen 59
8.4 Fehler im Programm 60
8.4.1 Syntaxfehler 60
8.4.2 Eingabefehler 61
8.4.3 Logische Fehler 61
8.5 Neustart von BASIC-Programmen 63

9 Korrigieren von BASIC-Programmen 64
9.1 Korrigieren nicht abgeschlossener BASIC-Anweisungen 64
9.1.1 Ersetzen von Zeichen 64
9.1.2 Einfügen von Zeichen mit Hilfe der INS-Taste 66
9.1.3 Löschen von Zeichen mit Hilfe der DEL-Taste 67
9.1.4 Löschen von Zeichen mit Hilfe der Rückschritt-Taste 68
9.1.5 Löschen der gesamten eingegebenen BASIC-Anweisungszelle . . 68
9.1.6 Löschen eines Teils einer eingegebenen Zeile 69
9.2 Korrigieren von schon erstellten BASIC-Programmen 69
9.2.1 Auflisten der Programmzeilen des BASIC-Programms 70
9.2.2 Bewegen des Cursors an die zu ändernden Stellen im Programm . 70
9.2.3 Ersetzen von Zeichen 72
9.2.4 Einfügen von Zeichen 72
9.2.5 Löschen von Zeichen 72
9.2.6 Ersetzen, Einfügen und Löschen von Zeichen mit Hilfe des
LIST-Kommandos 72
9.2.7 Ersetzen, Einfügen und Löschen von Zeichen mit Hilfe des
EDIT-Kommandos 73
9.2.8 Ersetzen ganzer BASIC-Anweisungen 74
9.2.9 Einfügen von ganzen BASIC-Anweisungen 75
9.2.10 Löschen einzelner BASIC-Anweisungen 75
9.2.11 Löschen einer Gruppe von BASIC-Anweisungen 76
9.2.12 Löschen eines ganzen Programms 77

10 Inbetriebnahme des IBM-Grafikdruckers 78
10.1 Technische Daten 78
10.2 Anschluß des Druckers 78
10.2.1 Verbindung des Druckers mit der Systemeinheit 78
10.2.2 Verbindung des Druckers mit dem Stromnetz 79

10.3 Vorbereitungen am Drucker vor dem eigentlichen Drucken 80
   10.3.1 Farbband einlegen 80
   10.3.2 Papier einlegen 80
   10.3.3 Papierstärke einstellen 80
   10.3.4 Linken Druckerrand einstellen 80
   10.3.5 Drucker und Zentraleinheit einschalten 80
   10.3.6 Kontrollampen prüfen 81
   10.3.7 Zeilen- und Formularvorschub prüfen 81
   10.3.8 Druckerselbsttest 81
10.4 Programmgesteuertes Drucken 83
   10.4.1 Eingabe des Testprogramms 83
   10.4.2 BASIC-Anweisungen zum Ausdrucken von Ergebnissen
        auf dem Drucker 83
   10.4.3 Ausdruck des im Arbeitsspeicher befindlichen Programms 84
   10.4.4 Drucken in doppelt breiter Schrift 84
   10.4.5 Drucken in komprimierter Schrift 85
   10.4.6 Fettdruck 86
   10.4.7 Weitere Steuerzeichen 87

11 Das Disketten-BASIC 88
11.1 Allgemeines 88
11.2 Erstellen einer landesspezifischen Systemdiskette 89
   11.2.1 Vorbereitende Arbeiten zum Erstellen der landesspezifischen
        Systemdiskette 89
   11.2.2 Schrittweises Erstellen der landesspezifischen Systemdiskette . . 91
11.3 Formatieren neuer Disketten 95
11.4 Aufruf des Disketten-BASIC 97
11.5 Erstellen eines BASIC-Programmes mit Hilfe des Disketten-BASIC 99
11.6 Dateinamen 99
   11.6.1 Datei 99
   11.6.2 Dateinamen 100
   11.6.3 Dateihauptname 100
   11.6.4 Dateiergänzungsnamen 100
   11.6.5 Dateigruppenname 101
   11.6.6 Dateinamen mit Laufwerkangabe 102
11.7 Speichern eines BASIC-Programms auf Diskette 103
11.8 Laden von BASIC-Programmen von der Diskette in den Arbeitsspeicher . . 104
11.9 Umbenennen von gespeicherten Dateien auf einer Diskette 105
11.10 Löschen von auf einer Diskette vorhandenen Dateien 106
11.11 Benutzung einer Programm-Diskette in Laufwerk B 106
11.12 Liste der Disketten-BASIC-Kommandos 107
   11.12.1 FILES 107
   11.12.2 LOAD 107
   11.12.3 SAVE 108
   11.12.4 NAME 109
   11.12.5 KILL 109

12 Das DOS-Betriebssystem 110
  12.1   Einführung in die wichtigsten DOS-Kommandos 110
      12.1.1   Dauerhaft gespeicherte DOS-Kommandos 111
      12.1.2   Wichtige von der DOS-Systemdiskette ladbare Kommandos . . . 112
  12.2   Starten des DOS-Betriebssystems 114
      12.2.1   Einlegen der DOS-Betriebssystemdiskette 114
      12.2.2   Kaltstart des IBM PCs 114
      12.2.3   Warmstart des IBM PCs 114
  12.3   Das DIR-Kommando 115
      12.3.1   Aufgaben des DIR-Kommandos 115
      12.3.2   Die allgemeine Form des DIR-Kommandos 115
      12.3.3   Fehlermeldungen 118
      12.3.4   Bildschirmausgabesteuerung 118
  12.4   Das CHKDSK-Kommando 119
      12.4.1   Aufgaben des CHKDSK-Kommandos 119
      12.4.2   Die allgemeine Form des CHKDSK-Kommandos 119
      12.4.3   Auskünfte aufgrund des CHKDSK-Kommandos 120
  12.5   Das EDLIN-Kommando 122
      12.5.1   Aufruf des Editors von der Systemdiskette im
            Systemlaufwerk A 122
      12.5.2   Einrichten neuer Daten 124
      12.5.3   Eingabe von Daten in neue Dateien 126
      12.5.4   Änderung von vorhandenen Dateien 128
           12.5.4.1   Quelldatei von der Diskette in den Arbeitsspeicher
                  bringen 128
           12.5.4.2   Anzeigen von Dateizeilen und Dateibereichen auf
                  dem Bildschirm 129
           12.5.4.3   Ersetzen von Zeichen durch andere Zeichen in
                  Dateizeilen 131
           12.5.4.4   Löschen von Zeichen in Datenzeilen 134
           12.5.4.5   Einfügen von Zeichen in Dateizeilen 137
           12.5.4.6   Löschen von Dateizeilen 139
           12.5.4.7   Einfügen von Dateizeilen 140
           12.5.4.8   Austauschen von Zeichen und Zeichenfolgen 142
           12.5.4.9   Aufsuchen von Zeichen und Zeichenfolgen 144
  12.6   Das COPY-Kommando 145
      12.6.1   Kopierwünsche des Anwenders 145
      12.6.2   Das allgemeine Kopier-Kommando 146
      12.6.3   Kopierbeispiele zum Kopieren einzelner Dateien 148
           12.6.3.1   Vorbereitung 148
           12.6.3.2   Kopieren auf die gleiche Diskette 150
           12.6.3.3   Kopieren auf eine andere Diskette in einem anderen
                  Laufwerk 151
           12.6.3.4   Kopieren auf eine andere Diskette, wenn nur ein
                  Laufwerk vorhanden ist 152

12.6.4   Kopieren von Dateigruppen 153
12.6.5   Verketten von Dateien 154
12.6.6   Steuerparameter beim Kopieren von Dateien 155
12.7   Das DISKCOPY-Kommando 155
12.8   Das SYS-Kommando 158
12.9   Das TYPE-Kommando 158
12.10   Ausdruck der Bildschirmausgabe 161
12.10.1 Ausgabe auf dem Drucker parallel zur Bildschirmausgabe 161
12.10.2 Ausdruck des momentanen Bildschirminhaltes auf dem
         Drucker 162
12.10.3 Ausdruck von Dateiinhalten 162
12.10.4 Ausdruck des Dateiinhaltsverzeichnisses 162
12.11   Das ERASE- oder DEL-Kommando 163
12.12   Das RENAME-Kommando 165
12.13   Erstellen von BASIC-Programmen mit Hilfe des Editors EDLIN und
         anschließender Programmstart 168

13 Anhang 170
13.1   Anhang A1: Glossarium 170
13.2   Anhang A2: Der ASCII-Code 173
13.3   Anhang A3: Umwandlung von Zahlen 179
13.3.1   Umwandlung von Binärzahlen (Dualzahlen) in Dezimalzahlen . . . 179
13.3.2   Umwandlung von Dezimalzahlen in Binärzahlen (Dualzahlen) . . . 180
13.4   Anhang A4: Literaturverzeichnis 180

Sachwortverzeichnis 181

1 Aufbau von Datenverarbeitungsanlagen

1.1 Allgemeines

Datenverarbeitungsanlagen, kurz DVA genannt, sollen die Arbeit des Menschen in fast allen Bereichen des täglichen Lebens erleichtern. Dazu muß eine DVA wesentliche Teile der Aufgaben übernehmen können, die früher vom Menschen ausgeführt wurden.

Beispiel 1.1

An dem Beispiel einer Fernmelderechnungsstelle soll gezeigt werden, welche Aufgaben eine DVA übernehmen kann und welche dem Menschen noch verbleiben. Dabei wird dem Bearbeiter ein „Intelligenzgrad" zugeordnet, den man auch von einer DVA erwarten kann: Er kann nur lesen, schreiben und mit Hilfe eines Taschenrechners rechnen.

Zur Bewältigung seiner Aufgabe benötigt der Bearbeiter neben den oben genannten Fähigkeiten noch:

● **Eine bzw. mehrere Listen mit allen notwendigen Daten.**

   Die Liste enthält in diesem Beispiel u.a.:
   — die Namen der Kunden nebst einer Kundennummer (KNR),
   — den zum Kunden gehörenden alten Zählerstand (AZ),
   — den zugehörigen neuen Zählerstand (NZ),
   — die Grundgebühren (GG) und
   — die Gebühren je Zählereinheit (GZE).

Aus diesen Angaben soll der Bearbeiter die Gebühren (GEB) der Kunden ermitteln und das Ergebnis in der Gebührenspalte der Liste niederschreiben.

Da der Bearbeiter jedoch nur lesen, schreiben und einen Taschenrechner bedienen kann, ist er dazu nicht ohne weiteres in der Lage. Er benötigt noch eine

● **Arbeitsanweisung.**

Diese Arbeitsanweisung könnte z.B. so aussehen:

1. *Nehme* den Kunden mit der KNR 1.
2. *Gib* dessen NZ in den Taschenrechner ein.
3. *Subtrahiere* von dem vorher eingegebenen Wert den AZ.
4. *Multipliziere* das Ergebnis mit den GZE.
5. *Addiere* zu dem Ergebnis die GG.
6. *Lies* das Ergebnis.
7. *Schreibe* das Ergebnis in die Gebührenspalte der Liste des zugehörigen Kunden.
8. *Gehe* zur nächsten KNR über.
9. *Beginne* die Arbeitsanweisung bei Punkt 2 usw.

Wie aus dieser Arbeitsanweisung ersichtlich wird, besteht sie aus einer Folge von *Befehlen* (Gib, Subtrahiere, Multipliziere, ... usw.). Eine solche Arbeitsanweisung, die aus einer Folge von Befehlen (Anweisungen) besteht, nennt man ein *Programm*.

> **Ein Programm** ist eine in einer beliebigen Sprache abgefaßte, vollständige Anweisung zur Lösung einer Aufgabe mittels einer DVA.
>
> Unter dem Begriff **Daten** versteht man u.a. die Zahlenwerte, mit denen die jeweilige Aufgabe zu lösen ist.[1]

Programme und Daten stellen *Informationen* für die DVA dar, die von ihr verarbeitet werden. Daraus resultieren Begriffe wie:

Informationsverarbeitung, Informationstechnik, Informatik usw. Die Arbeitsweise einer DVA ähnelt der Arbeitsweise des Bearbeiters.

1.2 Eingabeeinheiten

Eine DVA wird ebenso mit *Programmen* und *Daten* versorgt, wie der Bearbeiter im Fernmeldeamt. Diesen Vorgang nennt man bei der DVA einfach *Eingabe*. Sie erfolgt über *Eingabeeinheiten*, z.B. über eine Tastatur, einen Lochkartenleser, einen Lochstreifenleser oder einen Klarschriftleser.

1.3 Speicher

Programme und Daten müssen in einer DVA beliebig lange zur Verfügung stehen. Dazu müssen sie in der DVA in einem *Speicher* gespeichert werden. Während bei dem Bearbeiter im Fernmeldeamt zur langfristigen Speicherung der Daten ein Blatt Papier und zur kurzfristigen Speicherung das Gedächtnis genügte, müssen in einer elektronischen DVA elektronische Speicher verwendet werden.

Für die kurzfristige Speicherung werden heutzutage im allgemeinen Halbleiterspeicher eingesetzt. Derartige moderne Schreib-Lesespeicher[1] haben heute bereits eine Kapazität von 262 144 bit[1] (256 Kbit[1] RAM[1]). Eine DVA kann selbstverständlich mehrere dieser Bausteine gleichzeitig enthalten. Eine wichtige Kennzahl für die Größe einer DVA ist die *Arbeitsspeicherkapazität*. Sie wird in Kbyte[1] angegeben. Kleine Mikrocomputer haben 1 K bis 64 Kbyte Speicherkapazität, größere DVAs mehrere Hundert Kbyte.

Die Information, die eine Speicherzelle (im allgemeinen 1 Byte) speichert, muß im gesamten Arbeitsspeicher wieder aufgefunden werden. Dazu ordnet man jeder Arbeitsspeicherzelle im Arbeitsspeicher eine *Adresse*[1] zu.

Der zur kurzfristigen Speicherung benutzte *Arbeitsspeicher* ist schnell, aber teuer. Daher ist die Kapazität des Arbeitsspeichers aus Kostengründen begrenzt. Es ist somit nicht sinnvoll, Programme und Daten in großen Mengen *langfristig* im Arbeitsspeicher zu behalten, sondern den „wertvollen" Speicher nur *während der Verarbeitung* von Programmen zu benutzen (daher: *Arbeits*speicher).

Für große, langfristig zu speichernde Informationsmengen muß ein billigeres, aber im allgemeinen auch langsameres Speichermedium gewählt werden, wie z.B. Magnetbänder, Magnetplatten, Magnetkassetten, Magnetdisketten.

Man faßt diese Art Speicher mit dem Sammelbegriff „*externe Speicher*" zusammen. Wichtig für ihren Einsatz ist die Kenntnis der *Zugriffszeit*. Das ist die mittlere Zeit, die

---

[1] Nähere Erläuterung siehe Anhang A1.

benötigt wird, um auf die Daten zuzugreifen, d.h. Daten vom Speichermedium in das *Rechenwerk* zu bringen.

1.4 Rechenwerk

Eine DVA benötigt, ähnlich wie der Bearbeiter im Fernmeldeamt, eine Einrichtung, die Berechnungen ausführt. Diese Einrichtung wird in einer DVA *Rechenwerk* genannt.

1.5 Steuerwerk

Eine DVA muß das Programm ausführen können, indem es einen Befehl nach dem anderen abarbeitet. Dazu muß sie geeignete Einrichtungen besitzen, die die notwendigen, einfachen Handgriffe des Bearbeiters, z.B. die Tastenbedienung des Tischrechners, ersetzen können. Für diese Aufgabe ist in einer DVA ein *Steuerwerk* (Leitwerk) vorgesehen. Das Steuerwerk „versteht" ca. 100 verschiedene *Befehle*[1] und führt sie aus. Die Zeit, die zur Ausführung der Befehle benötigt wird, bestimmt die *Verarbeitungsgeschwindigkeit* der DVA[1].

1.6 Ausgabeeinheit

Eine DVA muß die Ergebnisse der Verarbeitung auf Wunsch ausgeben können. Diesen Vorgang nennt man bei einer DVA einfach *Ausgabe.* Sie erfolgt über *Ausgabeeinheiten.* Dies sind z.B. Bildschirme, Drucker, Plotter[1]).

Der Arbeitsspeicher sowie das Rechen- und Steuerwerk werden meist unter dem Begriff *Zentraleinheit* zusammengefaßt. Unter einem *Zentralprozessor* (engl. Central Processing Unit = CPU) versteht man hingegen nur die Zusammenfassung von Steuer- und Rechenwerk.

1.7 Struktur einer Datenverarbeitungsanlage

Aus den vorher genannten Komponenten ergibt sich beim Zusammenwirken die Struktur einer Datenverarbeitungsanlage (Bild 1.1):

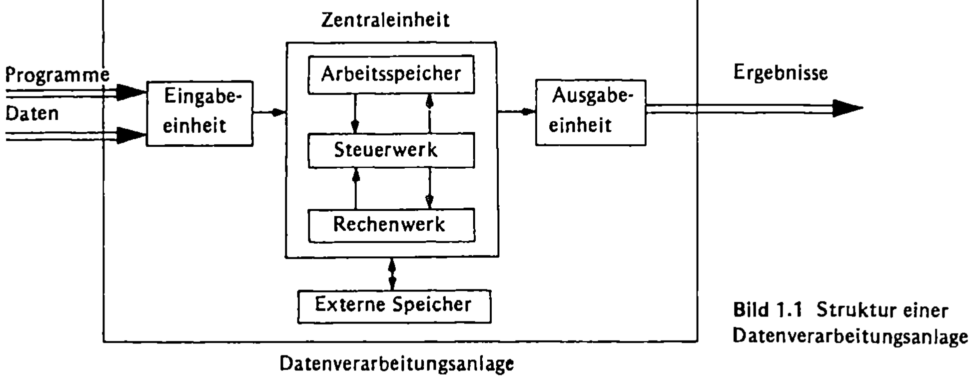

Bild 1.1 Struktur einer Datenverarbeitungsanlage

---

[1] Nähere Erläuterung siehe Anhang A1.

Wie Bild 1.1 zeigt, stellen Datenverarbeitungs*anlagen* zwar die technischen Funktionseinheiten zur Verfügung, aber erst die Verbindung von DVA und Programm ergibt ein funktionsfähiges Datenverarbeitungs*system*, in dem die technischen Funktionseinheiten der DVA in gewollter, sinnvoller Weise selbsttätig die gestellte Aufgabe lösen und die eingegebenen Daten wunschgemäß verarbeiten.

Die geistige Leistung, die dem Menschen verbleibt, liegt in der für die DVA verständlichen Beschreibung der Arbeitsanweisung, die *Anwender-Programmierung* der DVA. Diese Aufgabe kann von keiner Maschine übernommen werden.

Bei programmgesteuerten Datenverarbeitungssystemen wird somit bewußt eine Trennung zwischen Arbeitsanweisung (Anwenderprogramm oder Anwender-*Software*) und ausführender technischer Anlage (DVA oder *Hardware*) vorgenommen. Dadurch ist ein und dieselbe Anlage fähig, nicht nur eine einzige, sondern eine Vielzahl von verschiedenen Aufgaben auszuführen. Wenn eine DVA eine andere Aufgabe bearbeiten soll, braucht nur das Anwenderprogramm geändert bzw. ausgetauscht werden.

> **Unter Hardware versteht man alle technischen Funktionseinheiten einer DVA.**
>
> **Unter Software versteht man eine Folge von Anweisungen (Programm), die die Hardware zu einer gewünschten Tätigkeit veranlassen.**

Die Arbeitsanweisungen (Programme) müssen natürlich so formuliert werden, daß sie von der DVA verstanden werden. Die dazu geeigneten Sprachen nennt man Programmiersprachen.

2 Überblick über die Hardwareausstattung des IBM PC

2.1 Zentraleinheit

Die Zentraleinheit besteht bekanntlich aus den wesentlichen Komponenten:
Arbeitsspeicher, Steuerwerk und Rechenwerk (vgl. Bild 1.1).

Das *Steuer-* und *Rechenwerk* (Prozessor) wird beim IBM PC durch den INTEL-Mikroprozessor 8088 realisiert.

Der *Arbeitsspeicher* besitzt in der Grundausstattung minimal 16 Kbyte. Er kann auf der *Grundplatine* des IBM PCs in Schritten auf 64 Kbyte erweitert werden (4 × 16 Kbyte). In Deutschland wird der IBM PC im allgemeinen mit 64 Kbyte angeboten. Ist diese Ausbaustufe erreicht, kann mit Hilfe von *Speichererweiterungsplatinen* die Arbeitsspeicherkapazität bis zu 544 Kbyte ausgebaut werden.

2.2 Systemeinheit

Die Systemeinheit enthält im allgemeinen *in einem Gehäuse* neben der Zentraleinheit *weitere* wichtige Komponenten des Systems, wie z.B.:
— die Spannungsversorgung,
— ein ROM[1] für ein einfaches grundlegendes Betriebssystem[1] (Monitor, vgl. Kapitel 6.5),
— ein ROM für die Programmiersprache[1] (im allgemeinen BASIC),
— Kassetten- bzw. Diskettenlaufwerke und
— Interfaceschaltungen[1] zum Anschluß externer Geräte wie Bildschirm und Drucker.

Der IBM PC enthält in der Systemeinheit:
— eine Spannungsversorgung mit einer Leistung von 60 W. Sie ist so ausgelegt, daß ein voll ausgerüstetes System ohne Umrüstung der Spannungsversorgung betrieben werden kann;
— ein 40 Kbyte ROM mit der Programmiersprache BASIC 80 von Microsoft mit den in BASIC üblichen Betriebssystemkommandos;
— Platz für zwei 5 1/4"[2] Diskettenlaufwerke;
— einen Anschluß für ein Kassettenlaufwerk;
— Platz für Erweiterungsplatinen (z.B. für Speicher, Interfaceschaltungen für Bildschirm und Drucker).

---

[1] Siehe Anhang A1.

[2] " ist eine Abkürzung für das Längenmaß Zoll (engl. inch). 1 Zoll entspricht 2,54 cm. 5 1/4 Zoll entsprechen somit 13,3 cm.

2.3 Eingabetastatur

Alle Mikrocomputer besitzen im Gegensatz zu programmierbaren Taschenrechnern eine ASCII-Tastatur. ASCII ist eine Abkürzung und steht für „American Standard Code of Information Interchange", was soviel bedeutet wie „Amerikanischer Normcode für Nachrichtenaustausch". Dieser Code verschlüsselt, vereinfacht gesagt, die *alphanumerischen*[1] Zeichen, d.h. die Ziffern, Buchstaben und Sonderzeichen, die auf den gebräuchlichen Schreibmaschinen zu finden sind, in einen dem Mikrocomputer verständlichen Code.

Die Anordnung der *Buchstabentasten* entspricht weitgehend der Anordnung der Tasten bei handelsüblichen Schreibmaschinen. Allerdings fehlen meist Zeichen wie ä, ö und ü, die somit durch zwei Zeichen wie ae, oe und ue dargestellt werden müssen. Außerdem ist meist die Lage von Z und Y ausgetauscht. Dies liegt daran, daß die Mikrocomputer im allgemeinen amerikanischen Ursprungs sind und dies dort die normale Anordnung der Tasten ist. Bei deutschen Herstellern wird im allgemeinen der deutsche Zeichensatz und eine Anordnung der Tasten nach der Deutschen Industrie-Norm verwendet (sog. *DIN-Tastatur*).

Die Ziffern sind vielfach zusätzlich in einem besonderen *numerischen Tastenfeld* mit den Rechenoperatoren zusammengefaßt, wie dies von Taschenrechnern bekannt ist.

Die Zahl und Lage der Tasten der *Sonderzeichen* ist sehr unterschiedlich, so daß hier keine allgemeinen Hinweise gegeben werden können.

Außerdem enthält das Tastenfeld aller Mikrocomputer im allgemeinen noch *Spezialtasten*, die beim Programmieren und beim Programmablauf häufig benötigt werden, z.B. Tasten zur Cursorsteuerung[1] und Tasten für Betriebssystemkommandos.

Die Eingabetastatur des *IBM PC* besitzt 83 Tasten. Sie lassen sich gruppieren in

- eine DIN-Schreibmaschinentastatur,
- einen Ziffernblock (Zehnertastatur) und
- 10 Funktionstasten.

Bild 2.1 zeigt die Anordnung der *einfarbigen* Tasten.

Alle Tasten sind mit einer „Wiederholfunktion" ausgestattet (REPEAT-Funktion), d.h. wenn eine Taste längere Zeit gedrückt wird, wird das zugeordnete Zeichen oder die zugehörige Funktion solange ausgegeben bzw. ausgeführt, bis die Taste wieder losgelassen wird. Dies ist vielfach praktisch, denn bei der Eingabe einer längeren Folge gleicher Zeichen muß man nicht ständig „tippen", sondern nur diese Taste entsprechend lange niederhalten (Kontrolle über die Bildschirmausgabe).

Die Tastatur ist mit einem ca. 2 m langem Kabel mit der Systemeinheit verbunden (siehe Abschnitt 2.2).

Aus Platzmangel befinden sich auf den Tasten anstelle von Texten vielfach Symbole bzw. Abkürzungen, auf die, soweit sie nicht von der Schreibmaschinentastatur bekannt sind, bei der folgenden Beschreibung näher eingegangen wird.

---

[1] Nähere Erläuterung siehe Anhang A1.

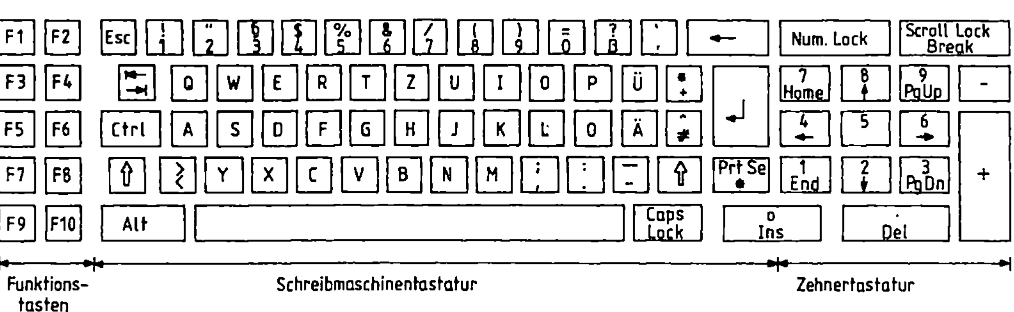

Bild 2.1 Eingabetastatur des IBM PC

Taste	Erläuterung:
	Umschalttasten:
	Einige Tasten sind mit 2 Zeichen belegt (mit einer „unteren" und einer „oberen" Tastenebene, wie z.B. Bild 2.1 in der oberen Reihe der Schreibmaschinentastatur zeigt). Möchte man die Zeichen oder die Funktion der oberen Tastenebene (auf der Taste oben angeordnete Zeichen) eingeben, so muß man eine Umschalttaste betätigen (engl. Shift-Taste).
⇧	Hier unterscheidet man: **Momentane Umschaltung (temporäre Umschaltung)** Die Umschaltung gilt nur während der Zeit, in der die Umschalttaste ⇧ gedrückt wird. Drückt man *gleichzeitig* die Umschalttaste ⇧ *und* die doppelt belegte Zeichentaste, so wird das Zeichen der oberen Tastenebene ausgegeben. Der IBM PC besitzt zwei derartige Umschalttasten (vgl. Bild 2.1).
Caps Lock	**Dauerhafte Umschaltung auf Großbuchstaben** Vielfach werden für Anweisungen in einer Programmiersprache nur Großbuchstaben verwendet. Somit ist eine *dauerhafte* Umschaltung auf Großbuchstaben sinnvoll. Beim IBM PC erreicht man diese Umschaltung durch Drücken der Taste "Caps Lock" (Caps ist die englische Kurzform für "capital letters", d.h. Großbuchstabe, während "Lock" „feststellen" bedeutet). Durch nochmaliges Drücken kann die Umschaltung rückgängig gemacht werden.

[Num Lock]	**Dauerhafte Umschaltung auf Ziffern**
	Die Zehnertastatur weist die Zahlen in der oberen Tastenebene auf. Sie werden somit nicht standardmäßig durch Drücken der Tasten ausgegeben, sondern es muß eine entsprechende Umschaltung vorgenommen werden.
	Beim IBM PC wird eine *dauerhafte* Umschaltung der Zehnertastatur auf Ziffern durch Drücken der Taste "Num Lock" erreicht (Num ist die engl. Kurzform für "numerical", d.h. Ziffer).
	Durch nochmaliges Drücken kann die Umschaltung rückgängig gemacht werden.
	Weiter ist zu bemerken, daß zwischen den Zahlentasten der Schreibmaschinentastatur einerseits und der Zehnertastatur andererseits keinerlei Unterschied besteht. Dies gilt auch für die arithmetischen Operatoren + und −.
	Bei der Eingabe von Programmen erscheint es dem Autor selten sinnvoll, die Zehnertastatur zu verwenden, denn in der Schreibmaschinentastatur sind die Ziffern standardmäßig eingeschaltet. *Gleichzeitig* kann man ohne Umschaltung die *Funktionen* in der Zehnertastatur nutzen.
	Nur wenn lange Zahlenkolonnen einzugeben sind und der Eingebende die Zehnertastatur blind bedienen kann, ist die Umschaltung sinnvoll.
	Der IBM PC enthält *keinen* allgemeinen Umschaltfeststeller (generell für *alle* Zeichen der zweiten Tastenebene).
[↑] [↓] [←] [→] [Home]	**Cursor-Tasten** Der Cursor ist eine Lichtmarke auf dem Bildschirm (i.a. ein Rechteck, teilweise auch ein Strich bzw. ein Punkt). Er zeigt an, wo das nächste Zeichen, das eingegeben wird, auf dem Bildschirm erscheint. Mit Hilfe der Cursor-Tasten kann der Cursor auf dem Bildschirm bewegt werden.

[←]	Der Cursor bewegt sich bei einmaligem Betätigen um eine Stelle nach links.
[→]	Der Cursor bewegt sich bei einmaligem Betätigen um eine Stelle nach rechts.
[↑]	Der Cursor bewegt sich bei einmaligem Betätigen auf die eine Zeile darüber liegende Stelle.
[↓]	Der Cursor bewegt sich bei einmaligem Betätigen auf die eine Zeile darunter liegende Stelle.
[Home]	Der Cursor begibt sich zum linken obersten Punkt des Bildschirms (engl.: cursor Home).

	Beim IBM PC befinden sich die Cursor-Tasten in der *unteren* Belegung der *Zehner-Tastatur*. Die "Num Lock"-Taste darf nicht gedrückt sein. Sollte anstelle der Cursor-Bewegung eine Zahl ausgegeben werden, ist dies ein Zeichen dafür, daß die "Num Lock"-Taste gedrückt wurde. In diesem Fall ist durch nochmaliges Drücken der Num-Lock-Taste eine Umschaltung herbeizuführen.
⏎	*Wagenrücklauftaste (bzw. Eingabetaste, RETURN-Taste)* Das nebenstehende Symbol soll den „Wagenrücklauf" einer Schreibmaschine symbolisieren, d.h. einen Zeilenvorschub mit einem Sprung zum Anfang der nächsten Zeile. **Bei Mikrocomputern wird diese Taste immer dann gedrückt, wenn eine Eingabe beendet wird und anschließend in den Arbeitsspeicher des Mikrocomputers gebracht werden soll (z.B. eine Programmzeile eines Programmes).** Daher wird diese Taste bei Mikrocomputern auch „Eingabetaste" genannt. Bei anderen Mikrocomputern wird diese Taste teilweise auch anders gekennzeichnet, z.B. durch das Wortsymbol ENTER oder RETURN (für engl. "carriage *return*", d.h. „Wagenrücklauf").
←	*Rücktaste* Diese Taste darf nicht mit der „Cursor links"-Taste (s.o.) verwechselt werden. Die Rücktaste liegt beim IBM PC oberhalb der Wagenrücklauftaste. **Bei jedem Drücken der Rücktaste wird der Cursor um eine Stelle nach links bewegt und das Zeichen, das dort stand, gelöscht.** Diese Taste findet Verwendung bei der Korrektur von Eingaben (siehe Abschnitt 9.1.4).

Alt	**Durch Drücken der Taste Alt und einer Buchstabentaste kann ein ganzes BASIC-Anweisungsschlüsselwort eingegeben werden.** Dies spart, insbesondere für Ungeübte, viel Schreibarbeit. Die Zuordnung der Schlüsselworte zu den Buchstaben ist folgender Tabelle zu entnehmen: A AUTO I INPUT S SCREEN B BSAVE K KEY T THEN C COLOR L LOCATE U USING D DELETE M MOTOR V VAL E ELSE N NEXT W WIDTH F FOR O OPEN X XOR G GOTO P PRINT H HEX$ R RUN Auf die Bedeutung dieser BASIC-Schlüsselworte soll hier nicht näher eingegangen werden. Drückt man hingegen die Alt-Taste und gibt einen dreistelligen ASCII-Code[1] mit Hilfe der Zifferntasten ein, kann man Zeichen eingeben, die nicht auf der Tastatur zu finden sind (vgl. Anhang A2, der eine ASCII-Code-Tabelle enthält).
F1 bis F1Ø	*Funktionstasten:* Ähnlich wie mit der Alt-Taste kann mit den Funktionstasten eine „Zeichenfolge" eingegeben werden. **Beim Einschalten des IBM PC werden diesen Tasten automatisch bestimmte Schlüsselwörter zugeordnet (BASIC- bzw. Kommandoschlüsselwörter).** Die Zuordnung kann aus der untersten Bildschirmzeile bzw. folgender Tabelle entnommen werden.

---

[1] Nähere Erläuterung siehe Anhang A1.

Beim Einschalten der Systemeinheit werden den Tasten automatisch folgende Funktionen zugeordnet:

F1	LIST	Programmzeilen auf dem Bildschirm anzeigen (siehe Abschnitt 7.3).
F2	RUN	Starten des Programmlaufs (siehe Abschnitt 7.3).
F3	LOAD	Programm von einem externen Speicher in den Arbeitsspeicher laden (siehe Abschnitt 7.3).
F4	SAVE	Programm aus dem Arbeitsspeicher auf einen externen Speicher bringen (siehe Abschnitt 7.3).
F5	CONT	Fortsetzen des Programmlaufs nach einer Programmunterbrechung (siehe Abschnitt 7.3).
F6	LPT1	Ausgabe des Bildschirminhaltes auf einen Drucker (siehe Abschnitt 7.3).
F7	TRON	Anzeige der beim Programmlauf durchlaufenen Anweisungen durch Ausgabe der zugehörigen Anweisungsnummern (siehe Abschnitt 7.3).
F8	TROFF	Aufheben des TRON-Kommandos (siehe Abschnitt 7.3).
F9	KEY	Änderung der Bedeutung der Funktionstasten (siehe Abschnitt 7.3).
F10	SCREEN	Zeichensatz vom grafischen in den alphabetischen Zeichensatz ändern und Farbe abschalten.

Der Unterschied zur Alt-Taste besteht darin, daß mit Hilfe der KEY-Anweisung diese Schlüsselwörter vom Benutzer geändert werden können (vgl. Abschnitt 7.3).

Man kann die Funktionstasten somit seinem persönlichen Bedarf anpassen.

Ctrl	*Die Steuertaste Ctrl* Die Steuertaste wirkt nur zusammen mit anderen Tasten wie z.B. in folgenden Fällen:
Ctrl Alt Del 1 2	**Systemwiederanlauf** Das Drücken dieser Tasten (zunächst gleichzeitig Ctrl und Alt , dann Del) wirkt auf das Mikrocomputersystem so, als würde man den Mikrocomputer aus und wieder einschalten (sog. „Warmstart"). Der Warmstart ist *schneller* als der sog. „Kaltstart", d.h. das tatsächliche Aus- und wieder Einschalten des Mikrocomputers.
Ctrl Break	**Abbruch der Programmausführung** Das gleichzeitige Drücken dieser beiden Tasten führt zum Abbruch der Programmausführung (engl. Break). Anschließend kehrt das System in die BASIC-Kommandoebene zurück (vgl. Kapitel 12.2.3). Die Anweisung, bei der die Unterbrechung stattfindet, wird auf dem Bildschirm ausgegeben.
Ctrl Num Lock	**Programmpause** Das Programm wird nicht abgebrochen, sondern angehalten (unterbrochen). Dies kann z.B. nützlich sein, wenn eine längere Ausgabe auf dem Bildschirm (max. 25 Zeilen) aufgelistet wird und diese Ausgabe angehalten werden soll, um sich in Ruhe einen bestimmten Teil der Ausgabe anschauen zu können. Entsprechendes gilt für die Ausgabe auf dem Drucker, z.B. zum Papierwechseln o.ä. Das Programm wird fortgesetzt, wenn eine beliebige Taste gedrückt wird (außer BREAK und INS).
Ctrl →	Der Cursor wird auf den Anfang des *nächsten* rechtsstehenden Wortes in der Zeile bewegt, in der sich der Cursor befindet (siehe Abschnitt 9.2.2).
Ctrl ←	Der Cursor wird auf den Anfang des *vorhergehenden* Wortes in der Zeile bewegt, in der sich der Cursor befindet (siehe Abschnitt 9.2.2).
Ctrl Home	Der Bildschirm wird gelöscht und der Cursor in die „Cursor-Home Position" (oben links) gebracht.
ESC	**Escape Taste** Wird die ESCape-Taste gedrückt, wird die Bildschirmzeile gelöscht, in der sich der Cursor befindet. Wurde jedoch vorher die RETURN-Taste gedrückt, bleibt diese Zeile jedoch so lange im Arbeitsspeicher erhalten, bis sie überschrieben wird.
⭰	**Tabulatortaste** Mit Hilfe dieser Taste können Tabulatoren wie bei einer Schreibmaschine gesetzt werden.

↑ END	In der unteren Tastenfunktion (END) wird der Cursor zur letzten beschriebenen Position der Zeile bewegt, in der sich der Cursor gerade befindet.
Scroll Lock Pg Up Pg Du	Diese Tasten werden für den normalen Betrieb (Arbeiten mit BASIC-Programmen) nicht benöitgt.
Ins Del	**Korrekturtasten** Diese Tasten werden zur Korrektur von Programmen benötigt (siehe auch Abschnitt 9.12 und 9.13). Del wird benötigt zum Löschen von Zeichen, Ins hingegen zum Einfügen von Zeichen.
PrtSc	**Drucktaste für den Bildschirminhalt** PrtSc steht für engl. "print screen", d.h. „Ausdrucken des Bildschirminhalts". **Man kann sich beim IBM PC den Bildschirmhalt ausdrucken lassen, indem man die Umschalttaste ⇧ oder Caps Lock zusammen mit der Taste PrtSc drückt.** Die Umschalttaste muß betätigt werden, da sich PrtSc auf der oberen Tastenebene befindet. Im allgemeinen wird man die Taste Caps Lock wählen, da auf diese Weise ein dauerhaftes Drucken ermöglicht wird. Das Ausdrucken wird abgebrochen, wenn die Taste Caps Lock noch einmal betätigt wird. Bei Benutzung der Umschalttaste ⇧ wird nur solange der Bildschirminhalt ausgedruckt, wie die Umschalttaste gedrückt gehalten wird.
(Leertaste)	**Leerzeichentaste** Diese lange Taste in der unteren Tastenreihe, auf der keinerlei Zeichen stehen, ist die sog. „Leertaste". **Wird diese Taste gedrückt, wird ein Leerzeichen (engl. Blank, Space) ausgegeben.** Es belegt den Platz für ein Zeichen, ohne es mit einem tatsächlichen *sichtbaren* Zeichen zu belegen. Es wird verwendet, um Zwischenräume zwischen den Zeichen angeben zu können.

2.4 Bildschirm

Die Programme, die über die Tastatur eingegeben werden, sowie die Ergebnisse, die sich bei der Bearbeitung der Programme ergeben, werden bei Mikrocomputern im allgemeinen auf einem Bildschirm ausgegeben. Teilweise wird der Mikrocomputer auch über einen speziellen Anschluß an einen handelsüblichen Fernseher als Ersatz für einen Bildschirm angeschlossen oder der Bildschirm ist schon im Mikrocomputer eingebaut.

Für den *IBM PC* wird standardmäßig ein 11 1/2"[1] Schwarz-Weiß-Bildschirm angeboten. Auf ihm lassen sich in *25 Zeilen* je *80 Zeichen* darstellen. Jedes Zeichen wird aus einer 9 (horizontal) *14 (vertikal)-Punkt-Matrix aufgebaut. Hiermit ergibt sich eine *Auflösung* von 9 x 80 = 720 Punkte horizontal und 14 x 25 = 350 Punkte vertikal. Dies ist für normale Fälle (Arbeiten mit dem Zeichenvorrat der Tastatur) vollkommen ausreichend.

Für hochauflösende Grafiken ist dieser Bildschirm jedoch nicht geeignet. Für diese Zwecke muß ein *Farbgrafikbildschirm* benutzt werden, der den Einbau einer speziellen Platine erfordert (Farbgrafikbildschirm*adapter* mit einem 16 Kbyte Bildschirm-RAM).

Man benötigt für den IBM PC jedoch nicht unbedingt einen speziellen Bildschirm. Auch ein handelsüblicher Farbfernseher läßt sich anschließen (der Benutzer muß zur Zeit noch den Modulator stellen).

2.5 Magnetbandkassettenrecorder

Bei den meisten preiswerten Mikrocomputern wird im allgemeinen ein Magnetband-kassettenrecorder, der vielfach in das Gehäuse des Mikrocomputers integriert ist, mit-geliefert. Er dient zur externen Speicherung von Programmen und Daten. Einmal ent-wickelte Programme können z.B. auf der Kassette gespeichert werden und brauchen, falls sie wieder benötigt werden, nicht noch einmal mühsam über die Tastatur eingegeben werden. Ebenso lassen sich auch an anderer Stelle entwickelte und auf einer Kassette gespeicherte Programme auf dem eigenen Mikrocomputer ohne eigene Programmierung einsetzen. Dies ist für einen reinen Benutzer eines Mikrocomputers ohne jegliche Pro-grammierkenntnisse besonders interessant.

Der *IBM PC* besitzt zum Anschluß eines Magnetbandkassettenrecorders einen Kassetten-recorderanschluß. Der Kassettenrecorder wird jedoch nicht standardmäßig von IBM an-geboten, sondern ist von anderen Herstellern im Zubehörhandel erhältlich.

Der Magnetbandkassettenrecorder ist als Speichermedium relativ langsam (lange Zugriffs-zeit, siehe Abschnitt 1.3), aber preiswert. Es wird denjenigen, der den IBM PC voll nutzen will, nur kurze Zeit befriedigen.

2.6 Diskettenlaufwerke (Floppy-Disk-Laufwerke)

2.6.1 Allgemeines

Bei großen Datenmengen ist der Kassettenrecorder als externer Speicher vielfach zu lang-sam, weil immer erst die entsprechende Stelle auf dem Band gesucht werden muß. Im

---

1) " ist ein Längenmaß (Zoll, engl. inch). 1 Zoll entspricht 2,45 cm. 11 1/2" entsprechen somit ca. 28 cm.

Extremfall muß solange gewartet werden, bis das Band vom Anfang bis zum Ende durchgelaufen ist. Dies kann einige Minuten dauern.

> Die Floppy-Disk ist ein externer Speicher, bei dem die Daten hingegen in Bruchteilen von Sekunden aufgefunden werden können (Bild 2.2).

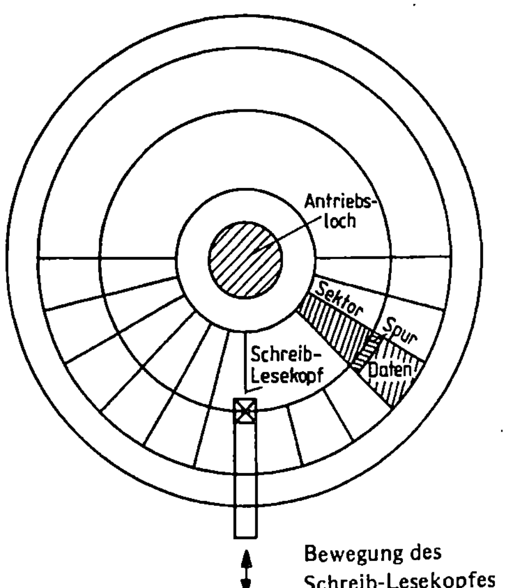

Bild 2.2
Prinzipieller Aufbau einer Floppy-Disk (Diskette)

Eine Floppy-Disk, kurz auch *Diskette* genannt, kann man sich wie eine Art Schallplatte vorstellen, jedoch ohne Rillen. Statt dessen befindet sich auf der Oberfläche eine magnetisierbare Schicht, ähnlich wie bei einem Tonband. Die Daten werden in konzentrischen Kreisen, sogenannten *Spuren*, auf der magnetisierbaren Scheibe (engl. disk) gespeichert bzw. von der Scheibe gelesen. Dazu dient ein *Schreib-Lese-Kopf*, der quer zur Scheibe verschoben werden kann. Dieser Schreib-Lese-Kopf wird z.B. beim Lesen von Daten über der Spur positioniert, die die gewünschten *Daten* enthält. Anschließend muß nur noch abgewartet werden, bis die gewünschten Daten infolge der Drehung der Scheibe unter dem Schreib-Lese-Kopf erscheinen.

Wie beim Tonband ist es auch bei einer Floppy-Disk notwendig, den Schreib-Lese-Kopf auf die Oberfläche der Diskette zu pressen. Damit der Verschleiß der dünnen Magnetschicht nicht zu groß wird, wählt man einerseits kein starres Material für die Scheibe, sondern einen „flexiblen" Kunststoff (daher der englische Name "floppy"-disk), der jedoch keinesfalls „weich" ist. Andererseits wird der Schreib-Lese-Kopf nur angedrückt, wenn die Diskette mit Daten beschrieben wird oder Daten gelesen werden sollen.

> Um zusammengehörige Daten auf der Diskette schnell ordnen zu können, wird die Diskette in Sektoren aufgeteilt. Dies geschieht teilweise hardwaremäßig durch Löcher in der Diskette, üblicherweise jedoch softwaremäßig durch eine Codierung (Formatierung).

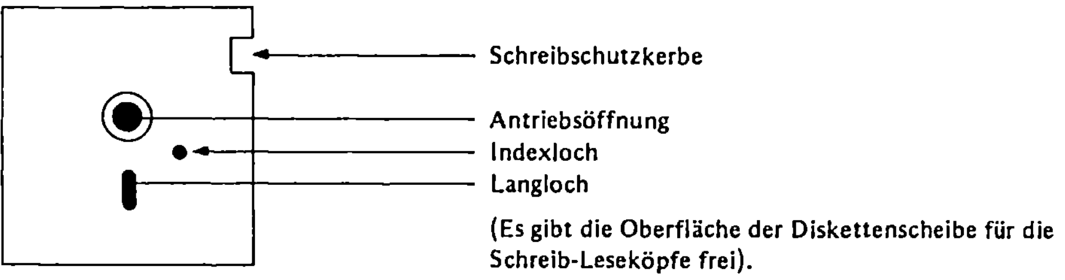

Bild 2.3 Diskette in fester Hülle

Eine feste *Hülle* schützt die Diskette ständig vor Staub, mechanischen Beschädigungen usw.

Von außen ist nur noch ein Loch für den *Antrieb der Scheibe*, ein *Langloch* quer zu den Spuren zum Zugriff auf die auf der Scheibe gespeicherten Daten und ein sog. *Indexloch*, das den physikalischen Anfang für alle Spuren auf der Diskette angibt, zugänglich (vgl. Bild 2.3).

Außerdem tastet das Mini-Floppy-Laufwerk eine sog. *Schreibschutzkerbe* der Floppy-Disk ab. Wenn sie durch einen nicht durchsichtigen Aufkleber überdeckt ist, können vom IBM PC Daten und Programme nur von der Diskette gelesen werden. Wenn dieser Aufkleber entfernt wird, ist das Lesen *und* Beschreiben der Diskette möglich.

> **Ein nicht erwünschtes Überschreiben der Daten und Programme kann somit verhindert werden, wenn die Schreibschutzkerbe der Diskette überklebt wird.**

(Die IBM-DOS-Diskette wird sogar *ohne* Schreibschutzkerbe geliefert. Damit ist der Schreibschutz vom Werk gewährleistet.)

2.6.2 Technische Daten

Wichtige technische Angaben für Disketten sind:

- die Speicherkapazität und
- die Zugriffszeit zu den gespeicherten Daten.

Die Zugriffszeit hängt ab:

- von der Zeit, die der Schreib-Lese-Kopf benötigt, um sich von Spur zu Spur bis zur gewünschten Stelle fortzubewegen,
- von der Anzahl der Spuren auf einer Diskette und
- von der Umdrehungsgeschwindigkeit der Diskette.

Nach Speicherkapazität und Zugriffszeit unterscheidet man heute im wesentlichen zwei Disketten-Typen:

- die Normaldiskette (8″),
- die Minidiskette (5 1/4″).

Die unterschiedlichen Daten zeigt folgende Tabelle:

	Normaldiskette	Minidiskette
Durchmesser	8" (8 Zoll)	5 1/4" (5 1/4 Zoll)
Anzahl der Spuren	77	40
Umdrehungsgeschw.	360 U/min	300 U/min
Mittlere Zugriffszeit	ca. 250 ms	ca. 450 ms
Speicherkapazität	ca. 256 Kbyte	160 Kbyte

In die Systemeinheit des *IBM PC* können zwei Mini-Diskettenlaufwerke eingebaut werden (vgl. Abschnitt 2.2). Je nach Ausbau kann der IBM PC somit kein, ein oder zwei Laufwerke besitzen.

Die Speicherkapazität beträgt bei

— einseitigen Disketten (engl.: single sided)   160 Kbyte,
— zweiseitigen Disketten (engl.: double sided)   320 Kbyte.

Die Disketten verfügen über 40 Spuren (Spur $\emptyset$ bis 39). Jede Spur wird in 8 Sektoren zu je 512 bytes unterteilt (formatiert).

Daraus läßt sich die oben angegebene Speicherkapazität wie folgt ermitteln:

Speicherkapazität je Seite = 40 Spuren * 8 Sektoren * 512 byte = 163840 byte = 160 Kbyte.

Um eine Vorstellung von dieser Speicherkapazität zu gewinnen, kann man sie mit der Speicherkapazität einer DIN-A 4-Schreibmaschinenseite vergleichen. Geht man davon aus, daß man auf einer normalen DIN-A 4-Seite bei normaler Schriftgröße ca. 50 Zeilen mit ca. 65 Zeichen je Zeile unterbringen kann, so ist die

Speicherkapazität je DIN-A4-Seite: 50 Zeilen * 65 Zeichen = 3250 Zeichen = 3250 bytes[1]).
Speicherkapazität je Diskettenseite: 163840 byte: 3250 byte = 50,4 DIN-A4-Seiten.

Auf einer Seite einer Minidiskette lassen sich somit ca. 50 vollbeschriebene DIN-A 4-Seiten speichern.

Ein Teil dieser Speicherkapazität ist jedoch vielfach für den Anwender nicht verfügbar, wie z.B.

— die Spur $\emptyset$, die beim IBM PC für Teile des DOS-Betriebssystems benötigt wird (siehe Abschnitt 12.3, Beispiel 12.2).
— Platz für das Inhaltsverzeichnis der Diskette usw.

Die Daten werden wahlfrei in zufällig freie Sektoren geschrieben (daher engl.: random Dateien, d.h. Dateien mit wahlfreiem Zugriff durch eine Adressierung der Sektoren). Jeder Sektor ist durch seine Spur- und Sektornummer eindeutig beschrieben. Längere Folgen von Daten, z.B. Programme die mehr als 512 bytes erfordern, benötigen mehrere Sektoren. Die Zusammengehörigkeit läßt sich über eine *Folge* von Spur- und Sektornummern festlegen. Das „Merken" und „Eingeben" dieser Nummern wäre für den Anwender mühselig. Diese Aufgabe nimmt dem Anwender das DOS-Betriebssystem des Mikrocomputersystems ab (siehe Abschnitt 7.12). Der Anwender muß der Folge von

---

1) Zur Speicherung von einem Zeichen wird ein byte benötigt.

Daten, der *Datei*, lediglich einen *Dateinamen* geben. Mit Hilfe dieses Dateinamens speichert das DOS-Betriebssystem die Datenfolge auf der Diskette in freien Sektoren und findet andererseits die Datenfolge mit Hilfe des Dateinamens wieder.

2.6.3 Formatieren von Disketten

> **Eine fabrikneue Diskette muß zunächst <u>formatiert</u> werden, bevor Daten und Programme darauf gespeichert werden können.**

Dies bedeutet, daß man eine Diskette zur Aufnahme von Daten vorbereiten muß. Da es verschiedene Formate gibt (z.B. Sektoren mit 256 bzw. 512 bytes), muß dies im allgemeinen der Benutzer mit Hilfe seines Mikrocomputers selbst vornehmen.

Zu den Formatierungsaufgaben gehört

— das Prüfen auf defekte Spuren der Diskette. Wird eine defekte Spur erkannt, werden keine Daten auf dieser Spur gespeichert (geschrieben).
— das Anlegen eines Dateiinhaltsverzeichnisses,
  d.h. es wird Speicherplatz für alle Dateinamen reserviert, deren Dateiinhalte auf der Diskette gespeichert werden.

Im allgemeinen wird eine Diskette nur einmal formatiert, nämlich dann, wenn eine fabrikneue Diskette das erste Mal benutzt wird. Gründe für eine Formatierung benutzter Disketten sind:

— Man stellt defekte Spuren bei der Benutzung fest, möchte aber dennoch die Diskette weiter nutzen.
— Man möchte die Daten auf einer Diskette vollständig löschen.
— Man möchte Disketten von anderen Mikrocomputersystemen nutzen, die ein anderes Format aufweisen. Die vorher aufgebrachten Daten werden dabei gelöscht.

Formatierungsvorgang

> **Zum Formatieren einer Diskette mit Hilfe des Mikrocomputers benötigt man ein Programm, das den Formatierungsvorgang beinhaltet. Dieses Programm ist in Form einer Datei auf einer Diskette, beim IBM PC auf der DOS-Diskette, enthalten. Diese Datei besitzt beim IBM PC den Namen FORMAT.**

2.6.4 Behandlung von Disketten

● Die ungeschützte Diskettenoberfläche darf nicht berührt werden.
● Die Diskette ist mit Hilfe der Schutzhülle aus Papier vor Staub zu schützen.
● Die Diskette darf nicht gebogen werden.
● Die Disketten sind von magnetischen Feldern fernzuhalten.

2.6.5 Zukünftige Entwicklung

Die technische Entwicklung von Diskettenlaufwerken geht in Richtung Mikrodisketten mit 3 1/2 Zoll Durchmesser, die jedoch die gleiche Speicherkapazität aufweisen wie die Minidisketten. Die Spuren müssen daher enger liegen. Die Spurbreite selbst ist ebenfalls geringer als bei Minidisketten. Dies erfordert, wie man sich vorstellen kann, eine sehr präzise Positionierung der Schreib-Lese-Köpfe.

2.7 Festplatte

Bei Einbau eines entsprechenden Adapters in die Systemeinheit des IBM PC und dem Einsatz des Betriebssystems IBM-DOS 2.0 können auch zwei Festplattenlaufwerke mit je 10 M byte (1 M byte = 1000 K byte) als Massenspeicher benutzt werden. Dies ist für einen Anwender, der sich zunächst in die Bedienung des Mikrocomputers einarbeiten möchte, noch nicht wichtig. Daher soll in diesem Buch nicht weiter auf Festplatten eingegangen werden.

2.8 Drucker

Drucker zur Dokumentation der Programme bzw. der Ergebnisse, die sich bei der Bearbeitung eines Programmes ergeben, gehören in der Regel nicht zur Standardausstattung von Mikrocomputern. Sie lassen sich aber als Zubehör käuflich erwerben. Teilweise muß Spezialpapier verwendet werden, wenn es sich um Thermo- oder Metallpapierdrucker handelt. Wer die Anschaffung von Druckern zunächst scheut, kann sich behelfen, indem er z.B. das Programm vom Bildschirm mit einer Sofortbildkamera fotografiert.

IBM sieht für den IBM PC einen Grafikmatrixdrucker vor (siehe Abschnitt 10). Er kann 80 Zeichen pro Sekunde (characters per second, CPS) vor- und rückwärts auf Einzel- und Endlosformulare (mit Traktor) drucken. Die Breite der Formulare kann zwischen 4 und 10 Zoll liegen.

Mit Hilfe von Steuerzeichen lassen sich die Zeichen auch vergrößern bzw. verkleinern, verstärkt schreiben, hoch bzw. tief stellen, unterstreichen usw. (siehe Abschnitt 10.1, 10.4).

Die Verbindung des Druckers zum IBM PC erfolgt über ein Spezialkabel (siehe Abschnitt 10.2.1).

2.9 Weitere Möglichkeiten

Der *IBM PC* bietet noch eine Vielzahl weiterer Möglichkeiten in der Hardwareausstattung, wie z.B.

— analoge und digitale Eingänge für Computer-Spiele (steuerbar mit sog. Joysticks);
— Adapter zur asynchronen Kommunikation über die Standardschnittstelle RS 232 C oder eine 20 mA Stromschleife (current loop). Es können Daten mit einer Übertragungsgeschwindigkeit von 50 bis 9600 BPS (engl. Baud per second, d.h. Baud pro Sekunde)[1] übertragen werden.

Auf diese und weitere Möglichkeiten soll im Rahmen dieser Einführung nicht näher eingegangen werden.

[1] Siehe Anhang A1.

3 Installation und Test von Systemeinheit, Eingabetastatur und Bildschirm

3.1 Vorbereitung der Systemeinheit

- Transportsicherung (Klebestreifen) *vor* dem Diskettenlaufwerk entfernen.
- Diskettenverriegelung öffnen (Riegel in der oberen Hälfte der Diskettenlaufwerke nach *oben* klappen).
- Transportsicherung (Pappe in Form einer Diskette zum Schutz des Schreib-Lese-Kopfes) *aus* den Laufwerken entfernen.
- Diskettenverriegelung schließen (Riegel in der oberen Hälfte der Diskettenlaufwerke nach *unten* klappen).

3.2 Eingabetastatur an die Systemeinheit anschließen

An der Eingabetastatur befindet sich ein ca. 2 m langes Kabel mit einem Stecker. Dieser Stecker muß in eine Buchse *auf der Rückseite* der Systemeinheit gesteckt werden. Diese Buchse trägt die Aufschrift KEYBOARD (Eingabetastatur) und befindet sich *rechts unten* neben der Lüfteröffnung des Ventilators. Sie ist auch vom Typ des Steckers bzw. der Buchse kaum zu verwechseln, da es nur zwei Buchsen dieses Typs gibt. Diese zweite Buchse ist zum Anschluß des Magnetbandkassettenrecorders gedacht und trägt die Aufschrift CASSETT (Kassette).

Bild 3.1 zeigt die Lage der Buchse auf der Rückseite der Systemeinheit.

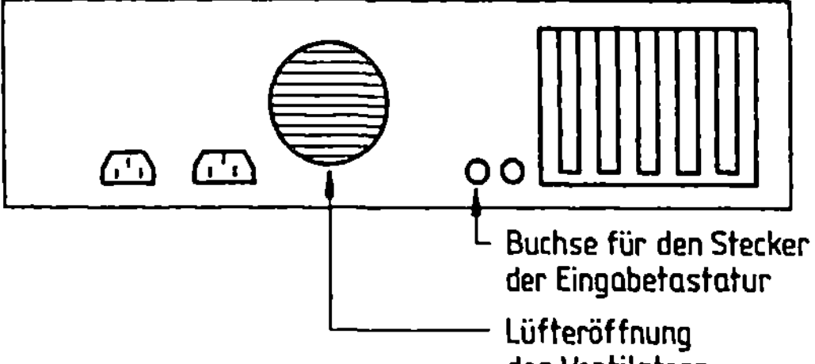

Bild 3.1
Gehäuserückseite der Systemeinheit

3.3 Anschluß der Systemeinheit an das Stromnetz und Einschalttest

Die folgenden Schritte geben an, wie die Systemeinheit an das Stromnetz anzuschließen ist.

- Der Netz-Ein/Ausschalter (engl.: ON/OFF) der Systemeinheit sollte beim Anschluß der Systemeinheit auf "OFF" (Aus) stehen. Der Schalter befindet sich, von vorn auf die Systemeinheit gesehen, an der rechten Seite des Gehäuses.

● Das mitgelieferte Netzkabel (am üblichen Netzstecker erkennbar) wird zunächst mit Hilfe des Steckers an der anderen Seite an die Systemeinheit angeschlossen. Die zugehörige Buchse befindet sich auf der Rückseite der Systemeinheit *links unten* neben der Lüfteröffnung der Systemeinheit, wie es Bild 3.2 zeigt. Durch die beschriebene Form des Steckers ist eine Verwechslung ausgeschlossen.

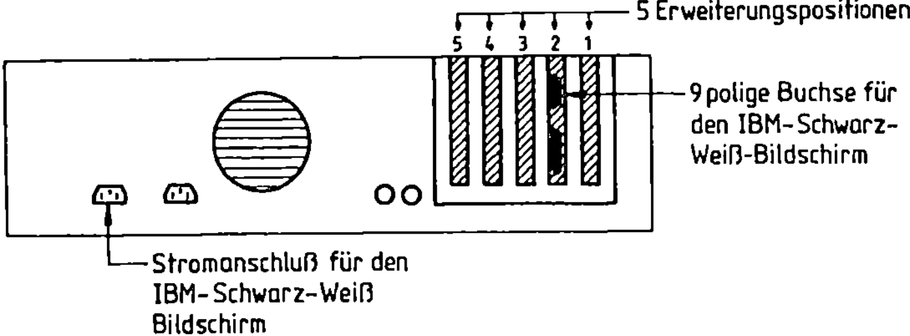

Bild 3.2 Gehäuserückseite der Systemeinheit

● Netzkabel mit Hilfe des Netzsteckers an das Stromnetz anschließen.
● Einschalttest durchführen.
Dazu wird der Netz-Ein/Ausschalter auf "ON" (An) gelegt. Wenn sich die Systemeinheit nach kurzer Zeit (max. 90 Sekunden) mit einem kurzen akustischen Signal (kurzer "Pieps"-Ton) meldet, gilt der Einschalttest als bestanden.

3.4 Anschluß des IBM-Schwarz-Weiß-Bildschirms (Monitor)

Zum Anschluß des IBM-Schwarz-Weiß-Bildschirms muß *vorher* ein entsprechender Adapter in die Systemeinheit eingebaut worden sein. Ob dies bereits geschehen ist, läßt sich leicht kontrollieren. Dazu muß man die Rückseite der Systemeinheit betrachten (Bild 3.3). Befindet sich an der zweiten Erweiterungsposition eine 9-polige Buchse (vgl. Bild 3.3), so ist der Schwarz-Weiß-Bildschirm-Adapter schon eingebaut und der IBM-Schwarz-Weiß-Bildschirm kann sofort angeschlossen werden (siehe Abschnitt 3.4.1). Im anderen Fall muß zunächst der Adapter eingebaut werden (siehe Abschnitt 3.4.2). Nach dem Anschluß des Bildschirms erfolgt der Einschalttest (siehe Abschnitt 3.7).

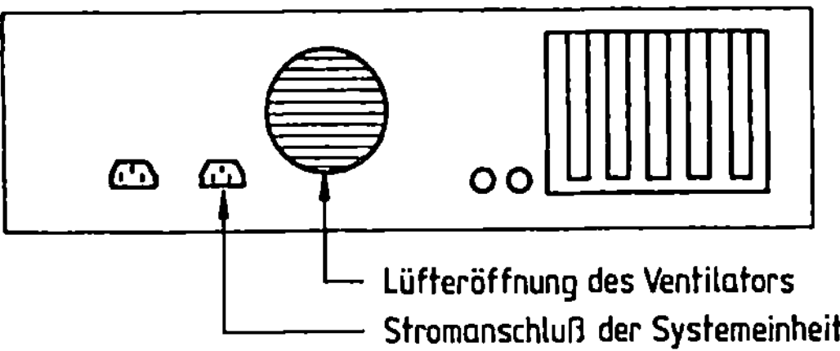

Bild 3.3 Gehäuserückseite der Systemeinheit

3.4.1 Anschluß des IBM-Schwarz-Weiß-Bildschirms bei eingebautem Adapter

Die folgenden Schritte geben an, wie der Schwarz-Weiß-Bildschirm an die Systemeinheit anzuschließen ist.

- Das Bildschirmkabel besitzt auf der einen Seite einen 9-poligen sog. D-Stecker. Allerdings sind von den neun Stiften nur sechs Stifte tatsächlich herausgeführt (vgl. Bild 3.4).

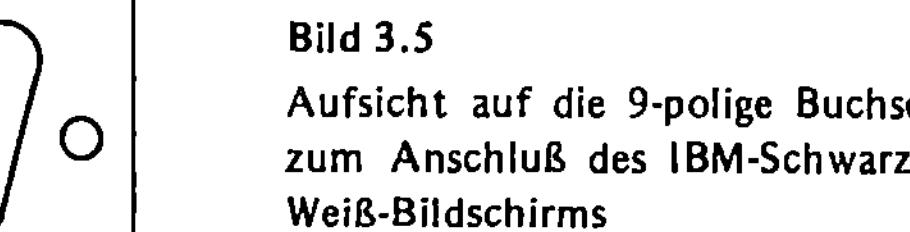

Bild 3.4 Aufsicht auf den 9-poligen-Stecker zum Anschluß des Bildschirms

- Der 9-polige Stecker des Bildschirmkabels wird an der zweiten Erweiterungsposition in die obere Buchse (9-polig) gesteckt (vgl. Bild 3.3) und mit Schrauben fest mit dem Adapter verbunden.

Aufsicht auf die neunpolige Buchse zum Anschluß des Bildschirms.

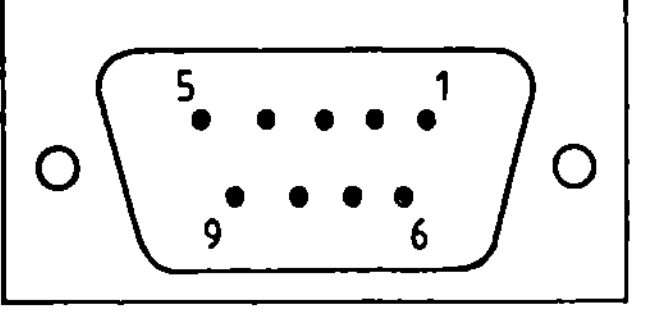

Bild 3.5
Aufsicht auf die 9-polige Buchse zum Anschluß des IBM-Schwarz-Weiß-Bildschirms

Die 9-polige Buchse des Adapters hat die Signalbelegung:

Stift-Nr.	Signal
1	Masse (ground)
2	Masse (ground shielded)
3	nicht benutzt
4	nicht benutzt
5	nicht benutzt
6	Intensität
7	Video
8	Horizontal
9	Vertikal

- Netzstecker des Bildschirmkabels (3-polig) in die Buchse für den Stromanschluß an der *Systemeinheit* stecken (vgl. Bild 3.3).
- Einschalttest (siehe Abschnitt 3.7).

3.4.2 Einbau des Bildschirmadapters in die Systemeinheit

Der Einbau des Bildschirmadapters erfolgt zusammen mit dem Einbau des Druckeradapters (Anschluß des Druckers siehe Abschnitt 10.2).

● Vorbereitung
 — Systemeinheit ausschalten (Schalter auf "OFF").
 — Netzstecker der Systemeinheit aus der Steckdose ziehen.
 — Alle Kabel auf der Rückseite der Systemeinheit entfernen.
 — Gehäuse der Systemeinheit lösen. Dazu müssen zwei Schrauben herausgedreht werden. Anschließend wird das Gehäuse nach vorn gezogen und dann leicht nach oben gekippt.
● Einbau des Adapters
 — Die Systemeinheit enthält auf der Rückseite 5 Erweiterungspositionen (vgl. Bild 3.3), d.h. 5 Steckplätze für Adapter (vgl. Bild 3.6).

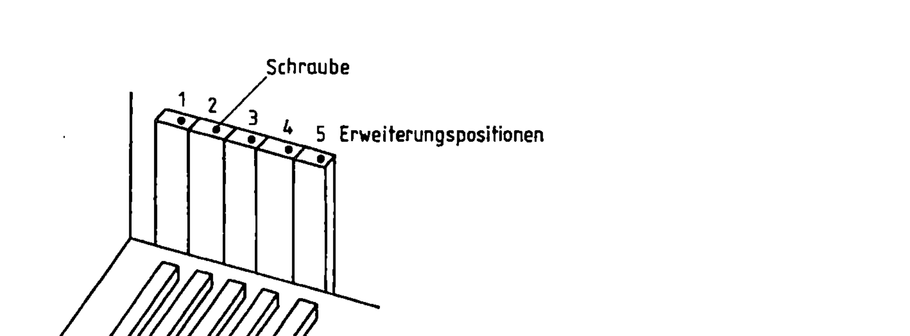

Bild 3.6 Erweiterungspositionen und Steckplätze für die Erweiterungen (Adapter)

 — Laut IBM-Empfehlung ist der Bildschirm- und Druckeradapter in die Erweiterungsposition 2 einzubauen. Dazu ist vorher der Plastikdeckel 2 zur Rückseite der Systemeinheit zu entfernen (Schraube lösen).
 — Der Bildschirm- und Druckeradapter (vgl. Bild 3.7) wird so in den Steckplatz 2 gesteckt, daß die Bildschirm- und Druckerbuchse zur Rückseite der Systemeinheit weist. Anschließend wird die Adapterplatine mit einer Schraube an der Rückwand der Systemeinheit befestigt.

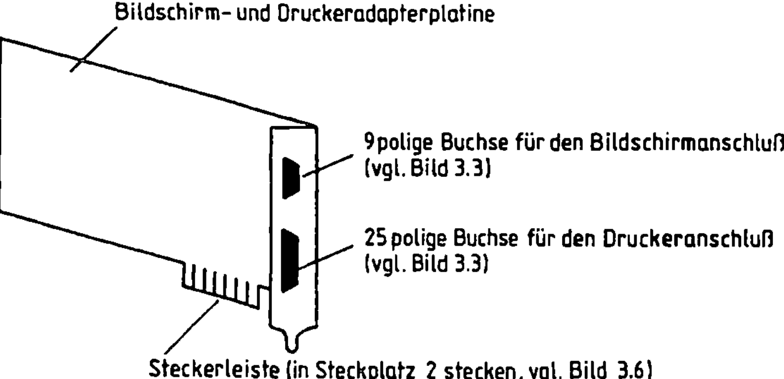

Bild 3.7 Bildschirm- und Druckeradapter

- Setzen der Schalter auf der Systemplatine.

  Die Systemplatine in der Systemeinheit weist zwei Schalterblöcke mit jeweils 8 Schaltern mit den Schalterstellungen ON und OFF auf (vgl. Bild 3.6 und Bild 3.8).

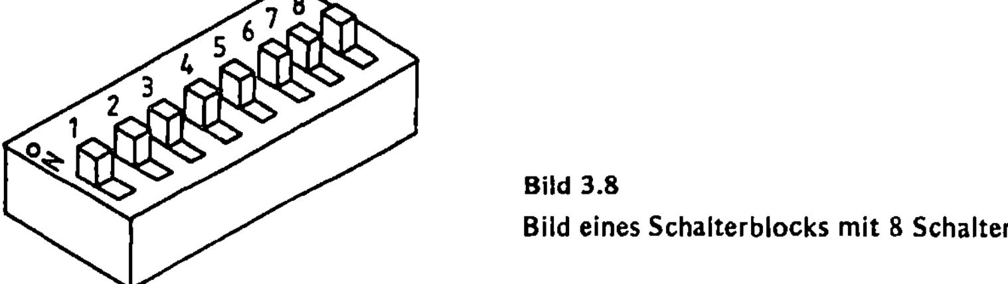

Bild 3.8
Bild eines Schalterblocks mit 8 Schaltern

Mit Hilfe der Schalterblöcke 1 und 2 lassen sich
die Anzahl und Art der angeschlossenen Bildschirme,
die Anzahl der angeschlossenen Diskettenlaufwerke und
die Größe des angeschlossenen Arbeitsspeicher
einstellen.

Mit Hilfe der Schalter 5 und 6 des „Schalterblockes 1" lassen sich die möglichen Bildschirmtypen wie folgt einstellen:

Schalterblock 1:

Nr.	Bildschirmtyp	Schalter 5	Schalter 6
1	kein Bildschirm	Ein (ON)	Ein (ON)
2	Schwarz-Weiß oder mehr als ein Bildschirm	Aus (OFF)	Aus (OFF)
3	Farbe 25 Zeilen/40 Spalten	Aus (OFF)	Ein (ON)
4	Farbe 25 Zeilen/80 Spalten	Ein (ON)	Aus (OFF)

Für den Anschluß des IBM-Schwarz-Weiß-Bildschirms müssen somit die Schalter 5 und 6 auf "OFF" stehen (bzw. auf der anderen Seite des auf dem Schalterblock angegebenen "ON").

Soll ein Farbfernseher als Bildschirm angeschlossen werden, empfiehlt sich Schalterstellung 3, da in Schalterstellung 4 durch die Verdoppelung der Zeichenzahl pro Zeile die Zeichen nicht mehr in guter Qualität darstellbar sind.

3.5 Kontrolle der Schalterstellung auf der Systemplatine zur Anzahl der installierten Diskettenlaufwerke

Die Anzahl der installierten Diskettenlaufwerke wird über den Schalterblock 2 wie folgt eingestellt:

Schalterblock 2:

Nr.	Zahl der Diskettenlaufwerke	Schalter 1	Schalter 7	Schalter 8
1	0	ON	ON	ON
2	1	OFF	ON	ON
3	2	OFF	OFF	ON

Falls die Anzahl der eingebauten Diskettenlaufwerke nicht zur Schalterstellung paßt, ist eine entsprechende Änderung der Schalterstellung vorzunehmen.

Bei einem nachträglichen Einbau weiterer Diskettenlaufwerke ist eine Änderung der Schalterstellungen vorzunehmen (wird i.a. schon beim Einbau gemacht).

3.6 Kontrolle der Schalterstellung auf der Systemplatine zum Arbeitsspeicherausbau

3.6.1 Schalterstellung des Arbeitsspeicherausbaus auf der Systemplatine

Schalterblock 1:

Nr.	Arbeitsspeicherkapazität	Schalter 3	Schalter 4
1	16 Kbyte	ON	ON
2	32 Kbyte	OFF	ON
3	48 Kbyte	ON	OFF
4	64 Kbyte	OFF	OFF

Schalterblock 2:

Schalter 1, 2, 3 und 4 müssen auf "ON" stehen.

3.6.2 Schalterstellung des Arbeitsspeicherausbaus bei Erweiterungen außerhalb der Systemplatine

Möchte man den Arbeitsspeicher durch Erweiterungen auf freien Steckplätzen (vgl. Bild 3.6) ausweiten, so muß der Arbeitsspeicherausbau auf der Systemplatine vollkommen sein, d.h. bei 64 Kbyte liegen. Daher müssen die Schalter 3 und 4 auf "OFF" stehen.

Die Stellung des Schalterblocks 2 bestimmt die Größe der Arbeitsspeichererweiterung wie folgt:

Schalterblock 2:

Nr.	Arbeitsspeicherkapazität	Schalter 1	Schalter 2	Schalter 3	Schalter 4
1	96 Kbyte	OFF	ON	ON	ON
2	128 Kbyte	ON	OFF	ON	ON
3	160 Kbyte	OFF	OFF	ON	ON
4	192 Kbyte	ON	ON	OFF	ON
5	224 Kbyte	OFF	ON	OFF	ON
6	256 Kbyte	ON	OFF	OFF	ON

3.7 Einschalttest des Grundsystems

Das zu testende *Grundsystem* besteht aus der Systemeinheit, der Eingabetastatur und dem Schwarz-Weiß-Bildschirm. Nach dem Einbau des Bildschirm- und Druckeradapters und der Prüfung der Schalterstellungen wird die Systemeinheit wieder mit dem Gehäuse versehen und die Eingabetastatur angeschlossen (Abschnitt 3.2). Anschließend wird der Bildschirm angeschlossen (Abschnitt 3.4.1) und die Systemeinheit an das Stromnetz angeschlossen. Zum Einschalttest folgen nun folgende Punkte aufeinander:

● Der Bildschirm besitzt zwei Einstellköpfe zur Einstellung von Kontrast und Helligkeit (wie beim Fernseher mit entsprechender Wirkung). Der *Kontrastknopf* hat das Symbol ◑ und der *Helligkeitsknopf* das Symbol ☼ auf der Vorderseite des Knopfes. Beide Knöpfe werden voll, d.h. im Uhrzeigersinn, aufgedreht.

● Einschalten der Systemeinheit (Schalter auf "ON").

● Warten bis nach ca. 4 Sekunden der Cursor (Lichtmarke) auf dem Bildschirm blinkt.

● Einstellen von Kontrast und Helligkeit am Bildschirm mit Hilfe der entsprechenden Einstellknöpfe. Der Bildschirm selbst sollte dunkel sein und die Lichtmarke (Cursor) gut sichtbar (aber nicht zu hell) sein.

● Warten, bis nach max. 90 Sekunden ein akustisches Signal ertönt (Piepston). Außerdem leuchtet eine rote Kontrollampe kurz an einem Diskettenlauflauf auf. Dies zeigt, daß der Arbeitsspeichertest erfolgreich durchgeführt wurde.

● Warten bis folgende Bildschirmausgabe erfolgt:

```
The IBM-Personal Computer Basic
Version C1.ØØ Copyright IBM Corp. 1981
62 940 bytes free
OK
```

Auf der untersten Bildschirmzeile wird außerdem folgendes ausgegeben:

1 LIST, 2 RUN ←, 3 LOAD", 4 SAVE", 5 CONT=, 6 "LPT1, 7 TRON ←, 8 TROFF, 9 KEY, Ø SCREEN.

Dies sind wichtige BASIC-Betriebssystemkommandos, die über die 10 Funktionstasten direkt angesprochen werden können und deren Bedeutung in Abschnitt 7.3 ausführlich beschrieben wird.

Der Pfeil ← bei RUN und TRON symbolisiert das Drücken der Eingabetaste ↵, d.h. daß nach dem Drücken der Funktionstaste das Kommando sofort ausgeführt wird.

Die Ausgabe dieser Zeilen erscheint nur bei einem erfolgreichen Einschalttest.

Sollte der Text auf dem Bildschirm verschoben sein, ist dieser mit Hilfe einer Diagnosediskette nach rechts bzw. links zu verschieben (siehe Handbuch).

Ist der Einschalttest erfolgreich verlaufen, können Eingaben über die Tastatur erfolgen.

4 Allgemeiner Überblick über die Programmierung von Mikrocomputern

4.1 Allgemeines

Die Hardwareausstattung eines Mikrocomputers stellt nur die technischen Funktions-einheiten zur Verfügung. Aber erst die Verbindung von Mikrocomputer und Programm führt zu einem funktionsgerechten Datenverarbeitungssystem (siehe Abschnitt 1.7), d.h. das Programm veranlaßt die Hardware zu einer gewünschten Tätigkeit. Zur Formulierung von Programmen bedient man sich geeigneter Programmiersprachen.

4.2 Programmiersprachen

Zum Erstellen von Anwenderprogrammen lassen sich prinzipiell folgende Arten von Programmiersprachen verwenden:
- Maschinensprachen
- Assemblersprachen
- Problemorientierte Programmiersprachen

4.2.1 Maschinensprachen

In den Anfängen der Datenverarbeitung wurden die Arbeitsanweisungen für eine DVA in der Maschinensprache (Maschinencode) programmiert. Dabei handelt es sich in der Regel um eine *Codierung der Befehle*[1] *mit Hilfe von Binärziffern*[1], die von den digital arbei-tenden Datenverarbeitungsanlagen ohne weitere Übersetzung verstanden werden und ohne menschliche Hilfe in Steuersignale umgesetzt werden können.

Beispiel 4.1

Am Beispiel einer Addition soll die Codierung in der Maschinensprache verdeutlicht werden.

In Worten ließe sich die Addition der Zahlen 8 und 1 wie folgt formulieren:

1. Lade in das Register[1] A (Akkumulator) des Mikroprozessors den Zahlenwert 8.
2. Lade in das Register B des Mikroprozessors den Zahlenwert 1.
3. Addiere den Registerinhalt des Registers B zum Registerinhalt des Registers A und speichere das Ergebnis im Register A (Akkumulator).

---

1) Nähere Erläuterung siehe Anhang A1.

Würde man zur Realisierung dieser Aufgabe den Mikroprozessor 8080/8085 von INTEL benutzen, so würde das Programm in der Maschinensprache wie folgt aussehen:

Byte-Nr.	Maschinensprache (binär)	Erläuterung
1 2	00111110 00001000	Laden in das Register A den Zahlenwert 8
3 4	00000110 00000001	Laden in das Register B den Zahlenwert 1
5	10000000	Addition der Zahlenwerte und Speicherung des Ergebnisses im Register A

Bei anderen Mikroprozessoren ist der verwendete binäre Code der Maschinensprache für die einzelnen Befehle wie auch die Zahl und die Art der Befehle, die verschiedene Mikroprozessoren verstehen, unterschiedlich.

Maschinensprachen werden heute nur noch selten benutzt. Dies liegt vor allem daran, daß die Darstellung der Befehle durch Binärziffern

- relativ zeitaufwendig,
- recht unübersichtlich und damit fehleranfällig und
- schwer merkbar und somit schwer erlernbar ist.

Eine gewisse *Vereinfachung* wird erreicht, wenn man Befehle und Zahlen nicht als Binärziffern schreibt, sondern eine hexa*dezimale Schreibweise* wählt. Hier werden jeweils die ersten und letzten 4 Binärwerte eines Bytes zu einem Hexadezimalwert wie folgt zusammengefaßt:

Binär	Hexadezimal	Binär	Hexadezimal
0000	0	1000	8
0001	1	1001	9
0010	2	1010	A
0011	3	1011	B
0100	4	1100	C
0101	5	1101	D
0110	6	1110	E
0111	7	1111	F

Beispiel 4.2

Das vorangegangene Additionsprogramm ließe sich mit Hilfe der hexadezimalen Schreibweise wie folgt schreiben:

Byte-Nr.	Maschinensprache (Index H-hexadezimale Schreibweise)
1	$3E_H$
2	08_H
3	06_H
4	01_H
5	80_H

Ein derartiges Programm ist schon etwas übersichtlicher als ein Programm in Binärdarstellung. Außerdem ist die Eingabe einfacher.

Mit wachsenden Aufgaben in der Datenverarbeitung wurde jedoch bald deutlich, daß nach einer noch einfacheren, schnelleren und wirtschaftlicheren Programmierung gesucht werden mußte.

4.2.2 Assemblersprachen

Mit der Entwicklung von Assemblersprachen wurde ein weiterer Schritt zur Vereinfachung der Programmierung getan.

Die Assemblersprache ist eine symbolische Programmiersprache, bei der der Befehlsschlüssel nicht mehr aus einer Folge von Binär- bzw. Hexadezimalzeichen besteht, sondern aus einem leicht erlernbaren symbolischen Code. Speicherplatzadressen können ebenfalls durch einen symbolischen Namen gekennzeichnet werden.

Beispiel 4.3

Das schon besprochene Additionsprogramm ließe sich dann mit Hilfe der Assemblersprache des INTEL-Mikroprozessors 8080/8085 schreiben:

Befehl-Nr.	Assemblersprache
1	MVI A, 8
2	MVI B, 1
3	ADD B

Die ersten drei Buchstaben der Assemblersprache geben den symbolischen *Operationscode* an.

— MVI   steht als Abkürzung für die englischen Worte: mo_ve _immediate (deutsch: bewege, bringe, lade sofort). Auf diesen Operationscode folgt der *Operand*, d.h. die Angabe, wohin (hier Register A bzw. B) ein Zahlenwert (hier 8 bzw. 1) zu bringen ist.

— ADD   steht als Abkürzung für das englische Wort: *add* (deutsch: addiere). Auf diesen Operationscode folgt ebenfalls der Operand, d.h. in diesem Falle die Angabe, welcher Registerinhalt (hier der Inhalt von Register B) zum Inhalt des Akkumulators (Register A) zu addieren ist und wo das Ergebnis abzuspeichern ist (Register A).

Wie dieses Beispiel zeigt, lassen sich diese Befehle einfacher merken als die Befehle im Maschinencode.

Die Datenverarbeitungsanalge „versteht" jedoch nur den Maschinencode. Es muß also eine Einrichtung gefunden werden, die die Assemblersprache in die Maschinensprache überführt. Diesen Vorgang nennt man auch, da es sich um Sprachen handelt, *Übersetzung*. Sie läuft nach festen Regeln ab und kann deshalb mit Hilfe eines geeigneten *Programmes* von der DVA selbst vorgenommen werden.

Das Übersetzungsprogramm, das die Assemblersprache in die Maschinensprache übersetzt, heißt Assembler.

Diesen Übersetzungsvorgang stellt Bild 4.1 grafisch dar.

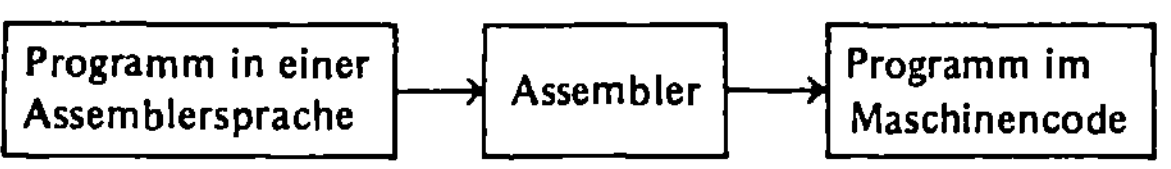

Bild 4.1 Übersetzung eines in Assemblersprache geschriebenen Programms in die Maschinensprache (Maschinencode)

> **Die Assemblersprache ist eine maschinenorientierte Programmiersprache, weil jeder Befehl der Maschinensprache durch einen symbolischen Ausdruck ersetzt wird.**

Dies hat Vor- und Nachteile.

Als Vorteil der Assemblersprache gegenüber der Maschinensprache wäre zu nennen:

> **Der Programmieraufwand ist weniger zeitaufwendig, da sich die Befehle leichter merken lassen. Außerdem wird das Programm übersichtlicher und somit weniger fehleranfällig.**

Folgende Nachteile wären jedoch immer noch anzuführen:

> **Da die Assemblersprache maschinenorientiert ist, hängt sie vom Typ der DVA ab, so daß zur Programmierung eines bestimmten Problems für verschiedene DVA-Typen unterschiedliche Programme geschrieben werden müssen.**

4.2.3 Problemorientierte Programmiersprachen

Den genannten Nachteil der Assemblersprachen vermeiden die problemorientierten Programmiersprachen. Ihre Entwicklung orientiert sich unabhängig von der jeweiligen Maschinensprache nur am Problem. Dadurch werden sie anlageunabhängig. Als Beispiel mögen die mathematisch-naturwissenschaftlich orientierten Programmiersprachen dienen. Sie beschreiben unabhängig von der Maschinensprache eine mathematische Aufgabe, wie aus der Mathematik gewohnt, mit Hilfe einer mathematischen Formel.

Beispiel 4.4
Um bei dem Beispiel einer Addition von zwei Zahlenwerten zu bleiben, kann das Additionsprogramm in einer problemorientierten Programmiersprache wie folgt formuliert werden:

$8 + 1.$

Wie schon dieses einfache Beispiel zeigt, ist die Zahl der Maschinenbefehle im allgemeinen größer als die Zahl der verwendeten Sprachelemente bei problemorientierten Programmiersprachen.

> **Die problemorientierten Sprachen zeichnen sich aus durch:**
> - **bessere Überschaubarkeit der Programme durch Anweisungen in der Fachsprache**
> - **geringen Zeitbedarf für die Programmierung**
> - **leichte Erlernbarkeit**
> - **Unabhängigkeit von dem Typ der Datenverarbeitungsanlage (sog. Portabilität)**

Die Vorteile des Einsatzes von problemorientierten Programmiersprachen wurden schon erwähnt. Es gibt jedoch nicht nur Vorteile, sondern auch Nachteile wie z.B.:

- Die Übersetzungszeit ist länger als die Übersetzungszeit eines entsprechenden speziellen Assemblerprogrammes.
- Die Ausführungszeit (Rechenlauf) ist länger als die Ausführungszeit eines entsprechenden speziellen Assemblerprogrammes.
- Die Programmierung eines Compilers ist aufwendiger als die eines Assemblers.
- Der Compiler (nicht das Anwenderprogramm) ist abhängig vom Typ der DVA.

Weit verbreitete problemorientierte Programmiersprachen sind:

Name	Bedeutung	Anwendungsbereich
ALGOL	Algorithmic Language	mathem.-naturwissenschaftlich
FORTRAN	Formula Translation	mathem.-naturwissenschaftlich
COBOL	Common Business Oriented Language	kommerziell
PL1	Programming Language Nr. 1	kommerziell/mathem-naturwissenschaftlich
BASIC	Beginners All-Purpose Symbolic Instruction Code	Programmierung im Dialog mit der DVA.
APL	A Programming Language	Programmierung im Dialog mit der DVA.
PASCAL	Benannt nach dem Mathematiker Pascal.	Strukturierte Programmierung allgemeiner Probleme.

Eine z.B. als mathematische Formel dargestellte Anweisung kann eine Datenverarbeitungsanlage nicht direkt „verstehen" (vgl. Beispiel 4.4). Sie „versteht" nur die Maschinensprache. Daher ist eine Übersetzung von der mathematischen Formelsprache in die Maschinensprache nötig (vgl. Beispiel 4.1). Da die Übersetzung nach festen Regeln ablaufen muß, kann die Datenverarbeitungsanlage auch hier die Übersetzung selbst durch Verwendung eines geeigneten Programms vornehmen.

Prinzipiell können zwei Arten von Übersetzerprogrammen unterschieden werden:
- **Compiler und**
- **Interpreter**

Der Übersetzungsvorgang läßt sich grafisch wie folgt darstellen (s. Bild 4.2):

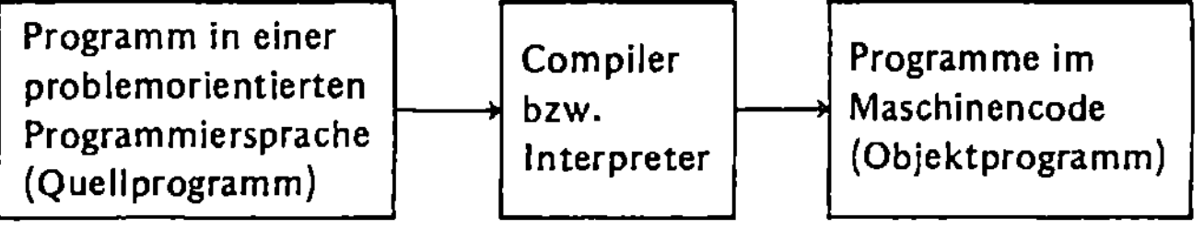

Bild 4.2 Übersetzung eines in einer problemorientierten Programmiersprache geschriebenen Programms in ein Maschinencodeprogramm

4.3 Übersetzer

4.3.1 Compiler

> Compiler (engl. to compile, d.h. zusammensetzen) übersetzen in einem direkten Schritt einen Befehl der problemorientierten Programmiersprache nach dem anderen in den Maschinencode und speichern ihn im Arbeitsspeicher der DVA.

Das in der problemorientierten Programmiersprache geschriebene Programm nennt man auch kurz *Quellprogramm*, das in den Maschinencode übersetzte Quellprogramm nennt man hingegen kurz *Objektprogramm*.

Liegt das Objektprogramm nach der Übersetzung vollständig vor, kann es, versehen mit den notwendigen Eingabedaten, ausgeführt werden. An den *Übersetzungslauf* schließt sich somit der *Rechenlauf* an[1]. Weiter ist zu vermerken, daß der Compiler noch eine Prüfung auf formale Richtigkeit der Anweisungen des Quellprogrammes vornimmt (sog. Syntaxprüfung). Die gefundenen Fehler werden in einem *Übersetzerprotokoll* festgehalten, damit sie korrigiert werden können. Nach jeder Korrektur muß eine neue Übersetzung des gesamten Programms erfolgen.

Den vollständigen Ablauf zeigt Bild 4.3:

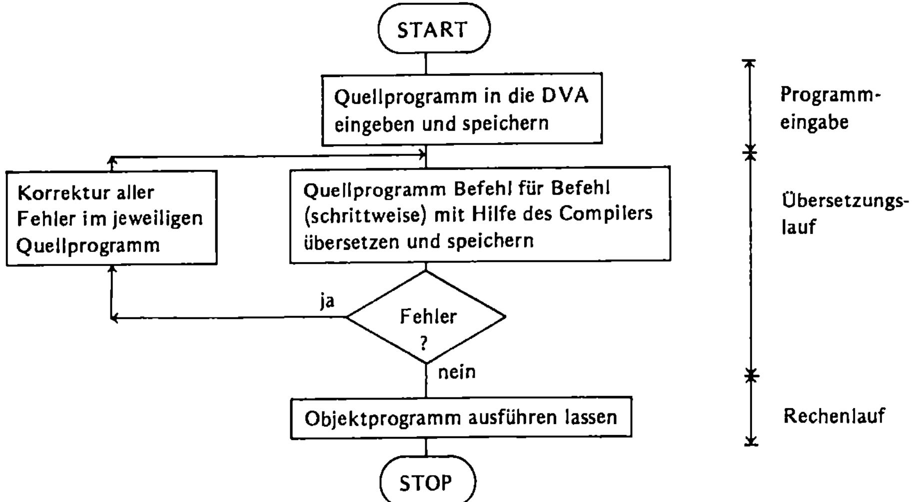

Bild 4.3 Übersetzung eines Quellprogrammes in ein Objektprogramm mit anschließender Ausführung

---

1) Auf das ebenfalls notwendige „binden" im sog. „Binderlauf" soll hier nicht näher eingegangen werden.

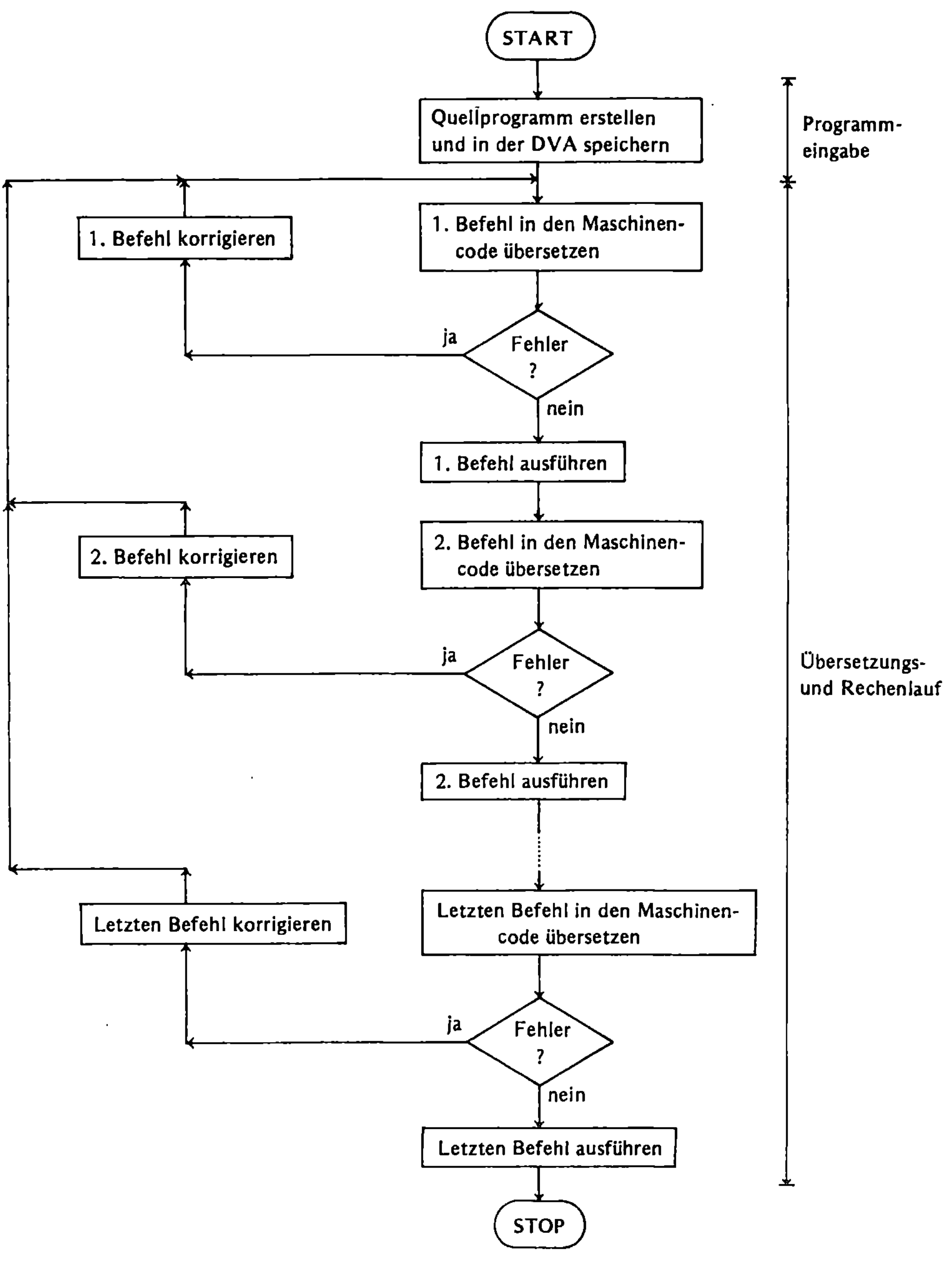

Bild 4.4 Übersetzung eines Quellprogrammes mit Hilfe eines Interpreters

4.3.2 Interpreter

> Interpreter (engl.: to interprete, d.h. interpretieren, auslegen) übersetzen nach dem Start des Anwenderquellprogramms jeweils einen Befehl in den Maschinencode. Anschließend wird der Befehl sofort ausgeführt, sofern er formal richtig ist. Ansonsten wird eine Fehlermeldung ausgegeben.
>
> Anschließend wird der nächste Befehl übersetzt und ausgeführt usw., bis das Ende des Quellprogrammes erreicht ist.

Das Objektprogramm wird somit nicht gespeichert.

In Bild 4.4 wird die Arbeitsweise eines Interpreters grafisch dargestellt.

4.3.3 Vor- und Nachteile von Interpreter und Compiler

● Nachteile von Interpretern gegenüber Compilern:

Die Übersetzung eines Programmes mit Hilfe eines Compilers (Befehle analysieren und auf formale Fehler überprüfen) beansprucht ca. 90 % der gesamten Bearbeitungszeit eines Programmes, d.h. der eigentliche Rechenlauf benötigt nur ca. 10 % der gesamten Bearbeitungszeit. Da bei Interpretern das gesamte Programm nicht getrennt übersetzt und anschließend ausgeführt wird, ist die gesamte Ausführungszeit bei Einsatz von Interpretern stets wesentlich länger als bei einem schon übersetzten, d.h. im Maschinencode vorliegenden Programm, das nur noch ausgeführt werden muß (compiliertes Programm).

● Vorteil von Interpretern gegenüber Compilern

Geht man davon aus, daß eine DVA eine bestimmte Arbeitsspeicherkapazität aufweist und daß das Compiler- bzw. Interpreterprogramm etwa gleich umfangreich ist, so steht für Quellprogramme (Programme in einer problemorientierten Programmiersprache) bei einer Übersetzung mit Hilfe eines Interpreters mehr freier Speicherplatz zur Verfügung als bei der Übersetzung mit Hilfe eines Compilers, da bei einer Übersetzung mit Hilfe eines Compilers zusätzlich das Maschinencodeprogramm (Objektprogramm) abgespeichert werden muß (vgl. Bild 4.5).

Speicherbelegung bei
Einsatz eines Compilers

Compiler
Quellprogramm
Objektprogramm
freier Speicherplatz

Speicherbelegung bei
Einsatz eines Interpreters

Interpreter
Quellprogramm
freier Speicherplatz

Bild 4.5 Speicherbelegung bei Einsatz von Compilern bzw. Interpretern zur Übersetzung von Quellprogrammen

Der Einsatz von Interpretern eignet sich außerdem durch die schrittweise Ausführung der Befehle besonders gut für den *Dialogbetrieb* zwischen der DVA und dem Benutzer der DVA. Der Benutzer hat die Möglichkeit, über geeignete Eingaben jederzeit in den Ablauf des Programmes eingreifen sowie auf Anforderungen der DVA reagieren zu können.

Betrachtet man die in Kapitel 4.2.3 angegebenen problemorientierten Programmiersprachen hinsichtlich ihrer Übersetzer, so kann man feststellen:

FORTRAN, ALGOL, COBOL und PL1 benutzen überwiegend Compiler zur Übersetzung,

APL und BASIC überwiegend Interpreter.

Dies ist jedoch nicht zwingend. Es gibt z.B. auch BASIC-Compiler.

5 Programmiersprachen des IBM PC

Der IBM PC stellt folgende 3 BASIC-Interpreter Versionen zur Verfügung:
- Standard- oder Kassetten-BASIC
- Disketten-BASIC
- Fortgeschrittenes BASIC

5.1 Standard- oder Kassetten-BASIC

Diese BASIC-Version ist in einem ROM[1] auf der Systemplatine der Systemeinheit gespeichert und somit sofort nach dem Einschalten der Systemeinheit verfügbar. Dies zeigt auch das *Schirmbild* nach dem Einschalttest (vgl. Abschnitt 3.7).

Diese BASIC-Version meldet sich demnach in der ersten Zeile mit dem Text:

"The IBM Personal Computer-BASIC".

In der zweiten Zeile wird die im ROM gespeicherte Version angegeben (falls später Verbesserungen vorgenommen werden, weiß man stets, welche Version man besitzt). Das C vor der Versionsnummer 1.00 deutet auf das sogenannte Kassetten-BASIC hin (die Abkürzung C steht für engl. Cassette).

In der dritten Zeile wird die freie Arbeitsspeicherkapazität in Byte) angegeben (die Zahl richtet sich nach dem tatsächlichen Arbeitsspeicherausbau).

In der vierten Zeile erscheint das Wortsymbol "OK". Dies weist darauf hin, daß das System bereit ist, BASIC-Kommandos oder BASIC-Programme aufzunehmen (Systembereitschaftszeichen).

Das Standard-BASIC enthält keine Kommandos, um Programme bzw. Daten auf *Disketten* zu speichern, sowie weitergehende Diskettenfunktionen. Das Standard-BASIC ist somit für jene Anwender des IBM PC gedacht, die keine Diskettenlaufwerke benutzen wollen. Zur langfristigen Speicherung von Programmen und Daten kann jedoch ein Kassettenrecorder benutzt werden (siehe Abschnitt 2.5, 3.2). Aus diesem Grunde nennt man diese BASIC-Version auch Kassetten-BASIC.

5.2 Disketten-BASIC

Das Disketten-BASIC ist nicht sofort nach dem Einschalten der Systemeinheit verfügbar, sondern muß von einer speziellen Diskette, die den Disketten-BASIC-Interpreter enthält, in den Arbeitsspeicher der Systemeinheit geladen werden. Nach dem Laden (siehe Abschnitt 11.4) erscheint eine ähnliche Bildschirmausgabe wie beim Standard-BASIC (siehe Abschnitt 11.4, Punkt 5).

---

[1] Nähere Erläuterung siehe Anhang A1.

Unterschiede bestehen nur in der Angabe der Version. Anstelle von C vor der Versionsnummer steht als wesentlicher Unterschied ein D für Disketten-BASIC. Diese BASIC-Version bietet, wie auch das noch später zu besprechende DOS-Betriebssystem, die Möglichkeit, Diskettenlaufwerke anzusprechen.

Das Systembereitszeichen ist A >.

5.3 Fortgeschrittenes oder Advanced-BASIC

Diese BASIC-Version muß ebenfalls von einer speziellen Diskette in den Arbeitsspeicher der Systemeinheit geladen werden. Sie unterscheidet sich vom Disketten-BASIC insbesondere durch einen umfangreichen Befehlsvorrat für grafische Operationen. Daher ist der Einsatz des "Advanced-BASIC" nur sinnvoll, wenn das System mit einem Adapter für einen Farbgrafikbildschirm nebst einem entsprechenden Bildschirm ausgerüstet ist.

Auf dem Bildschirm meldet sich diese BASIC-Version mit der Versionsangabe A für engl. "advanced", d.h. fortgeschritten.

Die drei genannten BASIC-Versionen sind aufwärts kompatibel, d.h. der Befehls- und Kommandovorrat des Kassetten-BASIC ist im Disketten-BASIC enthalten und dieser im Advanced-BASIC.

Um aufzuzeigen, wie BASIC-Programme in den IBM PC eingegeben werden, genügt es daher, die Eingabe für das Kassetten- und Disketten-BASIC zu besprechen.

Dabei erscheint es sinnvoll, die *Grundlagen* mit Hilfe des Kassetten-BASIC zu legen, da man sich hier noch nicht um die Bedienung der Diskettenlaufwerke kümmern muß. Es ist nur das Gerät einzuschalten und man kann sofort in BASIC arbeiten.

Sind die Grundlagen gelegt, kann man einen Schritt weiter zum Disketten-BASIC gehen und hier insbesondere die Handhabung beim Einsatz von Disketten erlernen.

5.4 Weitere Programmiersprachen

Wie das Disketten- bzw. Advanced-BASIC können auch andere Programmiersprachen, wie COBOL, FORTRAN, PASCAL usw. von speziellen Disketten in den Arbeitsspeicher geladen werden. Grundsätzlich ist hier in der Bedienung kein wesentlicher Unterschied, so daß die Handhabung allein an den beiden BASIC-Versionen demonstriert werden kann.

6 Allgemeiner Überblick über die Aufgaben von Betriebssystemen bei Mikrocomputern

6.1 Allgemeines

Nach den bisherigen Ausführungen stehen dem Benutzer (Anwender) eines Mikrocomputers die *Hardware* und gewisse *Anwenderprogramme* zur Verfügung. Falls diese Anwenderprogramme in einer problemorientierten Programmiersprache vorliegen, können *Übersetzerprogramme* eingesetzt werden, um das sog. *Quellprogramm* in der problemorientierten Programmiersprache in ein *Objektprogramm* (Maschinensprache) zu übersetzen.

Der Mikrocomputer verarbeitet nun die Daten mit Hilfe des vorgegebenen Programms und gibt die Ergebnisse (Ausgabedaten) aus.

Bei diesem Zusammenspiel ergeben sich eine Vielzahl von *organisatorischen Problemen:*

- Wie erkennt die Hardware, daß Programme und Daten eingegeben werden sollen?
- Wie erkennt die Hardware, von welchem Eingabegerät die Programme und Daten eingegeben werden sollen, falls mehrere Alternativen bestehen?
- Woraus entnimmt die Hardware, auf welchem Ausgabegerät Daten und Meldungen auszugeben sind (z.B. Bildschirm oder Drucker)?
- Wie entscheidet und merkt sich die Hardware, wo die Programme und Daten im Arbeitsspeicher gespeichert werden sollen (Arbeitsspeicheradressen)?
- Wie entscheidet und merkt sich die Hardware, wo die Programme und Daten auf externen Speichern abgespeichert werden sollen?
- Wie erkennt die Hardware, daß ein Programm zum Rechenlauf gestartet werden soll?

Diese Aufzählung von organisatorischen Fragen ließe sich noch um viele Fragen ergänzen.

All diese komplexen organisatorischen Probleme werden nicht nur von der Hardware des Mikrocomputers, z.B. vom Steuerwerk der DVA, gelöst. Da es für jedes dieser organisatorischen Probleme einen Lösungsalgorithmus gibt, lassen sich für diese Algorithmen auch Programme schreiben.

> Das Hilfsprogramm, das den komfortablen Betrieb zwischen der Hardware des Mikrocomputers, dem Anwenderprogramm und dem Benutzer organisiert, nennt man Betriebssystem (Organisationsprogramm, engl. Operating System, kurz OS).

Wenig komplexe Betriebssysteme nennt man vielfach auch *Monitor*. Der Monitor ermöglicht zumindest die wichtigsten Grundfunktionen, d.h. Programme und Daten in den Arbeitsspeicher einlesen (laden) und speichern.

6.2 Elementare Aufgaben

Betriebssysteme stellen ihre Leistung dem Anwender zur Verfügung, indem sie ihm viele Routineaufgaben abnehmen. *Elementare* Aufgaben für Betriebssysteme eines jeden Mikrocomputers sind:

- die Ablaufsteuerung
- die Ein-Ausgabesteuerung und
- die Speicherplatzverwaltung.

6.2.1 Ablaufsteuerung

Die Programmbearbeitung muß vom Anwender gezielt *eingeleitet* werden können. Nach *Beendigung* des Programms muß der Anfangszustand wieder eingenommen werden. Dies muß für den Anwender zu erkennen sein (Meldung).

Ein laufendes Programm muß vom Anwender vor Beendigung des Programms abgebrochen werden können. Dazu muß das Betriebssystem die Tastatur in gewissen Abständen nach einem Abbruchkommando abfragen.

> Die Ablaufsteuerung bildet die <u>organisatorische</u> Schnittstelle zwischen dem Benutzer des Mikrocomputers und dem Mikrocomputer selbst.

Über die Tastatur eingegebene Kommandos müssen interpretiert und ausgeführt bzw. zur Ausführung weitergeleitet werden. Die korrekte Ausführung muß erkannt und dies dem Benutzer mitgeteilt werden. Eingabefehler oder sonstige Fehler sollten ebenfalls erkannt und dem Benutzer gemeldet werden.

6.2.2 Ein- und Ausgabesteuerung

Ein- und Ausgabegeräte (E/A-Geräte) bieten die Daten oft in verschiedener Form (Codes) an (z.B. Daten von der Tastatur im ASCII-Code (vgl. Anhang A2), Daten vom Lochstreifen im Baudot-Code, Daten von der Lochkarte im Hollerith-Code). Dadurch ist es vielfach nötig, die Form der Daten der Ein- und Ausgabegeräte an die *interne* Form der Daten in der DVA anzupassen, d.h. umzucodieren.

Ein- und Ausgabegeräte liefern Daten außerdem z.T. *parallel*, z.T. *seriell*. Auch hier ist eine Anpassung nötig.

Weiterhin werden die Daten von den E/A-Geräten in unterschiedlichen Geschwindigkeiten geliefert bzw. benötigt. Daher ist eine *Geschwindigkeitsanpassung* erforderlich.

Bei manchen Daten können Übertragungsfehler erkannt und z.T. korrigiert werden.

Aufgaben der geschilderten Art übernimmt die Ein- und Ausgabesteuerung.

6.2.3 Speicherverwaltung

Programme und Daten müssen während der Bearbeitung im Arbeitsspeicher zur Verfügung stehen (vgl. Abschnitt 1.3).

> Um den Anwender von der Aufgabe zu entlasten, diese Adressen ausdrücklich anzugeben, wird die gesamte Verwaltung des Arbeitsspeichers vom Betriebssystem vorgenommen, d.h. das Betriebssystem legt die Programme in bestimmten Arbeitsspeicherbereichen ab und „merkt" sich die Adressen.

Zur Aufgabe gehört ebenfalls die Umcodierung der symbolischen Arbeitsspeicheradressen (Variablennamen) einer problemorientierten Programmiersprache in die in einer Maschinensprache notwendigen absoluten binär codierten Arbeitsspeicheradressen.

> **Werden externe Speicher eingesetzt, gilt entsprechendes auch für die Verwaltung der externen Speicher.**

Hierbei kann man sich vorstellen, daß die Verwaltung des Speicherplatzes auf einer Magnetbandkassette einfacher ist als die Verwaltung des Speicherplatzes auf einer Diskette. Während auf einer Magnetbandkassette Programme und Daten nur hintereinander (seriell) aufgezeichnet werden können, ist die Speicherung auf Disketten in beliebigen Sektoren auf beliebigen Spuren möglich (vgl. Abschnitt 2.6). Der Verwaltungsaufwand zur Speicherung von Daten auf Disketten wird daher größer sein als der zur Speicherung von Daten auf Magnetbandkassetten.

6.2.4 Zusammenarbeit zwischen Ablaufsteuerung, Ein- und Ausgabesteuerung und Speicherverwaltung

Die drei elementaren Aufgaben für Betriebssysteme stehen nicht beziehungslos zueinander, sondern stehen im allgemeinen in folgender Verbindung zueinander (vgl. Bild 6.1).

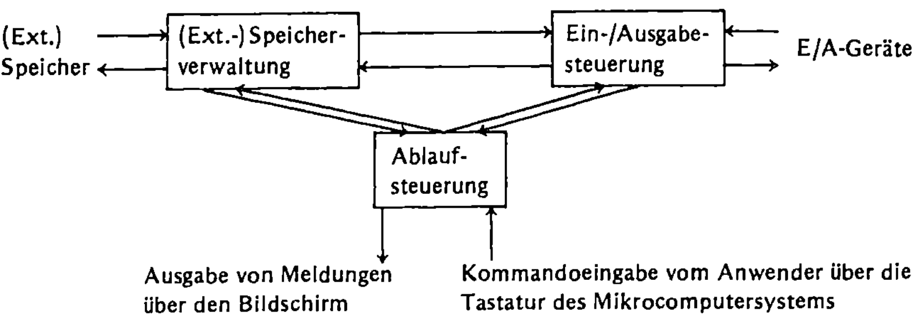

Bild 6.1 Elementare Grundstruktur eines Mikrocomputer-Betriebssystems

Wie Bild 6.1 zeigt, müssen vom Anwender zunächst *Kommandos* über die Tastatur eingegeben werden. Die Ablaufsteuerung untersucht diese auf formale Eingabefehler und gibt, falls erforderlich, eine Fehler*meldung* aus. Ist das Kommando korrekt, erfolgt dessen Bearbeitung. Ist dies z.B. vom Umfang der Aufgabe her nicht innerhalb der Ablaufsteuerung möglich, wird die Bearbeitung an die Ein-Ausgabesteuerung bzw. an die Speicherverwaltung weitergegeben.

Nach der Bearbeitung geben diese Meldungen ab, z.B. daß die Bearbeitung erfolgreich abgeschlossen wurde bzw. daß die Bearbeitung nicht ausgeführt werden konnte. Über die Ablaufsteuerung erfährt dies auch der Benutzer. Im Fehlerfall wird eine Fehlermeldung ausgegeben, die die Art des Fehlers genauer angibt.

Im Falle der externen Speicher wird nicht nur die externe Speicherplatzverwaltung von der Ablaufsteuerung angesprochen, sondern auch die Ein-Ausgabesteuerung, denn die externen Speicher stellen für den Mikrocomputer auch Ein-Ausgabegeräte dar.

6.2.5 Weitere Aufgaben von Betriebssystemen

Der Bedienungskomfort, den Mikrocomputersysteme heute bieten, hängt entscheidend von der Qualität des verwendeten Betriebssystems ab. Heute nehmen Betriebssysteme auch folgende Aufgaben wahr:

- Editieren von Programmen

  Mit Hilfe eines EDITORs lassen sich Anwenderprogramme mehr oder weniger komfortabel über die Eingabetastatur

  — erstellen und
  — ändern (korrigieren).

  Da die Erfahrung zeigt, daß neu erstellte, längere Programme stets eine Vielzahl von Fehlern enthalten, ist es wichtig, auf einfache Weise mit Hilfe sogenannter EDITOR-Kommandos Programme korrigieren zu können. Entsprechendes gilt, wenn man Programme erweitern und ergänzen möchte.

  Prinzipiell unterscheidet man

  — Bildschirm-Editoren (engl.: Screen-EDITOR) und
  — Zeilen-Editoren (engl.: Line-EDITOR).

  Bei einem Bildschirm-EDITOR fährt man mit Hilfe der Cursor-Tasten den Cursor an die zu ändernden Stellen und nimmt anschließend die Änderungen vor, während beim Zeilen-EDITOR die Zeilen- und vielfach auch die Spaltennummer der zu ändernden Stelle über die Eingabetastatur angegeben werden muß, um anschließend die Änderung vorzunehmen.

  Das Arbeiten mit dem Bildschirm-EDITOR ist für den Anwender bequemer.

  Vielfach treten auch Mischformen auf. Hier ist die zu ändernde Zeilennummer über die Eingabetastatur anzugeben, innerhalb der Zeile wird jedoch die zu ändernde Spalte mit dem Cursor gekennzeichnet.

  Einzelheiten zum Editieren von Programmen beim IBM PC werden in den Abschnitten 8.1, 8.2 und Kapitel 9 behandelt.

- Programmierhilfen

  Vorteilhaft sind auch Programmierhilfen, die automatisch die in BASIC erforderlichen Anweisungsnummern erzeugen bzw. umnumerieren (vgl. Kommando AUTO und RENUM in Abschnitt 7.3).

- Auskunft über den Systemzustand

  Es ist vielfach hilfreich, wenn das Mikrocomputersystem über seinen aktuellen Systemzustand informiert, wie z.B. über

  — die aktuelle freie Arbeitsspeicherkapazität
  — die aktuelle freie Externspeicherkapazität
  — über angeschlossene externe Geräte.

- Programmlaufverfolgung

  Zur Fehlerverfolgung in komplizierten Programmen ist es hilfreich, mit Hilfe besonderer Kommandos alle durchlaufenen Anweisungen eines Programmes auflisten lassen zu können, um so die Fehlerstelle besser lokalisieren zu können. Dies gilt insbesondere für stark verschachtelte Programmschleifen (vgl. Kommandos TRON und TROFF in Abschnitt 7.3, Punkt 7 und 8).

- **Behandlung von Dateien**

  Dateien auf externen Speichern sollen nicht nur hinsichtlich ihres Arbeitsspeicherplatzes verwaltet und wiedergefunden werden, sondern eventuell auch

  — verkettet
  — kopiert
  — umbenannt oder
  — gelöscht

  werden. Diese Aufgabe muß ein Betriebssystem ebenfalls leisten, indem es einfache Kommandos zur Verfügung stellt.

- **HELP-Routinen**

  Hilfsroutinen (engl. HELP-Routinen) *helfen* dem Anwender. Auf dessen Wunsch werden ihm über den Bildschirm Auskünfte gegeben wie z.B. über die allgemeine Struktur von Betriebssystem-Kommandos bzw. über die allgemeine Struktur von BASIC-Anweisungen. Somit kann vielfach während der Arbeit mit dem Mikrocomputer das Nachblättern in Handbüchern entfallen, d.h. das Mikrocomputersystem informiert über sich selbst.

6.3 Betriebssystemkommandos

> **Um das Betriebssystem zu den verschiedensten Tätigkeiten gezielt zu veranlassen, bedient man sich der Kommandosprache.**

Die gewünschten *Kommandos* lassen sich mit Hilfe der Eingabeeinheit durch Drücken *spezieller Tasten* eingeben oder aber durch kurze *Kommandoworte*, d.h. durch Drücken einer Folge von Buchstaben-Tasten, die dem Kommando entspricht.

Beispiel 6.1

Durch Drücken der Taste RUN[1] bzw. der Tastenfolge R, U und N mit anschließendem Drücken der RETURN-Taste ⏎ (vgl. Abschnitt 2.3), kann der Mikrocomputer veranlaßt werden, ein im Arbeitsspeicher gespeichertes Programm ablaufen zu lassen.

Für viele der heute angebotenen Mikrocomputer wird von Haus aus ein Betriebssystem mitgeliefert, das sich von dem anderer Hersteller unterscheidet. Vielfach ist es sogar so, daß bei einem Modellwechsel oder bei einer Erweiterung der Modellpalette schon bei einem Hersteller unterschiedliche Betriebssysteme verwendet werden.

Insgesamt führt dies dazu, daß einerseits

- für gleiche Betriebssystemfunktionen von der Schreibweise her unterschiedliche Kommandos angegeben werden müssen,
- bzw. manche Betriebssystemfunktionen fehlen bzw. zusätzlich vorhanden sind.

Der Anwender muß sich daher bei jedem Mikrocomputer neu in die Anwendung des jeweiligen Betriebssystems und seiner Kommandosprache einarbeiten.

---

[1] Beim IBM PC ist direkt keine RUN-Taste vorhanden, indirekt jedoch z.B. über die Funktionstaste [F2] bzw. [Alt] [R] (siehe Abschnitte 2.3, 7.3).

6.4 Dialog zwischen Mikrocomputer und Mikrocomputerbenutzer

Während der gesamten Arbeit am Mikrocomputer führt der Benutzer eine Art Dialog mit dem Mikrocomputer (genauer: seinem Betriebssystem). Diesen Dialog soll die Abfolge der Schritte zeigen, die *in der Regel* aufeinander folgen, wenn ein Programmierer ein Programm von einem Mikrocomputer bearbeiten lassen will (vgl. auch Abschnitt 6.2.4):

SCHRITT 1: *Einschaltung durch den Benutzer*
Der Benutzer schaltet den Mikrocomputer ein (siehe Abschnitt 3.7).

SCHRITT 2: *Bereitmeldung des Mikrocomputers (Systembereitschaftszeichen)*
Der Mikrocomputer meldet sich mit einer Anzeige auf dem Bildschirm, daß er zur Bearbeitung von Kommandos bereit ist (z.B. durch Ausgabe des Wortes "READY" oder kurz durch Symbole wie z.B. ⊢ bzw. >, beim IBM PC z.B. durch das Wort "OK", siehe Abschnitt 5.1, bzw. durch "A >", siehe Abschnitt 5.2).

SCHRITT 3: *Eingabe des Programmes vom Benutzer*
Das Programm wird Anweisung für Anweisung vom Benutzer eingegeben. Damit der Mikrocomputer weiß, wann eine Anweisung zu Ende ist und wann eine neue Anweisung beginnt, muß im allgemeinen nach jeder Anweisung eine spezielle Taste (RETURN, ENTER oder ähnlich) betätigt werden. Beim IBM PC ist dies die Wagenrücklauftaste ↵ (vgl. Abschnitt 2.3). Damit wird die eingegebene Programmzeile im Arbeitsspeicher des Mikrocomputers gespeichert. Der Cursor geht zum Anfang der nächsten Programmzeile, die anschließend eingegeben werden kann. Jedes Programm muß mit Hilfe einer Programm-Ende-Anweisung abgeschlossen sein[1]. Mit Hilfe dieser Anweisung wird dem Mikrocomputer mitgeteilt, wann das Programm zu Ende ist und er die Programmbearbeitung einstellen kann.

SCHRITT 4: *Programmlauf (Rechenlauf) des Mikrocomputers*
Nachdem das Programm im Speicher des Mikrocomputers vorliegt, kann das Programm ausgeführt werden. Mit Hilfe eines RUN-Kommandos (meist eine spezielle Taste, vgl. Beispiel 6.1) gibt der Benutzer dem Mikrocomputer zu erkennen, daß das eingegebene Programm ausgeführt werden soll. Der Mikrocomputer bearbeitet nun einen Befehl nach dem anderen z.B. mit Hilfe des Interpreters, d.h. er übersetzt jeden einzelnen Befehl und führt ihn anschließend sofort aus (siehe Abschnitt 4.3.2).

Stellt der Mikrocomputer während der Übersetzung formale Fehler in der Programmzeile fest, so wird eine Fehlermeldung ausgegeben und der Programmlauf abgebrochen. Der Mikrocomputer meldet sich anschließend mit READY oder ähnlich (vgl. Schritt 2), d.h. er wartet auf neue Kommandos, z.B. zur Korrektur der Programmzeile.

Nach Abschluß der Korrektur muß der Rechenlauf mit Hilfe des RUN-Kommandos erneut gestartet werden.

---

[1] Bei einigen BASIC-Versionen kann die Programmendeanweisung entfallen.

SCHRITT 5:   *Eingabe der Daten vom Benutzer*
Wenn der Mikrocomputer eine Eingabe-Anweisung für Daten (INPUT-Anweisung) während des Rechenlaufes bearbeitet, gibt er auf dem Bildschirm ein Fragezeichen (?) aus. Der Mikrocomputer erwartet nun, daß der Benutzer die erforderlichen Daten, z.B. durch Kommas getrennt, über die Tastatur eingibt. Sind alle Daten eingegeben, wird die RETURN-Taste ⏎ gedrückt (vgl. Abschnitt 2.3). Damit ist der Eingabevorgang beendet. Der Mikrocomputer verarbeitet anschließend diese Werte programmgemäß.

SCHRITT 6:   *Ausgabe der Ergebnisse durch den Mikrocomputer*
Nach bzw. während des Rechenlaufes werden die Ergebnisse der Programmbearbeitung von dem Mikrocomputer auf dem Bildschirm, Drucker o.ä. ausgegeben.

SCHRITT 7:   *Warten des Mikrocomputers auf neue Aufgaben*
Nach der Ausgabe der Ergebnisse teilt der Mikrocomputer dem Benutzer z.B. durch das Systembereitschaftszeichen "READY" o.ä. mit, daß er das Problem für gelöst hält und auf neue Aufgaben wartet.

Soll nun das gleiche Programm noch einmal mit anderen Daten bearbeitet werden, so wiederholen sich die Schritte 4 bis 7.

Soll ein neues Programm eingegeben werden, so wird z.B. der Speicher mit dem alten Programm gelöscht (siehe Abschnitt 7.3, Kommando NEW) und es wiederholen sich die Schritte 2 bis 7.

6.5 Speicherung von Betriebssystemen

Kleinere Betriebssysteme werden vielfach im Maschinencode oder der zugehörigen Assemblersprache geschrieben. Sie werden in *Festwertspeichern* (ROM) abgelegt. Somit ist die Software hardwaremäßig festgelegt. Diese Form, die zwischen Hard- und Software liegt, nennt man auch *Firmware*. Diese Art der Speicherung ist vergleichsweise einfach und damit billig. Würde man eine andere dauerhafte Speicherung, z.B. auf einer Diskette vorsehen, so wäre dies bei billigen Mikrocomputern aufwendiger, denn die Diskettenlaufwerke benötigen für ihren eigenen Betrieb schon ein aufwendiges Betriebssystem. Dies lohnt sich aber erst ab einer höheren Ausbaustufe eines Mikrocomputersystems, da dann umfangreichere Betriebssysteme sinnvoll werden. Sie sind wegen der Komplexität in höheren Programmiersprachen formuliert.

Nach den allgemeinen Ausführungen soll im folgenden Kapitel einführend auf das spezielle Betriebssystem des IBM PC eingegangen werden. Später wird noch detaillierter auf das benutzte Betriebssystem eingegangen (vgl. Kapitel 9, 11, 12 und 13).

7 Allgemeiner Überblick über das Betriebssystem des IBM PC

7.1 Betriebssystem für den Betrieb im Standard- bzw. Kassetten-BASIC

Den IBM PC kann man mit unterschiedlichen Betriebssystemen betreiben. Für die einfachste Ausbaustufe des IBM PC ist ein Betriebssystem in Form von „Firmware" für die Bearbeitung von Standard-BASIC-Programmen fest im IBM PC installiert. Es ist zusammen mit dem BASIC-Interpreter in einem ROM gespeichert. Somit ist es nach dem Einschalten des IBM PC sofort einsatzbereit (vgl. Abschnitte 3.7 und 5.1). Es unterstützt nur die externe Speicherung von Programmen und Daten auf *Magnetbandkassetten*. Eine Speicherung auf Disketten oder Festplatten ist bei Einsatz dieses Betriebssystems nicht möglich.

Wie Programme mit Hilfe dieses Betriebssystems entwickelt, geändert und zum Ablauf gebracht werden können, wird in Kapitel 8 und 9 beschrieben.

7.2 IBM-DOS-Betriebssystem

DOS ist eine Abkürzung für die englischen Worte "Disk Operating System" (Diskettenbetriebssystem). Der Name weist darauf hin, daß dieses Betriebssystem die externe Speicherung von Programmen und Daten auf *Disketten* unterstützt. Es ist selbst dauerhaft auf einer IBM-DOS-Diskette gespeichert. Um dieses Betriebssystem nutzen zu können, benötigt man neben der IBM-DOS-Diskette somit *mindestens* ein (besser zwei) Diskettenlaufwerk(e). Da ein Teil der Betriebssystem-Kommandos sofort verfügbar sein muß, wird dieser Teil des Betriebssystems in den Arbeitsspeicher geladen. Daraus resultiert, daß die Arbeitsspeicherkapazität *mindestens* 32 Kbyte betragen muß, damit auch noch ausreichend Platz für Anwenderprogramme vorhanden ist.

Das IBM-DOS-Betriebssystem wird stets benutzt, wenn das Disketten- oder Advanced-BASIC (vgl. Abschnitte 5.2 und 5.3) eingesetzt werden soll. Beide BASIC-Interpreter befinden sich, wie das Betriebssystem an sich, in Form einer Datei auf der IBM-DOS-Diskette.

Wie Programme mit Hilfe des IBM-DOS-Betriebssystems entwickelt, geändert und zum Ablauf gebracht werden, wird in Kapitel 12 beschrieben.

Grundsätzlich läßt sich schon an dieser Stelle sagen, daß alle Betriebssystem-Kommandos, die beim *Standard-BASIC* zum Einsatz kommen, *auch* beim *Disketten-BASIC* gelten.

Daher wird zunächst das Schreiben, Ändern und Ablaufen lassen von Standard-BASIC-Programmen besprochen, um anschließend auf die *zusätzlichen* Möglichkeiten des Disketten-BASIC eingehen zu können. Die noch *weitergehenden* Möglichkeiten des IBM-DOS-Betriebssystems hinsichtlich des Diskettenbetriebes werden darauffolgend genau beschrieben.

7.3 Wichtige Betriebssystemkommandos des IBM PC

Wie schon in Abschnitt 3.7 angegeben wurde, werden nach dem Einschalten des IBM PC auf der untersten Bildschirmzeile einige Schlüsselworte für Betriebssystemkommandos ausgegeben. Sie lassen sich mit Hilfe der Funktionstasten F1 bis F1Ø durch *einen* Tastendruck eingeben. Daraus läßt sich schließen, daß es sich um häufig vorkommende Kommandos handelt. Sie sollen daher in der dort angegebenen Reihenfolge näher besprochen werden.

Bildschirm-nummer	Funktions-taste	Schlüssel-wort	Bedeutung
1	F1	LIST	**Mit Hilfe dieses Kommandos wird ein Programm, das sich gerade im Arbeitsspeicher befindet, auf dem Bildschirm ausgegeben.** Es dient zur Kontrolle von eingegebenen bzw. gespeicherten Programmen und wird dadurch häufig bei der Korrektur von Programmen benötigt. Folgt auf das Schlüsselwort LIST keine weitere Angabe, so wird das gesamte gespeicherte Programm auf dem Bildschirm aufgelistet. Ist das Programm länger als eine Bildschirmseite (25 Zeilen), so werden von unten stets neue Programmzeilen auf dem Bildschirm ausgegeben, während oben entsprechend Programmzeilen verschwinden. Man erhält den Eindruck, als ob die Ausgabe nach oben aus den Bildschirm herausrollt (engl. scrolling). Am Schluß sind nur die letzten 25 Zeilen auf dem Bildschirm zu sehen. Dies erschwert die Kontrolle eines längeren Programmes. Daher gibt es die Möglichkeit, einen Bereich des Programmes gezielt auf dem Bildschirm ausgeben zu lassen. Dazu dient das Kommando: LIST Anw.-Nr. 1 — Anw.-Nr. 2 ↵ Dabei kann die erste oder zweite Anweisungsnummer (hier als Kurzform Anw.-Nr.) entfallen. Unter einer Anweisungsnummer versteht man eine Ziffernfolge zur Numerierung der Anweisungen (Reihenfolge der Ausführung).

			• Sind beide Anweisungsnummern angegeben, werden alle Programmanweisungen von der Anweisungsnummer 1 bis zur Anweisungsnummer 2 *einschließlich* ausgegeben. • Entfällt die Anweisungsnummer 2, werden alle Programmanweisungen ab Anweisungsnummer 1 einschließlich ausgegeben. • Entfällt die Anweisungsnummer 1, werden alle Programmanweisungen bis zur Anweisungsnummer 2 einschließlich ausgegeben. • Wird nur eine Anweisungsnummer *ohne* Bindestrich angegeben, wird allein diese Anweisung auf dem Bildschirm ausgegeben. Beispiele:
			LIST⌴1Ø–2ØØ Die Anweisungen mit den Anweisungsnummern 1Ø bis 2ØØ werden auf dem Bildschirm ausgegeben.
			LIST⌴–2ØØ Alle Anweisungen mit Anweisungsnummern unter 2ØØ werden in aufsteigender Reihenfolge auf dem Bildschirm ausgegeben.
			LIST⌴2ØØ– Alle Anweisungen *ab* Anweisungsnummer 2ØØ werden in aufsteigender Reihenfolge bis zum Programmende auf dem Bildschirm ausgegeben.
			LIST 2ØØ Es wird *nur* die Zeile 2ØØ auf dem Bildschirm ausgegeben.
2	F2	RUN	**Mit Hilfe des RUN-Kommandos wird ein Programm, das sich gerade im Arbeitsspeicher befindet, zur Ausführung gebracht.** Die Programmausführung beginnt mit der Anweisung, die die niedrigste Anweisungsnummer aufweist. Folgt dem Schlüsselwort RUN jedoch eine Anweisungsnummer, so beginnt die Programmausführung mit der Anweisung, die diese Anweisungsnummer aufweist.

			Beispiel:
			Das Betriebssystem meldet sich bereit zur Aufnahme von Kommandos mit: OK Sie geben ein 1Ø⌐PRINT ''HALLO'' Dieses Programm, das nur aus einer Anweisung besteht, hat zur Aufgabe, den Text HALLO auszudrucken. Das Programm wird ausgeführt, wenn die Taste F2 gedrückt wird. Dies bewirkt das gleiche wie das Drücken der drei Buchstabentasten R, U und N. Das Kommando wird durch das Drücken der Taste ⏎ an den Mikrocomputer übergeben. Nach Ausführung des Programmes erscheint der Text HALLO auf dem Bildschirm sowie anschließend das ''OK'' als Zeichen, daß ein neues Kommando eingegeben werden kann.
3	F3	LOAD	**Mit Hilfe dieses Kommandos wird ein Programm von einem externen Speicher (Magnetbandkassette, Diskette) in den Arbeitsspeicher geladen.** Vorher wird der Arbeitsspeicher gelöscht. Das Laden des Programmes muß stets *vor* der Ausführung des Programmes erfolgen. Da sich auf den externen Speichern nicht nur ein Programm befinden wird, muß man im LOAD-Kommando den Programmnamen, in Anführungszeichen gesetzt, mit angeben. Welcher externer Speichertyp gewählt wird, ergibt sich zwangsläufig aus der Wahl der BASIC-Variante. Standard BASIC: Kassetten Disketten- bzw. Advanced-BASIC: Minidisketten (Laufwerk A) In dem Fall, in dem von einem zweiten Diskettenlaufwerk, dem Diskettenlaufwerk B, Programme geladen werden sollen, ist die Laufwerksangabe ausdrücklich mit anzugeben (vgl. Abschnitt 11.6). Wird von einer Kassette geladen, so werden alle Dateinamen, die während des Suchvorgangs gefunden werden, auf dem Bildschirm ausgegeben, und, solange dies nicht die gesuchte Datei ist, mit dem Zusatz ''skipped'' versehen (d.h. übersprungen).

			Wird die gesuchte Datei gefunden, wird der Name auf dem Bildschirm mit dem Zusatz "Found" versehen. Man kann somit durch folgenden "Trick" ein Dateiinhaltsverzeichnis der Kassette auf dem Bildschirm erstellen, indem man einen Dateinamen wählt, der mit Sicherheit nicht auf der Kassette vorhanden ist. Beispiel:
			LOAD "SUMME" Mit Hilfe dieses Kommandos wird das Programm (Datei) mit dem Namen SUMME von dem externen Standardgerät (Kassette bzw. Diskettenlaufwerk A) geladen.
			Beispiel:
			LOAD "B:SUMME" Mit Hilfe dieses Kommandos wird die Datei mit dem Namen SUMME von der Diskette in Laufwerk B in den Arbeitsspeicher geladen.
4	F4	SAVE	**Mit Hilfe dieses Kommandos wird ein Programm vom Arbeitsspeicher zu einem externen Speicher (Magnetbandkassette bzw. Diskette) übertragen und dort dauerhaft gespeichert.** Dieses Kommando stellt somit das Gegenteil des LOAD-Kommandos dar. Zum Wiederauffinden der Datei ist ihr vor dem Speichervorgang ein Name zu geben, unter dem man diese später wieder finden kann. Werden die Standardspeichergeräte benutzt, muß das Gerät, auf dem die Datei gespeichert werden soll, nicht besonders bezeichnet werden. Nur wenn das zweite Diskettenlaufwerk B benutzt wird, ist dies vor dem Dateinamen anzugeben (vgl. Abschnitt 11.6). Beispiel:
			SAVE "SUMME" Mit Hilfe dieses Kommandos wird die Datei mit dem Namen SUMME auf dem externen Standard-Speichergerät gespeichert.

			Beispiel:
			SAVE ”B:SUMME” Mit Hilfe dieses Kommandos wird die Datei mit dem Namen SUMME vom Arbeitsspeicher auf der Diskette in Laufwerk B gespeichert.
			Bei Kassetten beginnt die Speicherung an der Stelle, an der das Band gerade steht. Es ist somit darauf zu achten, daß andere Programme nicht überschrieben werden. Außerdem wird nicht überprüft, ob mehrere Dateien gleichen Namens auf dem Band vorhanden sind. Bei Disketten wird hingegen im allgemeinen bei gleichen Dateinamen die „alte Datei‟ von der „neuen‟ überschrieben.
5	F5	CONT	Es gibt verschiedene Möglichkeiten, daß eine Programm*ausführung* nicht bis zum Ende durchgeführt wird, sondern unterbrochen wird, wie z.B. ● Unterbrechung durch den *Anwender* durch Drücken der Tasten Ctrl und Break . ● *Programmgesteuerte,* vom Anwender gewollte Unterbrechung im Programmlauf durch Verwendung der Anweisung STOP im Programm. ● Programmgesteuerte, vom Anwender *nicht* gewollte Unterbrechung des Programmlaufes bei bestimmten Fehlern (Programmablauffehler). **Mit Hilfe des Kommandos CONT kann die Programmausführung an der Stelle fortgesetzt werden, an der eine Programmunterbrechung auftrat.**
6	F6	LPT 1	Dies Schlüsselwort ist kein Betriebssystemkommando, sondern ein Schlüsselwort für einen häufig vorkommenden Zusatz. Es ist eine Abkürzung für engl.: ‟Line PRINTER 1‟ (Zeilendrucker 1). **Beispiel:**
			LIST⌴1Ø–2ØØ,”LPT1:” Die Anweisungen mit den Anweisungsnummern 1Ø bis 2ØØ werden nicht auf dem Bildschirm, sondern auf dem angeschlossenen Drucker ausgegeben.

7	F7	TRON	Mit Hilfe dieses Kommandos kann zum Zwecke des Programmtests eine Programmablaufverfolgung eingeschaltet werden (engl.: Trace On). Dazu wird die Anweisungsnummer der gerade bearbeiteten Anweisung auf dem Bildschirm ausgegeben. Um Anweisungsnummern von normalen Ergebnissen, die ja ebenfalls ausgegeben werden, unterscheiden zu können, werden die ausgegebenen Anweisungsnummern automatisch in eckige Klammern gesetzt.
8	F8	TROFF	Mit Hilfe dieses Kommandos kann das Kommando TRON wieder rückgängig gemacht werden (engl. "Trace Off", d.h. Programmablaufverfolgung abschalten).
9	F9	KEY	Mit Hilfe des Kommandos — KEY ON wird der den hier besprochenen Funktionstasten F1 bis F1∅ zugeordnete Text in der 25. Zeile angezeigt. — KEY OFF wird der in der 25. Zeile angezeigte Text gelöscht. Dadurch wird diese Zeile zur Programmbearbeitung frei. — KEY n, "Text" Der Taste Fn wird der in den Anführungszeichen stehende Text zugeordnet, d.h. man kann den Funktionstasten auch andere Textkonstanten zuordnen als dies beim Start des IBM PC automatisch geschieht.
1∅	F1∅	SCREEN	Diese Funktionstaste ist nur in Verbindung mit dem Farb-Grafik-Bildschirm von Bedeutung. Sie ändert den Zeichensatz vom graphischen in den alphabetischen Zeichensatz und schaltet die Farbe ab.

Es gibt noch eine Reihe weiterer wichtiger Kommandos, die nützlich für die *Programmerstellung* sind. Die wichtigsten Kommandos dieser Art sollen ebenfalls an dieser Stelle besprochen werden. Der Unterschied zu den vorher besprochenen Kommandos besteht darin, daß sie nicht standardmäßig über eine Funktionstaste bedient werden können, d.h., daß alle Zeichentasten einzeln gedrückt werden müssen.

Schlüsselwort	Erläuterung
AUTO bzw. Tasten [Alt] und [A] (siehe Abschnitt 2.3)	Wird dieses Kommando eingegeben, werden die einzugebenden Anweisungen automatisch durchnumeriert. Jedesmal wenn die „Eingabetaste" [↵] am Ende einer Anweisung gedrückt wird, erscheint in der nächsten Zeile automatisch die Anweisungsnummer der nächsten einzugebenden Anweisung eines BASIC-Programmes. Die Programmierarbeit wird somit erleichtert, da die Zeilennummern nicht mehr selbst eingegeben werden müssen. Wird weiter nichts als das Schlüsselwort AUTO eingegeben, beginnt die automatische Numerierung der Anweisungen standardmäßig mit der Anweisungsnummer 1∅. Die Schrittweite für folgende Anweisungsnummern ist 1∅. Möchte man, daß die Numerierung mit einer anderen Anweisungsnummer beginnt, bzw. die Schrittweite größer oder kleiner ist, so ist dies hinter dem Schlüsselwort AUTO wie folgt anzugeben `AUTO␣Anweisungsnummer, Schrittweite [↵]` Möchte man die automatische Numerierung unterbrechen bzw. abbrechen, so sind die Tasten [Ctrl] und [Break] zu drücken.
	Beispiele:
	AUTO Dieses Kommando erzeugt die Anweisungsnummern 1∅, 2∅, 3∅ ...
	AUTO␣2∅, 2∅ Dieses Kommando erzeugt die Anweisungsnummern 2∅, 4∅, 6∅ ...
RENUM	**Mit Hilfe des RENUM-Kommandos werden die Anweisungen eines Programms neu durchnumeriert.**
	Dies ist häufig nötig, wenn Anweisungen in ein bestehendes Programm eingefügt wurden und man — weiteren Platz für weitere Anweisungen schaffen möchte bzw. — einfach nur eine gleichmäßige Durchnumerierung im Programm aus optischen Gründen schaffen möchte. Wird nur das Schlüsselwort RENUM eingegeben, wird standardmäßig als erste neue Anweisungsnummer 1∅ gewählt, die der ersten Anweisung des Programmes zugeordnet wird. Die folgenden Anweisungen erhalten Anweisungsnummern, die schrittweise um 1∅ höher sind (Schrittweite 1∅). Möchte man ein Programm nach eigenen Wünschen neu durchnumerieren, so ist das Kommando wie folgt zu erweitern: `RENUM␣neue Anw.-Nr., alte Anw.-Nr., Schrittweite [↵]`

	Beispiel: RENUM␣1ØØØ, 1ØØ, 2Ø Die Anweisungen eines alten Programmes werden ab Anweisungsnummer 1ØØ wie folgt neu durchnumeriert: Der Anweisung mit der alten Anweisungsnummer 1ØØ wird die neue Anweisungsnummer 1ØØØ zugeordnet. Für die darauf folgenden Anweisungen gilt als neue Schrittweite 2Ø.
	Es ist wichtig zu wissen, daß bei der Neunumerierung eines Programmes auch die Sprungziele der Anweisungen entsprechend geändert werden.
NEW	**Mit Hilfe des NEW-Kommandos wird das im Arbeitsspeicher befindliche Programm sowie alle Werte von Variablen gelöscht.**
	Dieses Kommando sollte man stets benutzen, bevor ein neues Programm in den Arbeitsspeicher eingegeben bzw. geladen wird.

Weitere wichtige Kommandos, die zum Erstellen und Ändern von Programmen benutzt werden können, werden im nächsten Kapitel besprochen, da dort die Programmerstellung und -änderung ausführlich behandelt wird.

8 Eingabe von BASIC-Programmen in den Arbeitsspeicher des IBM PC

An dieser Stelle soll besprochen werden, wie BASIC-Programme im Kassetten-BASIC (vgl. Abschnitt 5.1, 7.1) über die Eingabetastatur in den Arbeitsspeicher des IBM PC eingegeben werden müssen. Dies bedeutet nicht, daß an dieser Stelle auf das *Programmieren* in der Programmiersprache BASIC eingegangen wird[1]. Es soll nur die *Bedienung* des IBM PC, insbesondere der Umgang mit der Eingabetastatur, geübt werden. Außerdem ergibt sich dabei die Problematik, wie Falscheingaben in einzelnen Eingabezeilen bzw. im gesamten Programm *korrigiert* werden können.

Die Eingabe eines Programmes und sein erfolgreicher Lauf kann als zusätzlicher Test dienen, ob der IBM PC nebst der notwendigen Firmware richtig funktioniert.

Als Beispiel soll ein Programm dienen, das in der Lage ist, zwei eingegebene Zahlen zu addieren und das Ergebnis auszugeben.

8.1 Eingabe einer Anweisung eines Programmes

Geben Sie zunächst folgende BASIC-Anweisung ein:

1∅∅⌴ INPUT⌴A, B ⏎

Auf die Beschreibung der einzelnen Bestandteile der Anweisung wird im Folgenden näher eingegangen.

8.1.1 Eingabe der Anweisungsnummer

> Jede BASIC-Anweisung beginnt mit einer Anweisungsnummer.

Die einzelnen Anweisungen eines Programmes werden, bei der niedrigsten Anweisungsnummer beginnend, in aufsteigender Reihenfolge nacheinander bearbeitet.

Sie werden merken, daß bei dem Versuch, Ziffern über den *Ziffernblock* einzugeben, keine Ziffer erscheint.

Dies liegt daran, daß nach dem Einschalten standardmäßig bei einer Doppelbelegung der Tasten (zwei Symbole auf einer Taste) die untere Belegung ausgeführt wird. Möchte man die obere Belegung ausführen, so müssen die Tasten auf die obere Belegung „umgeschaltet" werden. Dazu dienen folgende Umschalttasten (vgl. Abschnitt 2.3).

---

1) Programmieren von Mikrocomputern Band 1 Einführung in BASIC und Band 3 BASIC für Fortgeschrittene von W. Schneider, erschienen im Vieweg Verlag.

⇧	Solange diese Taste gedrückt gehalten wird, wird bei einer Doppelbelegung der Tasten die auf der Taste „oben" angeordnete Funktion ausgeführt bzw. das oben angeordnete Zeichen ausgegeben (momentane bzw. temporäre Umschaltung, vgl. Abschnitt 2.3 und Bild 2.1).
Num Lock	Wird diese Taste gedrückt, werden die Zeichen des *Ziffernblocks* solange auf die oben angeordnete Funktion der Tasten bzw. auf die oben angeordneten Zeichen der Tasten umgeschaltet, bis diese Taste erneut gedrückt wird (dauerhafte Umschaltung, vgl. Abschnitt 2.3 und Bild 2.1).

Mit Hilfe dieser Umschalttasten lassen sich somit Ziffern vom Ziffernblock her eingeben.

Günstiger ist es jedoch, die Ziffern der *Schreibmaschinentastatur* zu benutzen. Diese Tasten sind zwar ebenfalls doppelt belegt, jedoch „unten" angeordnet, so daß nach dem Einschalten des IBM PC keine Umschaltung der Tastenfunktion nötig ist (vgl. Bild 2.1).

Probieren Sie für die Eingabe der Anweisungsnummer alle drei Möglichkeiten aus, Zahlen einzugeben:

— Drücken der Tasten ⇧ und 1 im Ziffernblock.

— Drücken der Tasten Num Lock und Ø im Ziffernblock.

— Drücken der Taste Ø im Schreibmaschinenblock.

Dies führt zur gewünschten Anweisungsnummer 1ØØ.

8.1.2 Eingabe des Schlüsselwortes

Auf die Anweisungsnummer 1ØØ folgt das Zeichen ⌴.

Das Zeichen ⌴ in der Anweisung steht *stellvertretend* für das Leerzeichen (engl. blank). Es wird auf dem Bildschirm ein „leeres Zeichen", d.h. kein Zeichen ausgegeben, wenn die „Leerzeichentaste" gedrückt wird. Dies ist die lange Taste ohne jeglichen Aufdruck am unteren Ende der Tastatur (vgl. Abschnitt 2.3 und Bild 2.1). Das Leerzeichen wird verwendet, um Zeichenketten voneinander zu trennen, wie dies auch in der BASIC-Anweisung deutlich wird.

Das Leerzeichen trennt die Anweisungsnummer vom folgenden Schlüsselwort INPUT.

Drücken Sie daher die Leerzeichentaste. Sie werden sehen, daß der Cursor um eine Position weiter nach rechts rückt, ohne ein Zeichen auszugeben.

Der Cursor ist bekanntlich die blinkende Lichtmarke, die die Stelle auf dem Bildschirm kennzeichnet, an der das nächste Zeichen ausgegeben wird, wenn eine Zeichentaste auf der Tastatur gedrückt wird.

Nach dem Leerzeichen muß das Schlüsselwort INPUT eingegeben werden.

Die BASIC-Schlüsselwörter geben an, was der Mikrocomputer im einzelnen ausführen soll.

Im Falle des Schlüsselwortes INPUT fordert der Mikrocomputer den Benutzer auf, Daten in den Mikrocomputer einzugeben.

> **BASIC-Schlüsselwörter müssen aus Großbuchstaben zusammengesetzt sein.**

Beim Drücken der Buchstabentasten werden Sie jedoch feststellen, daß kleine Buchstaben auf dem Bildschirm ausgegeben werden. Da nach dem Einschalten offensichtlich standardmäßig kleine Buchstaben auf dem Bildschirm ausgegeben werden, muß eine Umschaltung auf Großbuchstaben erfolgen. Dies ist mit Hilfe folgender Umschalttasten möglich:

Symbol	Erläuterung
⇧	Temporäre Umschaltung. Nur solange, wie diese Taste gedrückt wird, werden Großbuchstaben ausgegeben (vgl. Abschnitt 2.3).
Caps Lock	Dauerhafte Umschaltung. Sie gilt *nur* für die Buchstabentasten (vgl. Abschnitt 2.3).

Da in BASIC-Anweisungen nur Großbuchstaben verwendet werden, sollte man sich daher daran gewöhnen, daß man grundsätzlich nach dem Einschalten des IBM PC die Taste "Caps Lock" drückt.

Nun enthält ihre Eingabe jedoch kleine Buchstaben. Somit müßte eigentlich die Anweisung korrigiert werden.

Beim IBM PC ist dies jedoch nicht *unbedingt* erforderlich, da der IBM PC *intern* automatisch Kleinbuchstaben in BASIC-Anweisungen in Großbuchstaben umwandelt. Lassen Sie somit Ihre jetzige Eingabe stehen, drücken Sie die Umschalttaste "Caps Lock" und fahren Sie mit der Eingabe der ersten Programmzeile fort.

8.1.3 Eingabe der Eingabevariablennamen

Durch ein Leerzeichen getrennt folgt nun die genauere Angabe, was für Daten einzugeben sind. Die Zeichenfolge A, B besagt, daß für die Variablen A und B Daten einzugeben sind. Geben Sie diese *Variablenliste* ebenfalls mit Hilfe der Eingabetastatur ein.

Überprüfen Sie nun noch einmal die erste BASIC-Eingabezeile auf ihre Richtigkeit. Falls Sie Fehler entdecken, schauen Sie sich bitte das nächste Kapitel an (Kapitel 9). Dort wird beschrieben, wie man Fehler in einer BASIC-Anweisungszeile korrigieren kann, bevor sie durch Drücken der RETURN-Taste ⏎ *abgeschlossen* wurde.

8.1.4 Abschluß der Anweisung

Falls Sie keinen Fehler feststellen können, schließen Sie die BASIC-Anweisung durch Drücken der RETURN-Taste ⏎ ab (vgl. Abschnitt 2.3).

Das Betätigen der ⏎ -Taste hat hier folgende Bedeutung:

Das Zeichen ⏎ steht symbolisch für „Wagenrücklauf und Zeilenverschub" (engl. carriage return and line feed). Diese Worte stammen aus der Fernschreibtechnik. Hier besteht die Aufgabe, wenn eine Zeile voll geschrieben ist, den „Wagen" der Fernschreibmaschine zurückzubewegen (d.h. zum linken Rand) und anschließend zur nächsten Zeile überzugehen.

Wenn der Fernschreiber einen Text empfängt, muß dies *automatisch* ablaufen. Dazu wird ein entsprechender Code am Zeilenende gesendet. Wenn der Fernschreiber ein Sendesignal empfängt, das diesen Code symbolisiert, bewegt sich der Wagen des Fernschreibers in die gewünschte Position.

> **Bei den Mikrocomputern ist die Bedeutung dieses Codes ähnlich.**
> **Durch das Drücken der RETURN-Taste (Kurzform für engl. carriage return, d.h. Wagenrücklauf) wird jede BASIC-Anweisung bzw. mehrere BASIC-Anweisungen pro Eingabezeile abgeschlossen.**

Der Cursor (blinkende Lichtmarke, die die Stelle kennzeichnet, wo das nächste eingegebene Zeichen erscheint) springt zum Anfang der nächsten Bildschirmzeile. Dies entspricht dem Wagenrücklauf und Zeilenvorschub beim Fernschreiber.

Intern geschieht im Mikrocomputersystem noch etwas Zusätzliches.

In dem Moment, in dem die RETURN-Taste ⏎ gedrückt wird, wird die eingegebene BASIC-Anweisung in der eingegebenen Form von einem Zwischenspeicher zum Arbeitsspeicher des Mikrocomputers übergeben.

Damit ist die BASIC-Eingabe einer Anweisungszeile *abgeschlossen* und es kann in der neuen Zeile damit begonnen werden, eine weitere BASIC-Anweisung einzugeben.

Zwei zusätzliche Anmerkungen sollen hier jedoch noch gemacht werden:

- Die RETURN-Taste ⏎ befindet sich zwischen dem Schreibmaschinen- und Ziffernblock der Tastatur. Sie darf nicht verwechselt werden mit der „Rückschritt-Taste" ⏎, die direkt *über* der RETURN-Taste liegt. In der Symbolik liegt der Unterschied in dem rechten senkrechten Strich am Ende des Pfeils.

- Eine BASIC-Anweisungszeile darf maximal aus 255 Zeichen bestehen (einschließlich des Codes, der beim Drücken der RETURN-Taste gesendet wird). Somit darf eine BASIC-Anweisung auch über mehrere Bildschirmzeilen geschrieben werden.

  Da eine Bildschirmzeile 80 Zeichen aufnimmt, sollte man maximal 3 Bildschirmzeilen für eine BASIC-Anweisung verwenden (240 Zeichen), da sonst das Auszählen der Zeichen mühselig wird.

8.2 Eingabe weiterer Anweisungen

Nun soll mit der Eingabe des einfachen Programmbeispiels fortgefahren werden. Geben Sie dazu folgende BASIC-Anweisungen ein:

```
2ØØ␣C=A+B ⏎
3ØØ␣PRINT␣A,B,C ⏎
4ØØ␣END ⏎
```

Mit Hilfe der BASIC-Anweisung mit der Anweisungsnummer 2ØØ werden die zwei eingegebenen Werte, für die die Variablen A und B stellvertretend stehen, addiert und das Ergebnis der Variablen C zugeordnet.

Mit Hilfe der BASIC-Anweisung mit der Anweisungsnummer 3ØØ werden die Werte, für die die Variablen A, B und C stellvertretend stehen, auf dem Bildschirm ausgegeben (das engl. Schlüsselwort PRINT bedeutet drucken, ausgeben).

Die letzte BASIC-Anweisung mit der Anweisungsnummer 4ØØ und dem Schlüsselwort END beendet das Programm.

Dieses Programm ist somit in der Lage, für zwei beliebige Eingabewerte die Summe zu errechnen und die Eingabewerte sowie das Ergebnis auf dem Bildschirm auszugeben.

8.3 Starten von BASIC-Programmen

Das BASIC-Programm soll nun Anweisung für Anweisung vom Mikrocomputer bearbeitet werden. Dazu muß es zunächst gestartet werden.

> **Ein BASIC-Programm wird durch das Kommando**
>
> **RUN** ⏎
>
> **gestartet (engl. run, d.h. laufen, hier ablaufen lassen von Programmen, vgl. Abschnitt 2.3, 6.4 Schritt 4 und Beispiel 6.1).**

Dieses RUN-Kommando kann man auf drei Weisen eingeben:

- Eingabe über die Schreibmaschinentastatur
  Die einzelnen Buchstaben R, U und N werden gedrückt. Zum Abschluß des Kommandos, das zur Ausführung des Kommandos führt, wird die RETURN-Taste gedrückt (vgl. Abschnitt 2.3, Beispiel 6.1).
- Eingabe über die Funktionstastentastatur
  Die Funktionstasten F1 bis F1Ø stehen stellvertretend für Kommandos, die häufig benötigt werden. Damit nicht dauernd in Handbüchern nachgeschlagen werden muß, welche Funktionstaste für welches Kommando steht, ist dies beim IBM PC in der unteren Bildschirmzeile dauerhaft angegeben.

Es gilt z.B. folgender Zusammenhang (vgl. Abschnitt 2.3):

Funktionstaste	Bildschirm	Steht stellvertretend für die Zeichenfolge
F1	1 LIST	LIST
F2	2 RUN ←	RUN ⏎
F3	3 LOAD"	LOAD"
F4	4 SAVE"	SAVE"
⋮	⋮	⋮

Drückt man somit die Taste F2 , so wird das Programm sofort gestartet (es muß auch nicht die RETURN-Taste ⏎ gedrückt werden, denn dies ist ebenfalls in der Funktionstaste F2 enthalten, wie der Pfeil ← hinter RUN andeutet).

- Eingabe über die Tastenkombination Alt R ⏎ (vgl. Abschnitt 2.3).
  Wie man unschwer erkennt, ist das Starten von BASIC-Programmen über die Funktionstaste F2 am einfachsten.

8.4 Fehler im Programm

8.4.1 Syntaxfehler

Nehmen wir an, folgendes mit Fehlern behaftetes Programm sei eingegeben worden:

```
1ØØ⌴INPUTT⌴A,B [↵]
2ØØ⌴C=A+BN [↵]
3ØØ⌴PRINT⌴AB,C [↵]
4ØØ⌴END [↵]
```

In längeren Programmen kommt es trotz sorgfältiger Überprüfung leicht vor, daß BASIC-Anweisungen formal falsch sind, d.h. sie entsprechen nicht der Form, wie BASIC-Anweisungen zu schreiben sind.

Wenn gegen die formalen BASIC-Regeln verstoßen wird, spricht man von Syntaxfehlern.

Startet man ein Programm, so werden während des Programmlaufs alle Anweisungen auf formale Richtigkeit überprüft. Ist eine Anweisung falsch, wird eine Fehlermeldung ausgegeben.

Beim Start des fehlerhaften Beispielprogrammes wird z.B. folgende Fehlermeldung ausgegeben:

```
Syntax Error in 1ØØ
OK
```

Es wird somit ein Syntaxfehler (engl.: error, d.h. Fehler) in der Anweisung mit der Anweisungsnummer 1ØØ bemerkt. Die Aufgabe besteht nun darin, den Fehler in Zeile 1ØØ zu entdecken und zu beseitigen.

Die *Fehlererkennung* wird vereinfacht, wenn die fehlerhafte Anweisung zur Kontrolle noch einmal auf dem Bildschirm ausgegeben wird (vgl. LIST-Kommando in Abschnitt 7.3). Mit Hilfe des LIST-Kommandos LIST⌴1ØØ wird die fehlerhafte Anweisung auf dem Bildschirm aufgelistet. Wie man sieht, liegt der formale Fehler im Schlüsselwort INPUT, das nur ein T aufweisen darf.

Die Fehlerkorrektur von BASIC-Programmen wird in *allgemeiner Form* im nächsten Kapitel (Kapitel 9) besprochen.

In diesem speziellen Fall wird wie folgt korrigiert:

Der Cursor wird mit der Cursor-Steuertaste [←], die sich im Ziffernblock befindet, unter das zweite T geführt. Anschließend wird die Taste [DEL], die sich ebenfalls im Ziffernblock befindet, gedrückt. Dadurch wird das zweite T gelöscht.

Die Korrektur ist durch Drücken der RETURN-Taste [↵] abzuschließen.

Jetzt wird das in der ersten Anweisung korrigierte Programm noch einmal durch Drücken der Taste [F2] gestartet.

8.4.2 Eingabefehler

Ist die Korrektur der ersten Anweisung richtig vorgenommen worden, erscheint nach dem Start des Programms auf dem Bildschirm ein Fragezeichen (?). Dieses Fragezeichen deutet an, daß eine Eingabe von Daten erwartet wird (hier für die Variablen A und B der INPUT-Anweisung). Das Programm wartet an dieser Stelle solange mit der Ausführung, bis die Daten eingegeben wurden.

Geben Sie z.B. den Wert 1,1 für die Variable A und den Wert 2,2 für die Variable B wie folgt ein:

1.1, 2.2 ↵

Bei der Eingabe von Zahlenwerten ist folgendes zu berücksichtigen:

Die einzelnen Zahlenwerte sind durch Kommas zu trennen.

Dezimalzahlen werden mit einem Dezimal*punkt* versehen.

Die gesamte Eingabe ist durch Drücken der RETURN-Taste abzuschließen. Das Drücken dieser Taste bewirkt, daß dem Mikrocomputer die Zahlen zur Bearbeitung übergeben werden. Anschließend wird die nächste Anweisung des Programmes bearbeitet.

Werden die Eingabedaten nicht formatgerecht eingegeben, wird eine Fehlermeldung auf dem Bildschirm ausgegeben.

Dies zeigen folgende Beispiele:

- Trennen Sie die beiden Zahlen z.B. nicht durch Kommas, wie z.B.

  1.1 2.2 ↵,

  so erscheint die Fehlermeldung:

  ```
  ? Redo from start
  ?
  ```

  Das letzte Fragezeichen fordert zur erneuten Dateneingabe auf.

- Geben Sie weniger Werte ein als Variablennamen in der Variablenliste der INPUT-Anweisung stehen, wie z.B.

  1.1 ↵,

  so erscheint die gleiche Fehlermeldung wie oben.
  Die Dateneingabe kann wiederholt werden.

8.4.3 Logische Fehler

Nehmen wir an, die Eingabe ist, eventuell auch erst nach einigen Versuchen, richtig erfolgt. Das Programm wird nun weiter bearbeitet. Aufgrund der PRINT-Anweisung (Anw.-Nr. 3ØØ) wird nun die Ausgabe der eingegebenen Zahlenwerte *erwartet*, sowie das Ergebnis der Summe der beiden Zahlen. Ausgegeben werden jedoch nur folgende zwei Werte:

Ø 1.1

Dies ist *offensichtlich falsch*.

Es erscheint jedoch *keine Fehlermeldung*.

Dies ist ein Zeichen dafür, daß *kein formaler Fehler* beim Übersetzen der BASIC-Anweisungen festgestellt wurde (Syntaxfehler). Es muß sich somit um einen logischen Fehler handeln.

> **Ist das Programm in seinem Algorithmus falsch, d.h. es führt nicht das aus, was es eigentlich ausführen soll, sondern etwas anderes, so spricht man von logischen Fehlern.**

Dies liegt jedoch nicht am Mikrocomputer, sondern an logischen Fehlern im Programm.

Diese Art Fehler sind oft sehr schwer zu finden. In diesem Fall ist es jedoch einfach, da die logischen Fehler in das Programm hineingebracht wurden, um die verschiedenen Fehlertypen und die zugehörigen typischen Fehlermeldungen kennenzulernen:

Wie kommt es nun zu dem angegebenen falschen Ergebnis?

- In der Anweisung mit der Anweisungsnummer 1∅∅, die korrigiert wurde, wird der Variablen A der Wert 1.1 und der Variablen B der Wert 2.2 zugeordnet.

- In der Anweisung mit der Anweisungsnummer 2∅∅ wird die Summe der Variablen A und BN gebildet. Der Wert der Variablen A ist nach der Eingabe 1.1. Der Variablen BN wurde jedoch weder durch eine Eingabe, noch durch eine Rechnung ein Wert zugeordnet. Sie nimmt daher den Wert Null an (gelöschter Speicherinhalt). Somit wird der Variablen C der Wert $1.1 + ∅ = 1.1$ zugeordnet. Die Variablennamen B und BN sind somit zwei *verschiedene* Variablennamen, denen unterschiedliche Werte zugeordnet sein können.

- In der Anweisung mit der Anweisungsnummer 3∅∅ sollen die Werte der Variablen AB und C ausgegeben werden. Der Variablen AB wurde bislang durch das Programm kein Wert zugeordnet. Somit nimmt sie automatisch den Wert ∅ an (gelöschter Speicherinhalt). Der Wert der Variablen C errechnet sich, wie der vorhergehende Abschnitt zeigte, zu 1.1. Diese beiden Werte werden auf dem Bildschirm ausgegeben.

Damit das Programm wie gewünscht abläuft, muß folgendes korrigiert werden:

Anweisungsnummer 2∅∅: Das N hinter dem B muß *gelöscht* werden (siehe Abschnitt 9.1.3)
Anweisungsnummer 3∅∅: Zwischen den Buchstaben A und B muß ein Komma *eingefügt* werden (siehe Abschnitt 9.1.2).

Es gibt noch eine Vielzahl weiterer Fehlertypen und zugehörige Korrekturwünsche. Wie fehlerhafte Programme zu korrigieren sind, wird im folgenden Kapitel ausführlich beschrieben (Kapitel 9).

8.5 Neustart von BASIC-Programmen

> Der große Vorteil von Programmen ist, daß selbst umfangreiche und schwierige Rechnungen auf einfache Weise beliebig oft wiederholt werden können.

Die Erstellung und Eingabe eines BASIC-Programmes ist zwar zeitaufwendig, wenn es jedoch erstellt ist, lassen sich, wie dieses Beispiel zeigt, ohne zusätzlichen Aufwand beliebig viele Additionen ausführen.

> **Dazu muß das Programm nur neu gestartet werden, z.B.**
> - durch Eingabe von RUN ↵ oder einfacher
> - durch Drücken der F2 -Taste.

Anschließend sind nur noch die zu addierenden Zahlen, durch Kommas getrennt, einzugeben und durch Drücken der RETURN-Taste ↵ an den Mikrocomputer zu übergeben.

9 Korrigieren von BASIC-Programmen

Niemand ist in der Lage, längere Programme vollständig fehlerfrei in den Mikrocomputer einzugeben. Es muß somit die Möglichkeit bestehen, Fehler zu korrigieren.

Die üblichen Korrekturwünsche lassen sich wie folgt zusammenfassen:

1	Ersetzen eines oder mehrerer Zeichen durch entsprechend viele andere Zeichen.
2	Einfügen eines oder mehrerer Zeichen zwischen zwei anderen Zeichen.
3	Löschen eines oder mehrerer Zeichen.
4	Ersetzen ganzer Zeilen.
5	Einfügen ganzer Zeilen.
6	Löschen ganzer Zeilen.
7	Löschen des gesamten Programmes.

Weiter muß man unterscheiden, ob die Fehler in abgeschlossenen BASIC-Anweisungen enthalten sind oder nicht (d.h. ob die Anweisungen bereits durch Drücken der RETURN-Taste ⏎ abgeschlossen wurden oder nicht). Nicht abgeschlossene Anweisungen befinden sich noch im Zwischenspeicher, abgeschlossene Anweisungen im Arbeitsspeicher des Mikrocomputers.

Dieser Unterschied führt teilweise zu unterschiedlichen Korrekturmöglichkeiten.

9.1 Korrigieren nicht abgeschlossener BASIC-Anweisungen

Vielfach merkt man schon bei der Eingabe einer BASIC-Anweisungszeile, daß man sich verschrieben hat. Die BASIC-Anweisung wurde somit noch nicht durch Drücken der RETURN-Taste ⏎ abgeschlossen.

9.1.1 Ersetzen von Zeichen

Der Cursor gibt bekanntlich die Position an, an der das nächste eingegebene Zeichen ausgegeben wird.

> Zum Ersetzen eines Zeichens durch ein anderes Zeichen steuert man daher den Cursor an die Stelle, an der ein Zeichen durch ein anderes ersetzt werden soll.

Die benötigten Cursor-Steuertasten sind im Ziffernblock als untere Belegung enthalten. Sie sind somit nach dem Einschalten standardmäßig eingeschaltet. Sollte dies durch spätere Umschaltungen nicht mehr der Fall sein, so ist die Umschalttaste "Num Lock" vorher zu betätigen. Zur Korrektur innerhalb einer Zeile werden folgende Cursor-Steuertasten benötigt.

Symbol	Erläuterung
←	Der Cursor bewegt sich pro Tastendruck um eine Spalte nach links. Ist der Cursor am linken Bildschirmrand angelangt, so springt er beim nächsten Tastendruck zum Ende der vorhergehenden Zeile (vgl. Abschnitt 2.3).
→	Der Cursor bewegt sich pro Tastendruck um eine Spalte nach rechts. Ist der Cursor am rechten Bildschirmrand angelangt, so springt er beim nächsten Tastendruck zum Anfang der nächsten Zeile (vgl. Abschnitt 2.3).

> **Nach der Positionierung des Cursors mit Hilfe der Cursor-Tasten auf das zu ersetzende Zeichen drückt man auf die Taste mit dem Ersatzzeichen.**

An der Stelle des Bildschirms, wo vorher das zu ersetzende Zeichen stand, steht nun das Ersatzzeichen. Auf diese Art und Weise lassen sich auch mehrere Zeichen ersetzen.

Beispiel:

Gegeben sei die BASIC-Anweisung

    1∅∅␣IMPUT␣A,B _

Der Cursor steht am Ende der Anweisung. Nun wird bemerkt, daß das Schlüsselwort nicht IMPUT, sondern INPUT heißt.

Das M muß durch ein N ersetzt werden. Dazu drückt man zunächst acht mal die „Cursor-links-Taste" ←. Der Cursor steht nun unter dem M.

    1∅∅␣IMPUT␣A,B

Anschließend drückt man die Taste N. Es erscheint auf dem Bildschirm der korrigierte Ausdruck

    1∅∅␣INPUT␣A,B

Der Cursor steht noch unter dem N.

> **Möchte man an die BASIC-Anweisung noch etwas anfügen, so betätigt man die Taste End , die sich ebenfalls im Ziffernblock befindet. Diese Taste bewirkt, daß sich der Cursor vom N an das Ende der Anweisungs-Zeile bewegt.**

    1∅∅␣INPUT␣A, B

Nun kann die BASIC-Anweisung wie gewünscht ergänzt werden, wie z.B.

    1∅∅␣INPUT␣A,B,C

Ist die BASIC-Anweisungszeile wunschgemäß ergänzt, kann sie durch Drücken der RETURN-Taste ↵ abgeschlossen und somit korrigiert in den Arbeitsspeicher übertragen werden.

9.1.2 Einfügen von Zeichen mit Hilfe der [Ins]-Taste

Manchmal wird vergessen, ein Zeichen einzugeben. Dies muß später in die Programmzeile eingefügt werden können.

> **Das Einfügen von Zeichen wird durch Betätigung der Taste [Ins] möglich (Ins steht für engl. insert, d.h. einfügen).**

Diese Taste befindet sich als untere Belegung ebenfalls im Ziffernblock.

Der Einfügevorgang läuft nun folgendermaßen ab:

- Der Cursor wird an die Stelle bewegt, wo ein Zeichen einzufügen ist (Cursorsteuerung siehe Abschnitt 2.3).

- Die [INS] -Taste wird gedrückt. Der Strich des Cursors vergrößert sich zu einem blinkenden Viereck, das das darunter stehende Zeichen zum größten Teil verdeckt. Dies ist das äußere Zeichen, daß der Einfügemodus eingeschaltet ist.

- Die Taste mit dem einzufügenden Zeichen wird gedrückt. Das Zeichen erscheint auf dem Bildschirm an der gewünschten Stelle. Das Zeichen, das vom blinkenden Viereck überdeckt wurde und alle rechts folgenden Zeichen wurden um eine Position nach rechts verschoben.
  Damit ist das Zeichen richtig eingefügt.

- Das blinkende Viereck ist ebenfalls um eine Position weiter nach rechts gerückt, d.h. der Einfügevorgang ist noch nicht beendet und es könnte nun an dieser Stelle ein weiteres Zeichen eingefügt werden.
  So lassen sich auf einfache Weise auch *mehrere* Zeichen zwischen zwei Zeichen einfügen.

- Soll der Einfügevorgang beendet werden, so ist erneut die [Ins]-Taste zu drücken. Es erscheint der normale Cursor an der Stelle, wo vorher das blinkende Rechteck stand.

Beispiel:

Sie haben folgende BASIC-Anweisung eingegeben:

     1∅∅␣INPUT A,B_

Hinter dem T von INPUT bzw. vor der Variablen A fehlt das Leerzeichen ␣. Es muß eingefügt werden.

Zunächst wird der Cursor, der bei einer Eingabe i.a. hinter dem letzten Zeichen der Anweisung steht, an die Stelle bewegt, wo das Leerzeichen einzufügen ist, d.h. an die Stelle, wo z.Z. das A steht.

     1∅∅␣INPUT A̲, B

Anschließend wird die [Ins] -Taste gedrückt. Das Viereck blinkt über dem zum größten Teil verdecktem A.

     1∅∅␣INPUT ▪, B

Darauf wird die "Leertaste" (siehe Abschnitt 2.3) gedrückt. Es ergibt sich folgendes Bild:

     1∅∅␣INPUT␣▪,B

Anschließend wird erneut die [Ins] -Taste gedrückt. Damit ist die Einfügung des Leerzeichens abgeschlossen.

     1∅∅␣INPUT␣A̲, B

Soll eine korrigierte Anweisung in den Arbeitsspeicher des Mikrocomputers mit Hilfe der RETURN-Anweisung ⏎ übergeben werden, muß man den Cursor nicht unbedingt wieder an das Ende der Anweisung bewegen.

Ist die Bildschirmzeile schon voll und sollen dennoch einige Zeichen eingefügt werden, so verschwinden die am rechten Rand stehenden Zeichen dieser Zeile. Sie erscheinen dafür links unten in der nachfolgenden Zeile (Zeilenüberlauf).

Weiterhin ist anzumerken, daß das Ausschalten des Einfügemodus nicht nur durch erneutes Drücken der Ins -Taste vorgenommen werden kann, sondern auch durch Drücken einer Cursor-Steuertaste. Dabei wird gleichzeitig die gewählte Cursor-Steuerung vorgenommen, d.h. der Cursor bewegt sich z.B. um eine Stelle nach rechts oder links.

9.1.3 Löschen von Zeichen mit Hilfe der Del -Taste

Es kommt teilweise auch vor, daß zu viele Zeichen in einer Programmzeile eingegeben wurden. Sie müssen später wieder gelöscht werden können.

> **Das Löschen von Zeichen ist durch Betätigung der Taste Del möglich (Del steht für engl. delete, d.h. löschen).**

Diese Taste befindet sich als untere Belegung ebenfalls im Ziffernblock.

Der Löschvorgang läuft folgendermaßen ab:

- Der Cursor wird an die Stelle bewegt, wo das zu löschende Zeichen steht.
- Die Del -Taste wird gedrückt.
  Das zu löschende Zeichen verschwindet vom Bildschirm. Alle rechts vom gelöschten Zeichen stehenden Zeichen werden gleichzeitig um eine Position nach links verschoben, um den sonst entstehenden leeren Raum aufzufüllen.
- Der Cursor steht nun unter dem folgenden Zeichen. Es könnte nun durch Betätigen der Del -Taste ebenfalls gelöscht werden.

So lassen sich auf einfache Weise mehrere Zeichen löschen.

Der Cursor sollte dazu auf das von den zu löschenden Zeichen am weitesten links stehende Zeichen gesetzt werden. Anschließend wird entsprechend der Zahl der zu löschenden Zeichen die Del -Taste betätigt.

Beispiel:

Sie haben folgende BASIC-Anweisung eingegeben:

        1∅∅␣INPUTT␣A,B_

INPUT wird nur mit einem T geschrieben. Ein T muß somit gelöscht werden. Dazu wird der Cursor mit Hilfe der Cursor-Taste ← unter das letzte T gesetzt.

        1∅∅␣INPUTT␣A,B

Anschließend wird die Del -Taste gedrückt. Es erscheint folgende Bildschirmausgabe:

        1∅∅␣INPUT␣A,B

9.1.4 Löschen von Zeichen mit Hilfe der Rückschritt-Taste

Häufig merkt man sofort nach der Eingabe des letzten Zeichens, daß dieses Zeichen fälschlicherweise eingegeben wurde. Nun müßte nach der vorhergehenden Schilderung (siehe Abschnitt 9.1.3) zunächst der Cursor um eine Position nach links bewegt und anschließend die [Del] -Taste gedrückt werden. Eventuell wäre sogar noch eine Umschaltung mit Hilfe der "Num Lock"-Taste notwendig, um von der Ziffern- auf die Cursor-Steuerfunktion im Ziffernblock umzuschalten. Das wäre zeitaufwendig und würde den Fluß des Schreibens sehr stören.

Aus diesem Grunde gibt es eine spezielle "Rückschritt-Taste" mit dem Symbol [←].

Diese Taste darf nicht mit der "Cursor-links-Taste" verwechselt werden. Die "Rückschritt-Taste" befindet sich oberhalb der RETURN-Taste [↵], während sich die "Cursor-links-Taste" im Ziffernblock zusammen mit der Ziffer 4 befindet.

> **Das Betätigen der "Rückschritt-Taste" bewirkt, daß das Zeichen, das sich links vom Cursor befindet, gelöscht wird.**

Die "Rückschritt-Taste" kann nicht nur zum Löschen des letzten eingegebenen Zeichens verwandt werden. Bewegt man den Cursor nach links unter ein bestimmtes Zeichen, so wird beim Betätigen der "Rückschritt-Taste" auch hier das sich links vom Cursor befindliche Zeichen gelöscht. Alle rechts vom gelöschten Zeichen stehenden Zeichen werden um eine Stelle nach links verschoben, um den sonst entstandenen Leerraum aufzufüllen. Durch mehrfaches Betätigen der "Rückschritt-Taste" können auch mehrere Zeichen gelöscht werden.

Beispiel:

Sie haben folgende BASIC-Anweisung eingegeben.

    1∅∅⌴INPUT⌴A,B,C_

Die beiden letzten Zeichen, C wurden zuviel eingegeben.

Durch zweimaliges Betätigen der "Rückschritt-Taste" werden die beiden letzten Zeichen gelöscht.

9.1.5 Löschen der gesamten eingegebenen BASIC-Anweisungs-Zeile

> **Das Löschen der gesamten bislang eingegebenen und noch nicht mit [↵] abgeschlossenen BASIC-Anweisungszeile ist durch Betätigung der Taste [Esc] möglich.**

Esc steht für engl. escape, d.h. entschlüpfen, entrinnen, hier im Sinne von Zeile löschen.

Beispiel:

Sie haben folgende BASIC-Anweisungszeile eingegeben:

    INPUT_

und möchten diese Zeile wieder löschen, um noch einmal neu zu beginnen, da z.B. die Zahl 1∅∅ vor INPUT vergessen wurde.

Wird die Taste [Esc] gedrückt, verschwindet die gesamte Anweisungszeile vom Bildschirm.

Die Anweisungszeile wird durch diesen Vorgang nicht an den Arbeitsspeicher übergeben. Wurde die Anweisungszeile schon vorher mit Hilfe der RETURN-Taste ⏎ abgeschlossen, so wird zwar ebenfalls die Bildschirmzeile gelöscht, nicht jedoch die schon übergebene BASIC-Anweisung im Arbeitsspeicher.

9.1.6 Löschen eines Teiles einer eingegebenen Zeile

> **Möchte man alle Zeichen ab einer bestimmten Stelle nach rechts löschen, so bewegt man den Cursor auf das erste zu löschende Zeichen. Anschließend werden gleichzeitig die Tasten Ctrl und End gedrückt.**

Das Zeichen über dem Cursor und alle rechts davon befindlichen Zeichen sind vom Bildschirm verschwunden und gelöscht.

Beispiel:

Sie haben folgende BASIC-Anweisungszeile eingegeben:

    1ØØ⎵INPUT⎵A,B_

und möchten alle Zeichen rechts vom T des Schlüsselwortes INPUT löschen. Dazu wird der Cursor unter das Leerzeichen hinter dem T von INPUT wie folgt bewegt:

    1ØØ⎵INPUT⎵A,B

Anschließend werden die Tasten Ctrl und End gleichzeitig gedrückt. Auf dem Bildschirm ergibt sich das Bild

    1ØØ⎵INPUT_

Die Zeichen wurden wie gewünscht gelöscht. Es könnte jetzt z.B. mit der korrigierten Eingabe fortgefahren werden:

    1ØØ⎵INPUT⎵C, D_

9.2 Korrigieren von schon erstellten BASIC-Programmen

> **Zur Korrektur von schon erstellten Programmen müssen die gleichen Korrekturmöglichkeiten vorhanden sein, die auch bei der Korrektur noch nicht abgeschlossener BASIC-Anweisungen zur Verfügung standen.**
>
> <u>Zusätzlich</u> kommen folgende Korrekturwünsche hinzu:
>
> - Ersetzen einer oder mehrerer BASIC-Anweisungen eines Programmes durch entsprechend viele andere BASIC-Anweisungen.
> - Einfügen einer oder mehrerer BASIC-Anweisungen in das Programm.
> - Löschen einer oder mehrerer BASIC-Anweisungen im Programm.
> - Löschen einer Gruppe von BASIC-Anweisungen eines Programmes.
> - Löschen des gesamten Programmes.

Zunächst soll jedoch besprochen werden, wie man sich Programme auf dem Bildschirm auflisten lassen kann. Dies ist zweckmäßig, um Fehler zunächst zu finden, um sie anschließend korrigieren zu können. Wie die Korrekturen in schon erstellten BASIC-Programmen durchgeführt werden, die schon für nicht abgeschlossene BASIC-Anweisungen besprochen wurden, wird in den darauf folgenden Abschnitten behandelt. Anschließend wird darauf eingegangen, wie die zusätzlichen Korrekturwünsche erfüllt werden können.

9.2.1 Auflisten der Programmzeilen des BASIC-Programmes

Um die gewünschten Korrekturen am Programm vornehmen zu können, empfiehlt es sich, das im Arbeitsspeicher stehende Programm vollständig oder bereichsweise auf dem Bildschirm auflisten zu lassen. Zum Auflisten von ganzen Programmen bzw. Bereichen von Programmen dient das Kommando LIST (vgl. Abschnitt 7.3).

Bei kurzen Programmen, d.h. wenn die Zahl der Anweisungen die Zahl der Bildschirmzeilen nicht übersteigt, kann das gesamte Programm aufgelistet werden. Dazu gibt man einfach die Buchstabenfolge LIST ein und drückt anschließend die RETURN-Taste ⏎. Das im Arbeitsspeicher befindliche Programm wird aufgelistet.

Anstelle der Buchstabenfolge LIST kann auch die Funktionstaste F1 betätigt werden (siehe untere Fußleiste des Bildschirmes). Nach dem Drücken dieser Taste erscheint die Buchstabenfolge LIST auf dem Bildschirm. Es muß nun nur noch die RETURN-Taste gedrückt werden und das Programm, das im Arbeitsspeicher steht, wird aufgelistet.

9.2.2 Bewegen des Cursors an die zu ändernden Stellen im Programm

Um an beliebigen Stellen im Programm Änderungen vorzunehmen, muß der Cursor in alle Bildschirmrichtungen bewegt werden können. Dazu genügen die beiden besprochenen Cursor-Bewegungen für die Änderungen in Zeilen (Cursor links und rechts, siehe Abschnitt 8.1.1) nicht. Es kommen vier weitere Cursor-Bewegungsmöglichkeiten hinzu, wie die Tabelle zeigt (vgl. Abschnitt 2.3).

Symbol	Erläuterung
↑	Der Cursor bewegt sich pro Tastendruck um eine Zeile nach oben.
↓	Der Cursor bewegt sich pro Tastendruck um eine Zeile nach unten.
→	Der Cursor bewegt sich pro Tastendruck um eine Spalte nach rechts. Ist der Cursor am rechten Bildschirmrand angelangt, so springt er beim nächsten Tastendruck zum Anfang der *nächsten* Zeile.
←	Der Cursor bewegt sich pro Tastendruck um eine Spalte nach links. Ist der Cursor am linken Bildschirmrand angelangt, so *springt* er beim nächsten Tastendruck zum Ende der *vorhergehenden* Zeile.
Home	Der Cursor bewegt sich in die linke obere Ecke des Bildschirms (Cursor-Home).
End	Wird die "End"-Steuertaste gedrückt, springt der Cursor an das Zeilenende.

Mit Hilfe dieser Cursor-Tasten kann man rasch jeden beliebigen Punkt auf dem Bildschirm ansteuern.

Da auf dem Bildschirm oft größere Strecken mit dem Cursor zu überwinden sind, wäre ein häufiges Drücken der Cursor-Steuertasten notwendig. Dies ist mühsam. Aus diesem Grunde sind alle Tasten mit einer *Repeat-Funktion* (engl. repeat, d.h. wiederholen) ausgestattet, d.h. wenn eine beliebige Taste nicht nur einmal kurzzeitig gedrückt wird, sondern dauerhaft, werden solange die gleichen Funktionen ausgeführt bzw. Zeichen ausgegeben, wie die Taste gedrückt bleibt. Für die Cursor-Tasten bedeutet dies, daß sich der Cursor bei längerem Drücken der Cursor-Tasten selbständig in die Richtung weiterbewegt, die die Cursor-Taste vorgibt, und zwar so lange, wie die Taste gedrückt bleibt. Auf diese Weise kann man sehr bequem auch größere Strecken mit dem Cursor auf dem Bildschirm überwinden.

Die angegebenen Cursor-Tasten befinden sich beim IBM PC im Ziffernblock. Auf der Cursor-Home-Taste steht anstelle des häufig verwendeten $\boxed{\nwarrow}$ -Symbols (Schrägpfeil) der Text "Home".

Bewegt sich beim Drücken der Cursor-Steuertasten der Cursor nicht von der Stelle und erscheint stattdessen eventuell sogar eine Zahl an der Stelle, wo der Cursor stand, so sind die Cursor-Tasten auf den Ziffernmodus geschaltet. Dies kann durch einmaliges Drücken der "Num Lock"-Taste rückgängig gemacht werden.

Vielfach ist es auch zweckmäßig, den Cursor in einer Zeile von Wort zu Wort springen zu lassen. Unter einem Wort soll hier eine Folge von alphanumerischen Zeichen (Buchstaben und Ziffern) verstanden werden, wobei die Folge im speziellen Fall auch aus einem einzelnen Zeichen bestehen kann. Diese Wörter werden durch Sonderzeichen getrennt (Kommas, Semikolons, Punkte, Leerzeichen usw.).

Diese Möglichkeit bietet der IBM PC ebenfalls. Dazu muß gleichzeitig die sog. $\boxed{\text{Ctrl}}$ -Taste zusammen mit der "Cursor-Rechts"- bzw. "Cursor-Links"-Taste gedrückt werden (vgl. Abschnitt 2.3).

Steuertasten	Erläuterung
$\boxed{\text{Ctrl}}$ $\boxed{\rightarrow}$	Sprung des Cursors zum Anfang des nächsten (rechts stehenden) Wortes in der Zeile, in der sich der Cursor z.Z. befindet. Beispiel: Geben Sie folgende Anweisung ein: 1Ø⌴PRINT "DAS⌴WAR⌴NR. 7" Der Cursor möge unter dem A des Wortes WAR stehen. Nun werden die Tasten $\boxed{\text{CRTL}}$ $\boxed{\rightarrow}$ gedrückt. Der Cursor springt zum Anfang des nächsten Wortes, d.h. zum Buchstaben N. Bei erneutem Drücken der Tasten $\boxed{\text{CRTL}}$ $\boxed{\rightarrow}$ springt der Cursor zur Ziffer 7.
$\boxed{\text{Ctrl}}$ $\boxed{\leftarrow}$	Sprung des Cursors zum Anfang des vorhergehenden (links stehenden) Wortes in der Zeile, in der sich der Cursor z.Z. befindet. Beispiel: Es wird vom Endzustand des vorhergehenden Beispiels ausgegangen. Bei entsprechend häufiger Betätigung dieser Tasten springt der Cursor vom Zeichen 7 zum N und weiter zum W und D.

Nach dem Anzeigen der fehlerhaften Anweisungszeilen und dem Positionieren des Cursors auf die fehlerhaften Stellen können die Korrekturen in den einzelnen Zeilen des Programmes wie folgt vorgenommen werden:

9.2.3 Ersetzen von Zeichen

Der Vorgang des Ersetzens von Zeichen in abgeschlossenen Anweisungen eines Programmes ist der gleiche wie beim Ersetzen von Zeichen bei der zeilenweisen Eingabe von BASIC-Anweisungen, die noch nicht abgeschlossen sind (vgl. Abschnitt 9.1.1). Zum Ersetzen eines Zeichens durch ein anderes Zeichen steuert man den Cursor an die Stelle auf dem Bildschirm, an der ein Zeichen durch ein anderes ersetzt werden soll. Nach dem Ersetzen des Zeichens durch Betätigung der entsprechenden Zeichentaste muß die RETURN-Taste ⏎ gedrückt werden, damit die Korrektur in den Arbeitsspeicher übernommen wird. Die Stellung des Cursors ist dabei gleichgültig.

9.2.4 Einfügen von Zeichen

Der Vorgang des Einfügens von Zeichen in abgeschlossenen Anweisungen eines Programmes ist der gleiche wie beim Einfügen von Zeichen bei der zeilenweisen Eingabe von BASIC-Anweisungen, die noch nicht abgeschlossen sind (vgl. Abschnitt 9.1.2). Der Einfügevorgang muß durch Drücken der RETURN-Taste ⏎ abgeschlossen werden.

9.2.5 Löschen von Zeichen

Der Vorgang des Löschens von Zeichen in abgeschlossenen Anweisungen eines Programmes ist der gleiche wie beim Löschen von Zeichen bei der zeilenweisen Eingabe von BASIC-Anweisungen, die noch nicht abgeschlossen sind (vgl. Abschnitt 9.1.3).
Auch das Löschen mit der "Rückschritt-Taste" ⏎ ist möglich (vgl. Abschnitt 9.1.4).

9.2.6 Ersetzen, Einfügen und Löschen von Zeichen mit Hilfe des LIST-Kommandos

Bislang wurde davon ausgegangen, daß das Programm so kurz ist, daß es insgesamt auf den Bildschirm paßt (vgl. Abschnitt 9.2.1). Dies ist jedoch nur selten der Fall. Bei längeren Programmen muß man sich den gewünschten Programmbereich, in dem zu korrigieren ist, mit folgendem allgemeinen LIST-Kommando ausgeben lassen (vgl. Abschnitt 7.3).

    LIST␣n1−n2 ⏎

Die Anweisungsnummer n1 gibt dabei die untere Grenze, die Anweisungsnummer n2 die obere Grenze des auszugebenden Programmbereiches an, d.h. es werden alle Anweisungen von der Anweisungsnummer n1 bis zur Anweisungsnummer n2 *einschließlich* auf dem Bildschirm ausgegeben.

Sonderfälle (vgl. Abschnitt 7.3):

LIST␣—n2	Es werden alle Anweisungen vom Anfang des Programms bis zur Anweisung mit der Anweisungsnummer n2 einschließlich auf dem Bildschirm ausgegeben.
LIST␣n1—	Es werden alle Anweisungen ab der Anweisung mit der Anweisungsnummer n1 einschließlich bis zum Ende des Programms auf dem Bildschirm ausgegeben.
LIST	Es wird das gesamte Programm auf dem Bildschirm ausgegeben.

Die Korrekturen selbst werden in dem gewählten Programmbereich wie schon beschrieben vorgenommen.

Beispiel:

Es sollen in den Anweisungen mit den Anweisungsnummern 200 und 300 des folgenden Programms die Variablennamen Z, X und Y gegen die Variablennamen C, A und B ausgetauscht werden:

```
100␣INPUT␣X,Y
200␣Z=X + Y
300␣PRINT␣X,Y,Z
400␣END
```

Die zu korrigierenden Anweisungen erhält man wie folgt:

LIST␣200–300 ↵

Nun bewegt man den Cursor zum ersten auszutauschenden Zeichen der Anweisung mit der Anweisungsnummer 200, tauscht das angegebene Zeichen sowie die folgenden aus und drückt abschließend die RETURN-Taste ↵. Anschließend werden in der Anweisung mit der Anweisungsnummer 300 die Zeichen in bekannter Weise ausgetauscht. Anschließend wird hier ebenfalls die RETURN-Taste ↵ gedrückt. Gibt man anschließend das Kommando

LIST␣200–300 ↵

so wird der korrigierte Programmbereich zur Kontrolle noch einmal auf dem Bildschirm ausgegeben.

9.2.7 Ersetzen, Einfügen und Löschen von Zeichen mit Hilfe des EDIT-Kommandos

Das EDIT-Kommando hat die allgemeine Form

EDIT n

Dabei ist n die Anweisungsnummer einer im Arbeitsspeicher vorhandenen Anweisung.

Das EDIT-Kommando gibt die Anweisung mit der angegebenen Anweisungsnummer auf dem Bildschirm aus. Die Korrektur der ausgegebenen BASIC-Anweisungszeile erfolgt anschließend in der schon vorher geschilderten Art und Weise (siehe Abschnitt 9.2.3 bis Abschnitt 9.2.5).

Der Vorteil dieses Kommandos besteht darin, daß man sich die mühsame Cursor-Steuerung bei längeren Programmen ersparen kann. Man bekommt die zu korrigierende Anweisung schnell auf den Bildschirm (wobei der Cursor am Zeilenanfang steht). Zur Korrektur mit dem EDIT-Kommando muß man natürlich wissen, welche Anweisungen fehlerhaft sind.

Beispiel:

Gegeben sei das bekannte Programm

```
100 INPUT X,Y
200 Z=X+Y
300 PRINT X,Y,Z
400 END
```

In der ersten Zeile (Anw.-Nr. 100) sollen die Variablen X und Y in A und B umbenannt werden. Die zu korrigierende Zeile erhält man wie folgt:

```
EDIT 100 ⏎
```

Auf dem Bildschirm erscheint folgende Ausgabe:

```
100 INPUT X,Y
```

Man bewegt nun den Cursor wie bekannt zu den Zeichen X und Y und tauscht die Zeichen gegen A und B aus (siehe Abschnitt 9.2.3). Durch Drücken der RETURN-Taste ⏎ wird die Änderung in den Arbeitsspeicher übertragen.

9.2.8 Ersetzen ganzer BASIC-Anweisungen

> **Eine BASIC-Anweisungszeile wird durch eine neue ersetzt, indem man für die neue Anweisung die gleiche Anweisungsnummer eingibt, die die alte zu ersetzende Anweisung aufweist. Anschließend ist die neue Anweisung einzugeben. Wenn diese Eingabe durch Drücken der RETURN-Taste ⏎ abgeschlossen wird, wird die alte Anweisung durch die neu eingegebene Anweisung im Arbeitsspeicher ersetzt.**

Beispiel:

Folgendes Programm sei gegeben:

```
100 INPUT A,B ⏎
200 C=A+B ⏎
300 PRINT A,B,C ⏎
400 END ⏎
```

Die Anweisung mit der Anweisungsnummer 100 soll wie folgt durch eine andere ersetzt werden:

```
100 INPUT "GEBEN SIE ZWEI ZAHLEN EIN"; A, B ⏎
```

Dazu ist die neue Anweisung wie oben angegeben einzugeben.
Gibt man anschließend das Kommando

```
LIST ⏎
```

so wird das geänderte Programm wie folgt ausgegeben:

```
100 INPUT "GEBEN SIE ZWEI ZAHLEN EIN"; A,B
200 C=A+B
300 PRINT A,B,C
400 END
```

Die Korrektur hätte selbstverständlich auch anders vorgenommen werden können. Dieser Weg ist hier nur als Beispiel gedacht, um zu zeigen, wie ganze Anweisungen ersetzt werden können.

9.2.9 Einfügen von ganzen BASIC-Anweisungen

> **Möchte man ganze BASIC-Anweisungen in ein vorhandenes BASIC-Programm einfügen, so ist dazu eine Anweisungsnummer zu wählen, die zwischen den Anweisungsnummern der Einfügestelle liegt. Anschließend ist die eigentliche Anweisung einzugeben.**

Beispiel:

Möchte man außer der Addition der den Variablen von A und B zugeordneten Werten noch eine Subtraktion im obigen Programm ausführen lassen, so kann diese Anweisung zwischen den Anweisungsnummern 2ØØ und 3ØØ eingefügt werden, indem folgende Anweisung eingegeben wird:

```
25Ø␣D=A−B ⏎
```

Die Eingabe muß durch Drücken der RETURN-Taste abgeschlossen werden.

Das Ergebnis der Subtraktion soll in einer gesonderten Zeile ausgegeben werden. Dazu muß eine entsprechende Ausgabeanweisung in das Programm eingefügt werden:

```
35Ø␣PRINT␣A,B,D ⏎
```

Gibt man zur Kontrolle anschließend das Kommando

```
LIST ⏎,
```

so wird das geänderte Programm mit den eingefügten Anweisungen ausgegeben:

```
1ØØ␣INPUT␣"GEBEN␣SIE␣ZWEI␣ZAHLEN␣EIN"; A, B
2ØØ␣C=A+B
25Ø␣D=A−B
3ØØ␣PRINT␣A, B, C
35Ø␣PRINT␣A, B, D
4ØØ␣END
```

Wie man sieht, sind die einzufügenden Anweisungen an den Stellen, die die Anweisungsnummern vorschreiben, in das ursprüngliche Programm eingefügt worden.

Ist der Arbeitsspeicher voll und versucht man dennoch Anweisungen einzufügen, so wird die Fehlermeldung

> "Out of memory"

ausgegeben, d.h., es ist zu wenig Arbeitsspeicherplatz (engl. memory) für weitere Anweisungen vorhanden.

9.2.10 Löschen einzelner BASIC-Anweisungen

> **Möchte man einzelne BASIC-Anweisungen löschen, so gibt man die Anweisungsnummer dieser zu löschenden Anweisung ein und drückt anschließend, ohne jegliche weitere Eingabe, die RETURN-Taste ⏎ .**

Beispiel:

Es soll die Anweisung mit der Anweisungsnummer 35Ø des vorhergegangenen Beispiels gelöscht werden. Dies erreicht man mit Hilfe der Eingabe

```
35Ø ⏎,
```

Gibt man zur Kontrolle anschließend das Kommando

```
LIST ⏎
```

so sieht man, daß diese Anweisung tatsächlich gelöscht wurde.

```
1ØØ⌴INPUT⌴"GEBEN⌴SIE⌴ZWEI⌴ZAHLEN⌴EIN"; A, B
2ØØ⌴C=A+B
25Ø⌴D=A−B
3ØØ⌴PRINT⌴A,B,C
4ØØ⌴END
```

9.2.11 Löschen einer Gruppe von BASIC-Anweisungen

Möchte man eine Gruppe von BASIC-Anweisungen löschen, d.h. mehrere aufeinanderfolgende BASIC-Anweisungen, so wäre es mühsam, alle Anweisungsnummern *einzeln* eingeben zu müssen. Praktischer wäre es, wenn man nur die erste und letzte Anweisungsnummer der Gruppe angeben müßte.

> **Diese Möglichkeit zum Löschen einer Gruppe von BASIC-Anweisungen bietet das DELETE-Kommando mit der allgemeinen Form**
>
> ```
> DELETE⌴n1−n2
> ```
>
> **Dabei ist n1 die erste und n2 die letzte Anweisungsnummer der zu löschenden Anweisungsgruppe.**

Beispiel:

Es sollen im vorangegangenen Beispiel alle Anweisungen zwischen der Anweisungsnummer 2ØØ und 3ØØ einschließlich dieser Anweisungen selbst gelöscht werden. Das Löschkommando lautet:

```
DELETE⌴2ØØ−3ØØ ⏎
```

Nach der Ausführung meldet sich das System mit OK, d.h. das Kommando wurde ausgeführt. Dies läßt sich überprüfen durch das Kommando

```
LIST ⏎
```

Das Programm enthält nun nur noch die Zeilen

```
1ØØ⌴INPUT⌴"GEBEN⌴SIE⌴ZWEI⌴ZAHLEN⌴EIN"; A, B
4ØØ⌴END
```

Die gewünschte Anweisungsgruppe wurde somit tatsächlich gelöscht.

Wird eine nicht vorhandene Anweisungsnummer angegeben, wird folgende Fehlermeldung angegeben:

```
"Undefined line number"
```

d.h. "Nicht definierte Zeilennummer".

Die Zeilenlöschtaste [Esc], die für *nicht abgeschlossene* Eingabezeilen benutzt werden konnte (siehe Abschnitt 9.1.5), darf *hier nicht* eingesetzt werden. Es wird zwar bei Verwendung der Esc-Taste die *Bildschirm*zeile gelöscht, der Inhalt des *Arbeitsspeichers* wird jedoch nicht verändert.

9.2.12 Löschen eines ganzen Programms

> **Die Möglichkeit, ein ganzes Programm im Arbeitsspeicher zu löschen, bietet das Kommando**
>
> **NEW [⏎]** (siehe Abschnitt 7.3).

Dieses Kommando bewirkt, daß der gesamte Arbeitsspeicher gelöscht wird und somit auch das sich darin gespeicherte Programm.

Die Eingabe dieses Kommandos empfiehlt sich vor jeder Eingabe eines *neuen* Programms, um sicher zustellen, daß keine "Reste" von vorher eingegebenen Programmen im Arbeitsspeicher stehen, die das neu eingegebene Programm verfälschen könnten.

Nach der Ausführung des NEW-Kommandos meldet sich das System mit OK, d.h. das Kommando wurde ausgeführt.

Die Löschung des Programmes läßt sich überprüfen durch das Kommando

LIST [⏎]

Nach der Ausführung dieses Kommandos folgt sofort das OK, *ohne* daß Anweisungen ausgegeben werden. Dies bedeutet, daß das Programm vollständig gelöscht wurde.

10 Inbetriebnahme des IBM-Grafikdruckers

Bislang wurde nur besprochen, wie Programme und Daten auf dem *Bildschirm* ausgegeben werden können. Diese Ausgaben möchte man vielfach auch auf einem *Drucker* ausdrukken lassen. Im folgenden soll nun besprochen werden, wie der IBM-Grafikdrucker anzuschließen und zum Druck vorzubereiten ist. Anschließend wird demonstriert, wie Programme und Daten ausgedruckt werden können.

10.1 Technische Daten

Der IBM-Grafikdrucker druckt 80 Zeichen pro Sekunde vorwärts und rückwärts.

Die Blattbreite kann zwischen 4 Zoll (ca. 10 cm) und 10 Zoll (ca. 25 cm) liegen.

Die Anfertigung mehrerer Durchschläge ist möglich.

Die Zeichen können

- hinsichtlich der Größe normal, vergrößert und verkleinert,
- hinsichtlich der Zeichenstärke normal und fett und
- hinsichtlich der Lage normal, hoch- und tiefgestellt gedruckt werden.
- Auch Unterstreichungen sind möglich.

10.2 Anschluß des Druckers

Der Drucker benötigt zum Betrieb folgende zwei Kabelverbindungen:
- Eine Verbindung des Druckers mit der Systemeinheit.
- Eine Verbindung des Druckers mit dem Stromnetz.

10.2.1 Verbindung des Druckers mit der Systemeinheit

Mit dem Einbau des Bildschirmadapters in die Systemeinheit (vgl. Abschnitt 3.4.2) wurde gleichzeitig auch ein 25-poliger Anschluß für den Drucker installiert (vgl. Bild 3.7).

Die 25-polige Buchse hat folgende Signalbelegung (Bild 10.1):

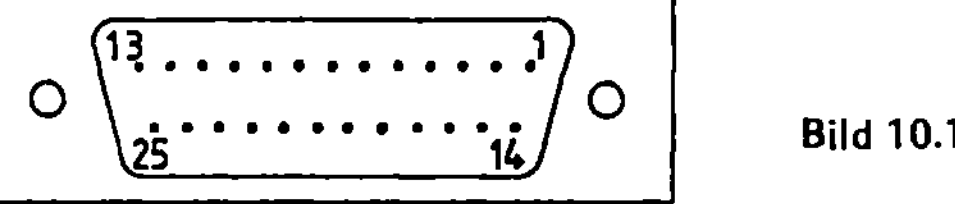

Bild 10.1

Stift Nr.	Signal	Stift Nr.	Signal
1	Strobe	14	Auto Feed
2	Datenbit 0	15	Error (Fehler)
3	Datenbit 1	16	Initiate
4	Datenbit 2	17	Selection
5	Datenbit 3	18	Masse
6	Datenbit 4	19	Masse
7	Datenbit 5	20	Masse
8	Datenbit 6	21	Masse
9	Datenbit 7	22	Masse
10	Acknowledge	23	Masse
11	Busy (beschäftigt)	24	Masse
12	Page End (Seitenende)	25	Masse
13	Select		

Bild 10.1 Buchse mit der Signalbelegung zum Druckeranschluß

Ein beigefügtes Spezialkabel mit zwei 25poligen Steckern dient der Verbindung.

— Ein Stecker wird in die zugehörige 25polige Buchse der Systemeinheit gesteckt und mit zwei *Schrauben* mechanisch fest verbunden.

— Der andere Stecker auf der anderen Seite des Kabels wird in die 25polige Buchse auf der Rückseite des Druckers gesteckt und mit zwei *Schnappverschlüssen* mechanisch fest verbunden. Die Lage der 25poligen Buchse auf der Rückseite des Druckers zeigt Bild 10.2.

— An dem Stecker, der zum Anschluß an der Druckerrückseite gedacht ist, befindet sich außerdem ein einzelnes Kabel. Daran befindet sich eine Öse. Diese Öse ist mit Hilfe einer Kreuzschlitzschraube am Drucker zu befestigen (vgl. Bild 10.2).

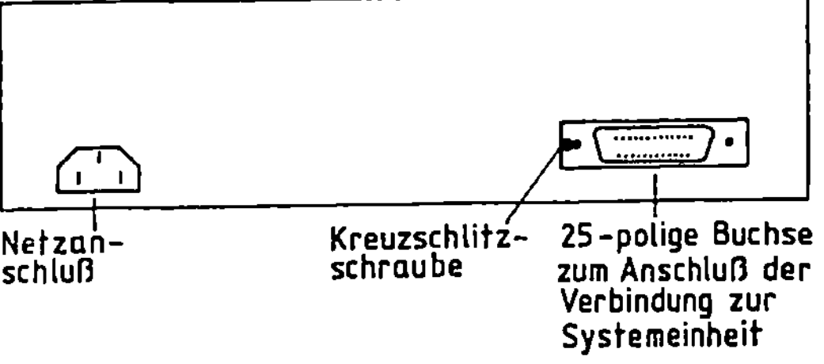

Bild 10.2 Rückseite des Druckers

10.2.2 Verbindung des Druckers mit dem Stromnetz

Auf der linken Seite der Rückseite des Druckers befindet sich ein 3poliger Anschluß für einen 3poligen Netzstecker (vgl. Bild 10.2). Dieser Stecker, der sich an einem mitgelieferten Kabel befindet, ist in den Netzanschluß des Druckers zu stecken. Auf der anderen Seite befindet sich ein Netzstecker, der in eine Steckdose zu stecken ist.

10.3 Vorbereitungen am Drucker vor dem eigentlichen Drucken

Vor dem eigentlichen Drucken sind einige Vorbereitungen zu treffen. Teilweise sind diese Vorbereitungen nur selten nötig, wie z.B. das Einlegen eines (neuen) Farbbandes. Teilweise sind diese Vorbereitungen häufiger nötig, wie z.B. alles das, was mit dem richtigen Einlegen des Papiers zusammenhängt.

10.3.1 Farbband einlegen

Falls das Farbband bei einem neuen Drucker noch nicht eingelegt bzw. durch Abnutzung zu wechseln ist, kann die Vorgehensweise im mitgelieferten „IBM-Bedienungshandbuch" nachgelesen werden (Seite „Drucker" 3–7 bis 3–10). Es wird hier reich bebildert und ausführlich in einzelnen Schritten darauf eingegangen, so daß das Einlegen des Farbbandes mit dieser Hilfe keine Schwierigkeiten bereitet. In diesem Buch soll aus Platzgründen darauf verzichtet werden.

10.3.2 Papier einlegen

Auch das Einlegen von Papierformularen wird ausführlich im „IBM-Bedienungshandbuch" beschrieben (Seite „Drucker" 3.10–3.18), so daß an dieser Stelle ebenfalls auf eine ausführliche Darstellung verzichtet werden soll.

Beim Einlegen des Papiers ist insbesondere darauf zu achten,

- daß die Traktorzähne richtig in den Lochrand des Papierendlosformulars eingefügt sind,
- daß das Papier richtig gespannt ist (das Papier darf keine Wellen schlagen) und
- daß der Seitenanfang (Knick des Papierformulars) richtig gesetzt ist (Knick oben an der Druckerskala).

Standardmäßig ist die Länge der Druckseite auf 11 Zoll (ca. 27,5 cm) festgesetzt. Sie kann jedoch durch Befehle von der Systemeinheit an den Drucker geändert werden.

10.3.3 Papierstärke einstellen

Der Abstand zwischen Schreibkopf und Druckplatte muß veränderlich sein, damit unterschiedlich viele Durchschläge gemacht werden können (Papierstärke). Dies läßt sich durch einen sog. Papierstärkehebel bewirken, der sich links in dem Drucker befindet. Wird er nach hinten gedrückt, so wird der Abstand klein, so daß dies die Stellung für Einzelblattformulare ist. Die entgegengesetzte Richtung bewirkt das Gegenteil (IBM-Bedienerhandbuch „Drucker" S. 3–17).

10.3.4 Linken Druckerrand einstellen

Die Druckskala gibt den Bereich der Druckpositionen an (Druckpositionen 1 bis 80). Möchte man die Lage des linken Druckrandes verändern, so löst man beide Traktorfeststeller und verschiebt diese mitsamt dem Papier so weit, bis die Druckposition 1 der Druckskala an der gewünschten Stelle steht. Anschließend werden die Traktorfeststeller wieder festgestellt (vgl. IBM-Handbuch „Drucker" S. 3–18).

10.3.5 Drucker und Zentraleinheit einschalten

Der Netzschalter befindet sich auf der rechten Seite des Druckers (Schalter POWER auf ON bzw. 1). Warten bis sich die Systemeinheit meldet.

10.3.6 Kontrollampen prüfen

Die grünen Kontrollampen POWER, READY und ONLINE leuchten nach dem Einschalten auf. Ihr Aufleuchten bedeutet:

POWER	Das Netz ist eingeschaltet (leuchtet sofort nach dem Einschalten auf).
READY	Der Drucker ist bereit zum Drucken (Die Kontrollampe leuchtet erst auf, wenn sich auf dem Bildschirm der BASIC-Compiler bereit meldet).
ONLINE	Der Drucker ist mit der Systemeinheit „elektronisch" verbunden (Die Kontrollampe leuchtet sofort nach dem Einschalten auf).

Wenn diese Lampen nicht aufleuchten, bedeuten sie das Gegenteil.

Eine weitere Kontrollampe „NO PAPER" (engl.: kein Papier) leuchtet nicht auf, solange Papier eingelegt ist (vgl. Abschnitt 10.3.7). Geht es jedoch zu Ende, leuchtet diese Lampe auf. Außerdem ertönt ein akustisches Signal zur Warnung.

10.3.7 Zeilen- und Formularvorschub prüfen

Nachdem Einschalten ist der Drucker mit der Systemeinheit „elektronisch" verbunden (Drucker-Kontrollampe ONLINE leuchtet). Drückt man die *Taste* ONLINE auf dem Drucker, so erlischt die *Druckerkontrollampe* ONLINE. Damit ist der Drucker nicht mehr „elektronisch" mit der Systemeinheit verbunden. Man sagt, der Drucker ist OFFLINE geschaltet. Die Kontrollampe READY erlischt ebenfalls.

— Zeilenvorschub
   Drückt man nun die Drucker-Taste LINE FEED, so wird das Endlospapierformular um jeweils eine Zeile (engl. line) verschoben.
— Formularvorschub
   Drückt man im OFF-LINE-Zustand des Druckers die Taste FORM FEED, so wird das Endlospapierformular um jeweils eine Seite (Formularseite) vorgeschoben.

Anmerkung: Der Zeilen- und Formularvorschub ist nicht möglich, solange die Kontrollampe ONLINE leuchtet.

10.3.8 Druckerselbsttest

Zum Druckerselbsttest muß der Drucker und die Systemeinheit zunächst wieder ausgeschaltet werden, um das Druckerkabel an der Druckerrückseite zu entfernen. Anschließend wird bei gedrückter LINE FEED-Taste *allein* der Drucker eingeschaltet. Nach Druckbeginn kann diese Taste losgelassen werden. Der Test dauert ca. 10 Minuten. Es werden die auf dem Drucker darstellbaren Druckzeichen gedruckt (vgl. Bild 10.3).

```
♥♦♣♠§ !"#$%&'()*+,-./0123456789:;<=>?@ABCDEFGHIJKLMNOPQRSTUVWXYZ[\]^_'abc
♦♣♠§ !"#$%&'()*+,-./0123456789:;<=>?@ABCDEFGHIJKLMNOPQRSTUVWXYZ[\]^_'abcd
♣♠§ !"#$%&'()*+,-./0123456789:;<=>?@ABCDEFGHIJKLMNOPQRSTUVWXYZ[\]^_'abcde
♠§ !"#$%&'()*+,-./0123456789:;<=>?@ABCDEFGHIJKLMNOPQRSTUVWXYZ[\]^_'abcdef
§ !"#$%&'()*+,-./0123456789:;<=>?@ABCDEFGHIJKLMNOPQRSTUVWXYZ[\]^_'abcdefg
 !"#$%&'()*+,-./0123456789:;<=>?@ABCDEFGHIJKLMNOPQRSTUVWXYZ[\]^_'abcdefgh
!"#$%&'()*+,-./0123456789:;<=>?@ABCDEFGHIJKLMNOPQRSTUVWXYZ[\]^_'abcdefghi
"#$%&'()*+,-./0123456789:;<=>?@ABCDEFGHIJKLMNOPQRSTUVWXYZ[\]^_'abcdefghij
#$%&'()*+,-./0123456789:;<=>?@ABCDEFGHIJKLMNOPQRSTUVWXYZ[\]^_'abcdefghijk
$%&'()*+,-./0123456789:;<=>?@ABCDEFGHIJKLMNOPQRSTUVWXYZ[\]^_'abcdefghijkl
%&'()*+,-./0123456789:;<=>?@ABCDEFGHIJKLMNOPQRSTUVWXYZ[\]^_'abcdefghijklm
&'()*+,-./0123456789:;<=>?@ABCDEFGHIJKLMNOPQRSTUVWXYZ[\]^_'abcdefghijklmn
'()*+,-./0123456789:;<=>?@ABCDEFGHIJKLMNOPQRSTUVWXYZ[\]^_'abcdefghijklmno
()*+,-./0123456789:;<=>?@ABCDEFGHIJKLMNOPQRSTUVWXYZ[\]^_'abcdefghijklmnop
)*+,-./0123456789:;<=>?@ABCDEFGHIJKLMNOPQRSTUVWXYZ[\]^_'abcdefghijklmnopq
*+,-./0123456789:;<=>?@ABCDEFGHIJKLMNOPQRSTUVWXYZ[\]^_'abcdefghijklmnopqr
+,-./0123456789:;<=>?@ABCDEFGHIJKLMNOPQRSTUVWXYZ[\]^_'abcdefghijklmnopqrs
,-./0123456789:;<=>?@ABCDEFGHIJKLMNOPQRSTUVWXYZ[\]^_'abcdefghijklmnopqrst
-./0123456789:;<=>?@ABCDEFGHIJKLMNOPQRSTUVWXYZ[\]^_'abcdefghijklmnopqrstu
./0123456789:;<=>?@ABCDEFGHIJKLMNOPQRSTUVWXYZ[\]^_'abcdefghijklmnopqrstuv
/0123456789:;<=>?@ABCDEFGHIJKLMNOPQRSTUVWXYZ[\]^_'abcdefghijklmnopqrstuvw
0123456789:;<=>?@ABCDEFGHIJKLMNOPQRSTUVWXYZ[\]^_'abcdefghijklmnopqrstuvwx
123456789:;<=>?@ABCDEFGHIJKLMNOPQRSTUVWXYZ[\]^_'abcdefghijklmnopqrstuvwxy
23456789:;<=>?@ABCDEFGHIJKLMNOPQRSTUVWXYZ[\]^_'abcdefghijklmnopqrstuvwxyz
3456789:;<=>?@ABCDEFGHIJKLMNOPQRSTUVWXYZ[\]^_'abcdefghijklmnopqrstuvwxyz{
456789:;<=>?@ABCDEFGHIJKLMNOPQRSTUVWXYZ[\]^_'abcdefghijklmnopqrstuvwxyz{|
56789:;<=>?@ABCDEFGHIJKLMNOPQRSTUVWXYZ[\]^_'abcdefghijklmnopqrstuvwxyz{|}
6789:;<=>?@ABCDEFGHIJKLMNOPQRSTUVWXYZ[\]^_'abcdefghijklmnopqrstuvwxyz{|}~
789:;<=>?@ABCDEFGHIJKLMNOPQRSTUVWXYZ[\]^_'abcdefghijklmnopqrstuvwxyz{|}~Ç
89:;<=>?@ABCDEFGHIJKLMNOPQRSTUVWXYZ[\]^_'abcdefghijklmnopqrstuvwxyz{|}~Çü
9:;<=>?@ABCDEFGHIJKLMNOPQRSTUVWXYZ[\]^_'abcdefghijklmnopqrstuvwxyz{|}~Çüé
:;<=>?@ABCDEFGHIJKLMNOPQRSTUVWXYZ[\]^_'abcdefghijklmnopqrstuvwxyz{|}~Çüéâ
;<=>?@ABCDEFGHIJKLMNOPQRSTUVWXYZ[\]^_'abcdefghijklmnopqrstuvwxyz{|}~Çüéâä
<=>?@ABCDEFGHIJKLMNOPQRSTUVWXYZ[\]^_'abcdefghijklmnopqrstuvwxyz{|}~Çüéâää
=>?@ABCDEFGHIJKLMNOPQRSTUVWXYZ[\]^_'abcdefghijklmnopqrstuvwxyz{|}~Çüéâääà
>?@ABCDEFGHIJKLMNOPQRSTUVWXYZ[\]^_'abcdefghijklmnopqrstuvwxyz{|}~Çüéâääàç
?@ABCDEFGHIJKLMNOPQRSTUVWXYZ[\]^_'abcdefghijklmnopqrstuvwxyz{|}~Çüéâääàçê
@ABCDEFGHIJKLMNOPQRSTUVWXYZ[\]^_'abcdefghijklmnopqrstuvwxyz{|}~Çüéâääàçêë
ABCDEFGHIJKLMNOPQRSTUVWXYZ[\]^_'abcdefghijklmnopqrstuvwxyz{|}~Çüéâääàçêëè
BCDEFGHIJKLMNOPQRSTUVWXYZ[\]^_'abcdefghijklmnopqrstuvwxyz{|}~Çüéâääàçêëèï
CDEFGHIJKLMNOPQRSTUVWXYZ[\]^_'abcdefghijklmnopqrstuvwxyz{|}~Çüéâääàçêëèïî
DEFGHIJKLMNOPQRSTUVWXYZ[\]^_'abcdefghijklmnopqrstuvwxyz{|}~Çüéâääàçêëèïîì
EFGHIJKLMNOPQRSTUVWXYZ[\]^_'abcdefghijklmnopqrstuvwxyz{|}~ÇüéâääàçêëèïîìÄ
FGHIJKLMNOPQRSTUVWXYZ[\]^_'abcdefghijklmnopqrstuvwxyz{|}~ÇüéâääàçêëèïîìÄÅ
GHIJKLMNOPQRSTUVWXYZ[\]^_'abcdefghijklmnopqrstuvwxyz{|}~ÇüéâääàçêëèïîìÄÅÉ
HIJKLMNOPQRSTUVWXYZ[\]^_'abcdefghijklmnopqrstuvwxyz{|}~ÇüéâääàçêëèïîìÄÅÉæ
IJKLMNOPQRSTUVWXYZ[\]^_'abcdefghijklmnopqrstuvwxyz{|}~ÇüéâääàçêëèïîìÄÅÉææ
JKLMNOPQRSTUVWXYZ[\]^_'abcdefghijklmnopqrstuvwxyz{|}~ÇüéâääàçêëèïîìÄÅÉææÆ
KLMNOPQRSTUVWXYZ[\]^_'abcdefghijklmnopqrstuvwxyz{|}~ÇüéâääàçêëèïîìÄÅÉææÆô
LMNOPQRSTUVWXYZ[\]^_'abcdefghijklmnopqrstuvwxyz{|}~ÇüéâääàçêëèïîìÄÅÉææÆôö
MNOPQRSTUVWXYZ[\]^_'abcdefghijklmnopqrstuvwxyz{|}~ÇüéâääàçêëèïîìÄÅÉææÆôöò
NOPQRSTUVWXYZ[\]^_'abcdefghijklmnopqrstuvwxyz{|}~ÇüéâääàçêëèïîìÄÅÉææÆôöòû
OPQRSTUVWXYZ[\]^_'abcdefghijklmnopqrstuvwxyz{|}~ÇüéâääàçêëèïîìÄÅÉææÆôöòûù
```

Bild 10.3 Ausschnitt aus dem ca. 3seitigen Druckerselbsttestprotokoll.

10.4 Programmgesteuertes Drucken

Nach dem Druckerselbsttest muß der Drucker zunächst wieder ausgeschaltet werden, damit der Drucker wieder mit Hilfe des 25poligen Kabels mit der Systemeinheit verbunden werden kann. Ist dies geschehen, wird der Drucker und die Systemeinheit wieder eingeschaltet.

10.4.1 Eingabe eines Testprogramms

Das bekannte Additionsprogramm soll als Testprogramm dienen (siehe Abschnitte 8.1 und 8.2). Es wird nur hinsichtlich der Eingabe und Ausgabe verbessert. Ein Eingabetext soll zur Eingabe von zwei Zahlenwerten auf dem Bildschirm auffordern. Die Ausgabe enthält erläuternde Texte (welcher Wert zu welchem Variablennamen gehört).

Das Testprogramm, das über die Eingabetastatur eingegeben wird, lautet dann:

```
10 INPUT "GEBEN SIE 2 ZAHLEN,DURCH EIN KOMMA GETRENNT,EIN";A,B
20 C=A+B
30 PRINT "ADDITION VON ZWEI ZAHLEN"
40 PRINT "A=";A,"B=";B,"A+B=";C
50 END
```

Wird dieses Programm wie gewohnt mit Hilfe des Kommandos RUN gestartet, z.B. durch Drücken der entsprechenden Buchstabentasten bzw. durch Drücken der Funktionstaste F2 , erscheint zunächst folgender Text auf dem Bildschirm:

GEBEN SIE 2 ZAHLEN, DURCH EIN KOMMA GETRENNT, EIN?

Möchte man z.B. für die Variable A den Wert 1,1 und für B den Wert 2,2 eingeben, so muß dies bekanntlich wie folgt geschehen (siehe Abschnitt 8.4.2):

1.1,2.2 ⏎

Anschließend erscheint folgende Ausgabe auf dem Bildschirm:

```
ADDITION VON ZWEI ZAHLEN
A= 1.1          B= 2.2          A+B= 3.3
```

Es wird aber kein Ergebnisausdruck auf dem Drucker ausgegeben.

10.4.2 BASIC-Anweisung zum Ausdrucken von Ergebnissen auf dem Drucker

Möchte man Rechenergebnisse und dergleichen programmgesteuert auf dem Drucker ausgeben, so ist eine spezielle BASIC-Anweisung zu verwenden.

> **Anstelle des Schlüsselwortes PRINT (Bildschirmausgabe) muß für die Druckerausgabe mit Hilfe des IBM PC das Schlüsselwort LPRINT verwendet werden.**

Das L vor dem Schlüsselwort PRINT weist auf den Line Printer (Zeilendrucker) hin.

Das in Kapitel 10.4.1 angegebene Programm ist somit entsprechend zu ändern, d.h. vor das Schlüsselwort PRINT in den Anweisungen mit den Anweisungsnummern 30 und 40 ist ein L zu setzen (z.B. mit Hilfe des EDIT-Kommandos, vgl. Abschnitt 9.2.6).

Das geänderte Programm hat das Aussehen:

```
10 INPUT "GEBEN SIE 2 ZAHLEN,DURCH EIN KOMMA GETRENNT,EIN";A,B
20 C=A+B
30 LPRINT"ADDITION VON 2 ZAHLEN"
40 LPRINT"A=";A,"B=";B,"A+B=";C
50 END
```

Startet man nun dieses Programm wie gewohnt mit Hilfe des Kommandos RUN, erscheint wieder folgender Text auf dem *Bildschirm*:

GEBEN SIE 2 ZAHLEN, DURCH EIN KOMMA GETRENNT, EIN?

Gibt man anschließend die gleichen Werte wie in Abschnitt 10.4.1 ein, wird auf dem *Drucker* ausgegeben:

```
ADDITION VON 2 ZAHLEN
A= 1.1          B= 2.2          A+B= 3.3
```

10.4.3 Ausdruck des im Arbeitsspeicher befindlichen Programms

Möchte man das Programm nicht nur wie bisher gewohnt auf dem Bildschirm auflisten lassen (Kommando LIST, siehe Abschnitt 7.3), sondern auf dem *Drucker*, so ist ein durch ein vorangestelltes zusätzliches L (L steht für LINE-Printer, d.h. Zeilendrucker) verändertes LIST-Kommando zu verwenden.

Das Schlüsselwort zur Druckerausgabe von Programmen ist:

LLIST

Für das *bereichsweise* Ausdrucken von Programmen auf dem Drucker gilt das gleiche wie für das LIST-Kommando bei der Bildschirmausgabe (siehe Abschnitt 7.3).

10.4.4 Drucken in doppelt breiter Schrift

Möchte man die erste Zeile des Ergebnisausdruckes in doppelt breiter Schrift gegenüber der normalen Schrift ausdrucken lassen, so muß man dies dem Drucker mitteilen. Dazu muß man dem Drucker ein entsprechendes Steuerzeichen senden. Dies geschieht mit Hilfe der BASIC-Standardfunktionen CHR$, in deren Argument das Dezimaläquivalent eines bestimmten ASCII-Codes steht, das der Drucker als Steuerzeichen auswertet.

Die Standardfunktion CHR$ mit dem Steuerzeichen im Argument muß, durch ein Leerzeichen getrennt, direkt auf das Schlüsselwort LPRINT folgen.

Die Standardfunktion wird nach dem Argument von dem, *was* auszudrucken ist, durch ein Semikolon getrennt.

> **Das Steuerzeichen für das Drucken in doppelt breiter Schrift ist:**
>
> CHR$ (14)

Beispiel:

```
10 INPUT "GEBEN SIE 2 ZAHLEN,DURCH EIN KOMMA GETRENNT,EIN";A,B
20 C=A+B
30 LPRINT CHR$(14);"ADDITION VON 2 ZAHLEN"
40 LPRINT"A=";A,"B=";B,"A+B=";C
50 END
```

Startet man dieses Programm und versorgt es mit Daten, so ergibt sich der Ausdruck:

```
ADDITION VON 2 ZAHLEN
A= 1.1        B= .2        A+B= 1.3
```

Die erste Druckzeile wird in doppelt breiter Schrift, die zweite in normal breiter Schrift gedruckt. Man erkennt somit deutlich den Größenunterschied.

10.4.5 Drucken in komprimierter Schrift

Möchte man die zweite Druckzeile, die sich bei der Ausgabe des Testprogrammes ergibt, in komprimierter Schriftgröße ausdrucken, so gilt dafür das

> **Steuerzeichen**
>
> CHR$ (15)

Das veränderte Programm zeigt

Beispiel:

```
10 INPUT "GEBEN SIE 2 ZAHLEN,DURCH EIN KOMMA GETRENNT,EIN";A,B
20 C=A+B
30 LPRINT CHR$(14);"ADDITION VON 2 ZAHLEN"
40 LPRINT CHR$(15);"A=";A,"B=";B,"A+B=";C
50 END
```

Startet man dieses Programm und versorgt es mit Daten, so ergibt sich der Ausdruck:

```
ADDITION VON 2 ZAHLEN
A= 1.1    B= 2.2    A+B= 3.3
```

Die erste Druckzeile wird in doppelt breiter Schrift, die zweite in komprimierter Schrift gedruckt.

10.4.6 Fettdruck

Möchte man den Ergebnisausdruck des Programmes so steuern, daß in beiden Zeilen zwar die normale Schriftgröße gewählt wird, jedoch die erste Zeile „fett" und die zweite „normal" gedruckt wird, so benötigt man wieder andere Steuerzeichen.

Zur Steuerung des Fettdrucks benötigt man folgende Steuerzeichen:

CHR$(27); CHR$(71)   Änderung in Fettdruck.
CHR$(27); CHR$(72)   Fettdruck beenden.

Das Programm ist dann wie folgt zu verändern:

Beispiel:

```
10 INPUT "GEBEN SIE 2 ZAHLEN,DURCH EIN KOMMA GETRENNT,EIN";A,B
20 C=A+B
30 LPRINT CHR$(27);CHR$(71);"ADDITION VON 2 ZAHLEN"
40 LPRINT CHR$(27);CHR$(72);"A=";A,"B=";B,"A+B=";C
50 END
```

Startet man dieses Programm und versorgt es mit Daten, so ergibt sich der Ausdruck:

```
ADDITION VON 2 ZAHLEN
A= 1.1        B= 2.2          A+B= 3.3 .
```

Würde man in diesem Beispiel in der Anweisung mit der Anweisungsnummer 3Ø den Fettdruck mit Hilfe der Steuerzeichen CHR$(27);CHR$(71) auf dem Drucker einstellen und in der Anweisung mit der Anweisungsnummer 4Ø jedoch auf die Beendung mittels der Steuerzeichen CHR$(27); CHR$(72) verzichten, so würde auch die zweite Ausgabezeile fett gedruckt, wie es dieses Beispiel zeigt:

Beispiel:

```
10 INPUT "GEBEN SIE 2 ZAHLEN,DURCH EIN KOMMA GETRENNT,EIN";A,B
20 C=A+B
30 LPRINT CHR$(27);CHR$(71);"ADDITION VON 2 ZAHLEN"
40 LPRINT "A=";A,"B=";B,"A+B=";C
50 END
```

Ausgabe:

```
ADDITION VON 2 ZAHLEN
A= 1.1         B= 2.2          A+B= 3.3
```

10.4.7 Weitere Steuerzeichen

Es gibt eine Vielzahl weiterer Steuerzeichen, mit denen das Druckbild programmgesteuert verändert werden kann, wie z.B.
- eine Unterstreichung von Zeichen,
- ein Höher- und Tieferstellen von Zeichen,
- eine Änderung der Schriftbreite,
- eine Änderung des Zeilenabstandes,
- eine Änderung der Zeilen- und Seitenvorschübe.

Alle verfügbaren Steuerzeichen sind im „IBM-Bedienerhandbuch" (vgl. „Drucker" S. 3–21 bis 3–41) aufgeführt und sollen hier nicht im einzelnen weiter behandelt werden, da sie im Prinzip genauso verwendet werden, wie es die gezeigten, häufig auftretenden Fälle zeigen.

11 Das Disketten-BASIC

11.1 Allgemeines

Möchte man Programme und Daten dauerhaft auf Disketten speichern, so ist das bisher benutzte Standard-BASIC (Kassetten-BASIC, vgl. Kapitel 8 und 9) nicht dazu in der Lage.

Das Standard-BASIC meldet sich stets, wenn der Mikrocomputer eingeschaltet wird und sich keine Diskette in den Diskettenlaufwerken befindet bzw. die Diskettenverriegelungen offen sind.

Die Meldung ist bekanntlich (vgl. Abschnitte 3.7, 5.1, 7.1):

```
The IBM Personal Computer BASIC
Version C1.ØØ Copyright IBM Corp. 1981
62 940 Bytes free
OK
```

Das C in der Angabe der Version C 1.ØØ weist auf die Kassettenversion hin (engl.: cassette). Mit Hilfe der Kassetten-BASIC-Version können Programme und Daten nur auf dem relativ langsamen Kassettenrekorder gespeichert werden.

> Möchte man hingegen ein schnelleres Speichermedium, wie z. B. Diskettenlaufwerke, benutzen, so benötigt man eine erweiterte BASIC-Version, die die Ein- und Ausgabe von Daten und Programmen von und zur Diskette ermöglicht.

Dieses Disketten-BASIC befindet sich zusammen mit einem leistungsfähigen Disketten-Betriebssystem (DOS = Disk-Operating-System) auf einer Diskette.

Für den Einsatz des Disketten-BASIC sind folgende Hardware-Voraussetzungen zu erfüllen:

- Mindestens ein Diskettenlaufwerk (besser zwei) in der IBM PC-Systemeinheit.

    Außerdem muß gewährleistet sein, daß die Schalterstellungen in der Zentraleinheit die Zahl der eingebauten Disketten-Laufwerke richtig angibt (vgl. Abschnitt 3.5).

- Arbeitsspeicherausbau des IBM PC auf mindestens 32 Kbyte.
- Vorhandensein einer IBM-DOS-Diskette.

Auf der IBM-DOS-Diskette befindet sich der Disketten-BASIC-Interpreter sowie weitere DOS-Funktionen zum

- Erzeugen,
- Löschen,
- Kopieren und
- Umbenennen

von Dateien, die sich auf Disketten befinden, sowie eine Vielzahl weiterer Hilfsfunktionen, auf die später ausführlicher eingegangen wird (vgl. Kapitel 12).

Möchte man das erste Mal mit dem Disketten-BASIC arbeiten, so wird dies nicht sofort gelingen. Es sind zwei vorbereitende Schritte notwendig:

Schritt 1:
Erstellen einer landesspezifischen Systemdiskette.

Schritt 2.
Formatieren fabrikneuer Disketten zur Speicherung von Programmen und Daten.

Bevor auf das Arbeiten mit dem Disketten-BASIC eingegangen wird, soll daher zunächst das Erstellen einer landesspezifischen Systemdiskette (siehe 11.2) und anschließend das Formatieren fabrikneuer Disketten (siehe 11.3) besprochen werden.

11.2 Erstellen einer landesspezifischen Systemdiskette

Viele Länder haben ihre eigenen Sonderzeichen. So besitzt die deutsche Sprache z.B. die Sonderzeichen ä, ö, ü usw., die französische Sprache z.B. die Sonderzeichen é, è, ê usw.

Diese Sonderzeichen sind auf den landesüblichen Schreibmaschinentastaturen an festgelegten Positionen vorhanden. In Deutschland gilt die sog. DIN-Tastatur (DIN ist eine Abkürzung für Deutsche Industrie-Norm).

> **Möchte man mit der gewohnten DIN-Tastatur arbeiten, so ist mit Hilfe der mitgelieferten IBM-DOS-Diskette eine landesspezifische Systemdiskette zu erstellen, die bei der weiteren Arbeit mit dem IBM PC benutzt wird.**

11.2.1 Vorbereitende Arbeiten zum Erstellen der landesspezifischen Systemdiskette

1. Das Mikrocomputersystem muß ausgeschaltet sein.
2. Ist nur ein Laufwerk vorhanden, wird die IBM-DOS-Diskette in dieses Laufwerk eingelegt.

   Sind zwei Laufwerke vorhanden, wird die IBM-DOS-Diskette in das sog. *Systemlaufwerk* A eingelegt.

Die vorhandenen zwei Laufwerke werden wie folgt mit Hilfe von Buchstaben unterschieden (vgl. Bild 11.1).

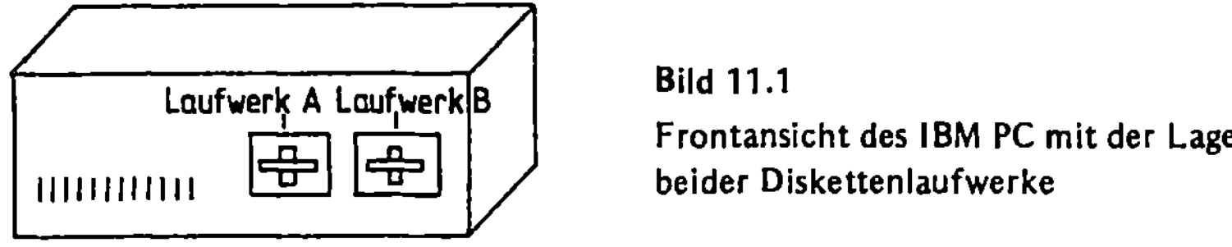

Bild 11.1

Frontansicht des IBM PC mit der Lage beider Diskettenlaufwerke

3. Die IBM-DOS-Diskette wird wie folgt in den Schlitz des Laufwerkes A eingelegt (vgl. Bild 11.2).

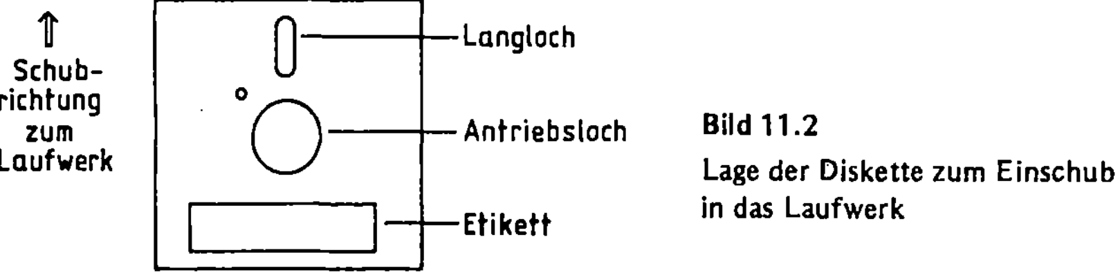

Bild 11.2

Lage der Diskette zum Einschub in das Laufwerk

4. Anschließend wird die Verriegelung des Laufwerkes durch Druck nach unten geschlossen.
5. Zentraleinheit einschalten.
   Dazu wird der Netzschalter der Zentraleinheit auf „ON" gelegt.

Anschließend wird man schrittweise von der Bildschirmausgabe geführt, d.h. der Benutzer wird über den Bildschirm aufgefordert, ganz bestimmte Tätigkeiten auszuüben. Folgt er diesen Aufforderungen, erhält er eine landesspezifische Diskette. Dieser Bildschirmtext ist allerdings englisch. Daher sollen die einzelnen Schritte nacheinander erläutert werden.

11.2.2 Schrittweises Erstellen der landesspezifischen Systemdiskette

Für das Erstellen der landesspezifischen Systemdiskette mit *zwei* Laufwerken gilt folgender Ablauf:

Bildschirmausgabe	Erläuterung (freie Übersetzung)
A > REM TO CREATE YOUR NATIONAL COPY OF A > REM DOS, FOLLOW THESE FIVE STEPS:	Um Ihre nationale Kopie von DOS zu erzeugen, folgen Sie diesen 5 Schritten:
A > REM STEP 1 A > REM Get a BLANK diskette for the copy A > REM Leave DOS Master in drive A: A > DISKCOPY A:B: Insert source diskette in drive A: Insert target diskette in drive B: Strike and key when ready	Schritt 1 Nehmen Sie eine leere Diskette für die Kopie (nicht schreibgeschützt! vgl. Kapitel 2.6.1) Lassen Sie die DOS-System Diskette in Laufwerk A. Falls sie entnommen wurde, ist sie wieder einzulegen. Legen Sie die leere Diskette in Laufwerk B (engl.: target diskette, d.h. Zieldiskette). Drücken Sie eine beliebige Taste, wenn Sie damit fertig sind.
Copying 1 side(s)	Nach dem Drücken einer beliebigen Taste beginnt der Kopiervorgang. Dies wird äußerlich sichtbar durch das Aufleuchten der roten Laufwerkskontrollampen und der nebenstehenden Bildschirmausgabe.
Formatting while copying	Wenn die leere Diskette noch nicht formatiert war, wird sie während des Kopierens formatiert (vgl. Abschnitt 2.6.3). Dies wird ebenfalls auf dem Bildschirm ausgegeben (siehe nebenstehende Bildschirmausgabe). Falls die leere Diskette bereits formatiert war, entfällt diese Bildschirmausgabe.
Copy complete Copy another (Y/N)?	Wenn der Kopiervorgang abgeschlossen ist, wird dies in der nebenstehenden Form angezeigt. Wenn nur *eine* Kopie erstellt werden soll, wird anschließend die Taste N für engl. No, d.h. nein, gedrückt. Im anderen Falle müßte man die Taste Y für engl. Yes, d.h. ja, drücken.

`A>REM STEP 2.`
 	
`A>REM New copy will now be compared`
 	
`A>REM  with DOS Master diskette:`
 	
`A>DISKCOMP A: B:`
 	
`Insert first diskette in drive A:`
 	
`Insert second diskette in drive B:`
 	
`Strike any key when ready`
	Nach dem 1. Schritt erscheint die nebenstehende Anzeige zum
	
	Schritt 2
	Im 2. Schritt wird die erstellte Kopie mit der IBM-DOS-Originaldiskette verglichen. Die Disketten bleiben dazu in den Laufwerken. Zum Starten des Vergleichsvorgangs ist eine beliebige Taste zu drücken.

`Comparing 1 side(s)`	Der Inhalt der beiden Disketten wird verglichen. Dies zeigt die nebenstehende Bildschirmausgabe an.
`Diskettes compare ok`	Wenn der Vergleich beendet ist und kein Fehler gefunden wurde, wird der nebenstehende Text auf dem Bildschirm ausgegeben.
`Compare more diskettes (Y/N)?`	Wenn nur eine Kopie erstellt wurde, muß nur einmal verglichen werden. In diesem Falle wird anschließend die Taste N gedrückt. Sonst müßte die Taste Y gedrückt werden.

`A>REM STEP 3.`
 	
`A>REM If compare found any errors, then`
`A>REM    a. Be sure master DOS diskette`
`A>REM       is in drive A:,`
`A>REM    b. Have a different blank`
`A>REM       diskette ready,`
`A>REM    c. Press and hold ALT, CTRL,`
`A>REM       then press DEL.`
`A>REM Otherwise, if new disk`
`A>REM compared OK, then continue.`
`A>PAUSE`
`Strike a key when ready . . .`
	Daraufhin erscheint die nebenstehende Bildschirmausgabe zum
	
	Schritt 3
	Falls sich beim Vergleichen der Disketten (Schritt 2) *nicht* der Ausdruck
	
	| Diskettes compare OK |
	
	ergibt, ist das Kopieren nicht geglückt. In diesem Fall muß man
	
	• sich vergewissern, ob die DOS-Diskette richtig in Laufwerk A liegt,
	• eine neue leere Diskette in Laufwerk B liegt.
	• Ist dies der Fall, muß man die Tasten [Ctrl] und [Alt] gleichzeitig drücken und anschließend die Taste [Del] bestätigen (Warmstart vgl. Abschnitt 2.3).
	
	Dadurch wird der gesamte Vorgang ab Schritt 1 wiederholt. Falls der Vergleich wieder zu unterschiedlichen Ergebnissen führt, liegt vermutlich kein Übertragungsfehler vor, sondern ein Hardwarefehler, der beseitigt werden muß. Falls jedoch im zweiten Anlauf der Vergleich mit OK bestätigt wurde, muß nur eine beliebige Taste gedrückt werden, um zum nächsten Schritt zu gelangen.

```\nA>REM STEP 4.\n\nA>REM Safely store the DOS Master\n\nA>REM diskette, then be sure that the\n\nA>REM new National copy is in drive A:\n\nA>PAUSE\nStrike a key when ready . . .\n```	**Schritt 4** Der nebenstehende englische Text gibt an, daß die DOS-Originaldiskette aus Laufwerk A zu entfernen ist und sorgfältig aufbewahrt werden soll. Die landesspezifische Kopie wird aus Laufwerk B entnommen und in Laufwerk A eingelegt. Wenn dies geschehen ist, soll wieder eine beliebige Taste gedrückt werden.
```\nA>REM STEP 5.\nA>REM Next you will identify a language\nA>REM for your National copy of DOS.\nA>REM Afterwards, WAIT for the system\nA>REM to restart automatically.\n\nA>PAUSE\nStrike a key when ready . . .\nA>BASIC KBDOS\n\n1 = USA 2 = Francais 3 = Deutsch 4 = Italiana 5 = Espanol\n6 = Englisch Ø Exit\n```	**Schritt 5** Im nebenstehenden Text wird der Benutzer informiert, daß einige Sprachen auf dem Bildschirm ausgegeben werden. Je nach Landessprache ist anschließend die der gewünschten Sprache zugeordnete Ziffer einzugeben, hier z.B. die 3 für Deutsch.
Prüfen: Ist die deutsche DOS-Diskette in Laufwerk A? Um fortzufahren, eine beliebige Taste betätigen.	Wird diese Zahl eingegeben, erscheint der nebenstehende Text.
A > Keybgr A > wt dat im Gegenwärtiges Datum (TT-MM-JJ): Ø1-Ø1-1980 Neues Datum eingeben	Wird anschließend eine beliebige Taste betätigt, wird die *landesspezifishe* Diskette erzeugt. Dieser Vorgang benötigt etwas Zeit. Es ist zu warten bis • ein kurzer Ton zu hören ist und • die nebenstehende Ausgabe auf dem Bildschirm erscheint.

Schritt 6

Die Eingabe des neuen Datums hält den Termin fest, an dem die Dateien erstellt wurden.

TT-MM-JJ

gibt dabei das für das Datum einzugebende Format an, wobei
T für Tag,
M für Monat und
J für Jahr
steht. Zwei Ziffern sind jeweils einzugeben.

Beispiel einer Eingabe:

19-12-83

Der benötigte Bindestrich ist auf der Eingabetastatur gleichzeitig das Minus-Zeichen. Die Eingabe des Datums ist mit ⏎ abzuschließen.

Falschangaben werden abgewiesen. Es wird zur Neueingabe aufgefordert.

Schritt 7

Nach der richtigen Eingabe des Datums wird zur Eingabe der Uhrzeit aufgefordert.

HH:MM:SS ⏎

gibt das allgemeine Format an. Dabei gibt
H die Stunden
M die Minuten und
S die Sekunden an.

Beispiel einer Eingabe

18:Ø9:37

Falscheingaben werden abgewiesen. Es wird zur Neueingabe aufgefordert.

Gegenwärtige Zeit: ØØ:Ø1:40
Uhrzeit eingeben

DOS-Systemanzeige

Nach Eingabe von Datum und Uhrzeit meldet sich das DOS-Betriebssystem mit der nebenstehenden Anzeige.

A >

ist die *DOS-Bereitschaftsmeldung.* Das DOS-Betriebssystem ist dann bereit, DOS-Kommandos aufzunehmen und auszuführen.

A >

> Das DOS-Bereitschaftszeichen fordert somit zur DOS-Kommando-eingabe auf.

Der Buchstabe A gibt außerdem an, daß das Diskettenlaufwerk A eingeschaltet und somit aktiv ist. Das Diskettenlaufwerk A wird somit standardmäßig von DOS aktiv geschaltet. Soll ein anderes Laufwerk aktiviert werden, muß anschließend auf dieses Laufwerk umgeschaltet werden. Darauf wird später eingegangen (siehe Abschnitt 11.6.6).

Entnehmen Sie nun die landesspezifische Diskette dem Laufwerk A. Kennzeichnen Sie diese Diskette mit einem Aufkleber mit dem Text:

Deutsche DOS-Diskette.

Überkleben Sie anschließend die Schreibschutzkerbe, damit die Diskette nicht versehentlich während des späteren Betriebes durch andere Daten überschrieben und dadurch unbrauchbar wird.

> **Mit der landesspezifischen DOS-Diskette wird in der Folgezeit gearbeitet.**

Das System sollte nun ausgeschaltet werden. Beim Einschalten des IBM PCs reagiert die landesspez. DOS Diskette anders als die Original IBM-DOS-Diskette. Die landesspezifische Diskette verlangt bei jedem erneuten Start die Eingabe von Datum und Uhrzeit, während die IBM-DOS-Diskette die Erstellung der landesspezifischen Diskette vorbereitet (siehe 10.2.2). Das eingegebene Datum wird allen Dateien, die an diesem Tage bearbeitet werden, zugeordnet. Auf diese Weise kann der Anwender stets feststellen, wann er eine Datei angelegt, geändert oder ähnliches getan hat (es wird dadurch automatisch die neueste Version festgehalten).

Falls nur ein Laufwerk zur Erstellung der landesspezifischen DOS-Diskette zur Verfügung steht, ist der Ablauf ganz ähnlich. Einzelheiten sollten dem Bedienerhandbuch unter dem Kapitel Bedienung, Teil DOS, entnommen werden.

11.3 Formatieren neuer Disketten

Durch das Formatieren einer Diskette, teilweise auch Initialisieren genannt, wird eine fabrikneue Diskette zum Aufnehmen von Programmen und Daten vorbereitet.

> **Jede neue Diskette muß formatiert werden.**

Insbesondere wird mit Hilfe der Formatierung Speicherplatz für das Inhaltsverzeichnis der Dateien reserviert.

Bei dem IBM PC werden durch das Formatieren außerdem *defekte* Spuren inaktiviert, d.h. es wird dafür gesorgt, daß die defekten Spuren nicht mehr beschrieben werden können. Weiterhin kann gleich während des Formatierens das DOS-Betriebssystem auf die neuen Disketten kopiert werden. Dies ist immer sinnvoll, wenn später auf dieser Diskette *Programme gespeichert* werden sollen. Für eine *reine Datenspeicherung* ist dies hingegen *nicht* sinnvoll.

Die Formatierung neuer Disketten läuft wie folgt ab:

Die Systemdiskette wird in Laufwerk A bzw. in das einzig vorhandene Laufwerk eingelegt und DOS wie folgt gestartet.

Bei *aus*geschaltetem Mikrocomputer wird DOS automatisch durch den Einschaltvorgang an sich gestartet, bei *ein*geschaltetem Mikrocomputer durch gleichzeitiges Drücken der Tasten CTRL und Alt und anschließendem Drücken der Taste Del . Anschließend ist nach Eingabe von Datum und Uhrzeit das Systembereitschaftszeichen A > abzuwarten:

```
09-01-84
Current time is  0:01:23.98
Enter new time: 00:00:00

The IBM Personal Computer DOS
Version 1.10 (C)Copyright IBM Corp 1981, 1982
```

A >

Nun müssen die entsprechenden Formatierkommandos gegeben werden, z.B. ob die zu formatierende neue Diskette in Laufwerk A (nur ein Laufwerk) oder in Laufwerk B (bei zwei Laufwerken) liegt, ob das DOS-Betriebssystem mit übertragen werden soll oder nicht (Kurzform S für System) und ob die Diskette ein- oder beidseitig formatiert werden soll (Kurzform 1 für einseitig). Die landesspezifische Systemdiskette wird zunächst in Laufwerk A belassen und je nach Wunsch einer der folgenden Formatierkommandos gegeben:

Ein Laufwerk		Zwei Laufwerke	
Ohne DOS	Mit DOS	Ohne DOS	Mit DOS
Beidseitig: FORMAT A: ⏎	Beidseitig: FORMAT A:/S ⏎	Beidseitig: FORMAT B:/S ⏎	Beidseitig: FORMAT B:/S ⏎
Einseitig: FORMAT A:/1 ⏎	Einseitig: FORMAT A:/S/1 ⏎	Einseitig: FORMAT B:/1 ⏎	Einseitig: FORMAT B:/S/1 ⏎

Es erscheint anschließend folgende Aufforderung:
`Insert new diskette for drive A:`
`and strike any key when ready`
 	
d.h. es soll die neu zu formatierende Diskette in Laufwerk A gelegt werden. Dazu ist vorher die Systemdiskette zu entnehmen. Anschließend soll eine beliebige Taste gedrückt werden.
		Es erscheint anschließend folgende Aufforderung:
		`Insert new diskette for drive B:`
		`and strike any key when ready`
		
		d.h. es soll die neu zu formatierende Diskette in das Laufwerk B gelegt werden, falls dies noch nicht geschehen ist, und anschließend eine beliebige Taste gedrückt werden.	

Nach dem Drücken einer beliebigen Taste beginnt das Formatieren. Formatiert man ohne gleichzeitige Übertragung des DOS-Betriebssystems, so ergibt sich folgende Ausgabe:

```
Formatting...Format complete

    322560 bytes total disk space
    322560 bytes available on disk

Format another (Y/N)?N
```

Formatiert man mit gleichzeitiger Übertragung des DOS-Betriebssystems, so ergibt sich folgende Ausgabe:

```
Formatting...Format complete
System transferred

    322560 bytes total disk space
     14336 bytes used by system
    308224 bytes available on disk

Format another (Y/N)?N
```

Solange formatiert wird, erscheint der Text

```
Formatting ...
```

Die rote Kontrollampe des Laufwerkes leuchtet auf.

Ist das Formatieren beendet, erscheint die Ausgabe:

```
Format complete
```

In dem Fall, in dem das DOS-Betriebssystem gleichzeitig übertragen werden sollte, erscheint zusätzlich die Ausgabe:

```
System transferred
```

Anschließend erfolgt eine Ausgabe der Speicherkapazität:

Die vollständige Speicherkapazität (total disk space) ist 322 560 bytes.

Wird das DOS-Betriebssystem nicht mit übertragen, ist die für den Anwender verfügbare Speicherkapazität der Diskette (available on disk) gleich der vollständigen Speicherkapazität.

Wird jedoch das DOS-Betriebssystem mit übertragen, so wird der Speicherbedarf des DOS-Betriebssystems mit ausgegeben (Bytes used by system 14 336), so daß für den Anwender ein etwas reduzierter Speicherplatz auf der Diskette verfügbar bleibt (308 224 bytes).

Anschließend wird gefragt, ob der Anwender noch weitere Disketten formatieren möchte (Format another (Y/N)?).

Ist dies der Fall, so drückt man die Taste Y für Yes (ja) und man beginnt wieder mit der entsprechenden Kommandoeingabe.

Ist dies nicht der Fall, so drückt man die Taste N für NO (nein), und es meldet sich das DOS-Betriebs-System mit dem Bereitschaftszeichen A >.

11.4 Aufruf des Disketten-BASIC

1. Zum Aufruf des Disketten-BASIC muß die landesspezifische Systemdiskette in Laufwerk A eingelegt und die Systemeinheit eingeschaltet werden. Nach einiger Zeit erscheint das DOS-Bereitschaftszeichen A >. Es wird zur Eingabe eines neuen Datums aufgefordert (Die Eingabe wird in der Form vorgenommen, wie es in Schritt 6 des Abschnittes 11.2.2 beschrieben wurde).

2. Nach der Eingabe des jeweiligen Datums wird zur Eingabe der Uhrzeit aufgefordert (siehe Abschnitt 11.2.2 Schritt 7).

3. Nach Eingabe der Uhrzeit meldet sich das DOS-Betriebssystem wie folgt:

```
A>REM The IBM Personal Computer DOS

A>REM Version 1.10 (C)Copyright IBM Corp 1981,1982

A>
```

4. > **Das Disketten-BASIC wird anschließend von der landesspezifische Diskette in den Arbeitsspeicher des IBM PC geladen. Dazu dient das folgende Kommando:**
>
> BASIC ⏎

5. Nach dem Aufrufen des Disketten-BASIC meldet sich der Mikrocomputer auf dem Bildschirm mit folgender Bildschirmausgabe:

```
The IBM Personal Computer Basic
Version D 1.10 Copyright IBM Corp. 1981, 1982
61 807 bytes free
OK
_
.
.
.


.
.
.
1 List  2 Run  3 Load  4 Save  5 Cont . . .
```

Das D in der Versionsnummer D 1.1∅ weist darauf hin, daß es sich hier um das Disketten-BASIC handelt. Bei dem Kassetten-Basic steht an dieser Stelle ein C (C für englisch cassette) (siehe Abschnitt 3.7, 5.1).

Die Zahl der freien Bytes (engl. Bytes free) richtet sich nach dem jeweiligen Ausbau des Arbeitsspeichers. Diese Zahl gibt an, wieviele Bytes im Arbeitsspeicher für Daten und Programme zur Verfügung stehen.

> **Die BASIC-Bereitschaftsmeldung ist, wie auch beim Kassetten-BASIC, OK.**

Erscheint diese Bereitschaftsmeldung, erwartet der Mikrocomputer die Eingabe von BASIC-Kommandos oder BASIC-Anweisungen.

Die BASIC-Kommandos haben mit den noch zu besprechenden DOS-Kommandos (Kapitel 12) nichts zu tun.

All das, was bisher in diesem Buch zum Kassetten-BASIC gesagt wurde (vgl. Abschnitt 7.3, sowie die Kap. 8, 9 usw.), kann auch direkt für das Disketten-BASIC übernommen werden. Es arbeiten z.B. *alle* Tastenfunktionen im bekannten BASIC-Modus, wie z.B.

- die Cursor-Tasten,
- die Korrekturtasten,
- die Funktionstasten.

Dies soll an einem einfachen Beispiel im folgenden Abschnitt demonstriert werden.

11.5 Erstellen eines BASIC-Programmes mit Hilfe des Disketten-BASIC

Es soll das bekannte Additionsprogramm (vgl. Abschnitt 10.4.1) etwas variiert in einer Diskettenversion erstellt werden. Es werden folgende BASIC-Anweisungen eingegeben:

```
1Ø INPUT"GEBEN SIE 2 WERTE, DURCH KOMMAS GETRENNT, EIN";A,B
2Ø C=A+B
3Ø PRINT"A=";A
4Ø PRINT"B=";B
5Ø PRINT"A+B=";C
6Ø END
```

Der Unterschied zum bekannten Additionsprogramm besteht darin, daß hier die Eingabe- und Ausgabewerte nicht nebeneinander sondern untereinander ausgegeben werden.

Die Korrekturen, die eventuell durch fehlerhafte Eingaben nötig werden, können wie gewohnt ausgeführt werden (vgl. Kapitel 9).

Nach der Eingabe wird dieses Programm gestartet, d.h. Sie geben entweder das Kommando

RUN ↵

oder drücken wie gewohnt die

F2 -Taste.

Sollte das Programm nicht laufen, muß nach Programmfehlern gesucht und korrigiert werden. Ist das Programm fehlerfrei und sollte das Programm dennoch nicht laufen, kann es nur noch an einer falschen Eingabe der Zahlenwerte liegen (Fehlermeldung beachten). Diese Fehler sind zu beseitigen.

11.6 Dateinamen

11.6.1 Datei

Das in Abschnitt 11.5 erstellte BASIC-Programm soll auf einer Diskette langfristig gespeichert werden. Das Betriebssystem nimmt dem Anwender die Aufgabe ab, die Spuren und Sektoren auf der Diskette anzugeben, wo das Programm gespeichert wird. Um jedoch dieses Programm von anderen Programmen auf der Diskette *unterscheiden* zu können, muß der Anwender das Programm unter einem bestimmten *Namen* auf der Diskette speichern. Entsprechend können auch reine Daten, z.B. Eingabewerte, Ausgabewerte u. dgl., auf Disketten gespeichert werden. Beide Fälle faßt man allgemein unter dem Begriff *Datei* zusammen.

> Dateien (engl. file) sind zusammengehörige Informationen auf bzw. in einem Speicher.

Da die Speicher mehrere Dateien speichern können, müssen sie mit Hilfe von *Dateinamen* (engl. file name) unterschieden werden. Die Dateien auf *einer* Diskette müssen durch Dateinamen eindeutig unterscheidbar sein. Auf verschiedenen Disketten *können* hingegen auch gleiche Dateinamen gewählt werden, *falls* dies zweckmäßig ist.

Auf einseitig beschreibbaren Disketten (single sided) lassen sich beim IBM PC maximal 64 Dateien speichern, bei zweiseitig beschreibbaren Disketten (double sided) doppelt so viele.

11.6.2 Dateinamen

Dateinamen können nicht willkürlich vom Anwender gewählt werden. Es sind einige Bildungsregeln zu beachten, die im folgenden beschrieben werden.

Ein Dateiname besteht aus

- einem Datei-Hauptnamen und
- einem Datei-Ergänzungsnamen (Dateikennung, Dateityp, engl.: extension).

Diese beiden Bestandteile eines Dateinamens werden durch einen Punkt getrennt.

Somit ergibt sich folgende allgemeine Form für einen Dateinamen:

> **Dateihauptname. Dateiergänzungsname**

11.6.3 Dateihauptname

Der Dateihauptname setzt sich aus höchstens 8 Zeichen des auf der Tastatur möglichen Zeichenvorrats zusammen.

Ausgenommen ist der Punkt, das Komma und das Leerzeichen.

Für das Fragezeichen? und den Stern * gelten innerhalb eines Dateinamens besondere Regeln (vgl. Abschnitt 11.6.5).

Der Dateihauptname sollte mit Hilfe des verfügbaren Zeichenvorrats so gewählt werden, daß man erkennt, wozu die Datei dient und was sie enthält.

Es sollte somit ein aussagekräftiger Dateihauptname gewählt werden, wie z.B.:

ADD	für ein Additionsprogramm,
BSP1	für Beispiele, die z.B. durchnumeriert werden,
TEST	für ein Testprogramm usw.

11.6.4 Dateiergänzungsnamen

Der Dateiergänzungsname besteht aus höchstens 3 beliebigen Zeichen des auf der Tastatur verfügbaren Zeichenvorrats.

Hierbei gelten die gleichen Einschränkungen bezüglich der Sonderzeichen wie beim Dateihauptnamen.

Der Dateiergänzungsname dient dazu, den Dateityp näher zu beschreiben.

Man kann mit Hilfe des Dateiergänzungsnamens eine Datei z.B. so kennzeichnen, daß man erkennt, daß es sich um eine Datei handelt, die Programme oder Daten enthält. Mit Hilfe des Dateiergänzungsnamens kann man Programmdateien auch hinsichtlich der verwendeten Programmiersprache kennzeichnen, d.h. ob es sich um ein Programm in der Programmiersprache BASIC bzw. FORTRAN, der Assemblersprache oder dem Maschinencode handelt. Entsprechendes gilt für Dateien mit unterschiedlichen Datentypen (Dezimal, Hexadezimal, Dual usw.).

> **Für bestimmte Dateitypen sind die Dateiergänzungsnamen fest vergeben.**

Beispiel:

Für BASIC-Programme ist der Dateiergänzungsname BAS fest vergeben. Für Programme im Maschinencode ist hingegen der Dateiergänzungsname COM vergeben.

> **Die Angabe eines Dateiergänzungsnamens ist nicht immer erforderlich.**

Möchte man z.B. ein im Disketten-BASIC erstelltes Programm unter Angabe eines Dateihauptnamens auf einer Diskette speichern, so wird diesem Programm *automatisch* der *Dateiergänzungsname BAS* zugefügt.

Möchte man diese Datei jedoch im Namen ändern, eine Kopie des Inhalts dieser Datei anfertigen oder diese Datei löschen, so muß stets der *volle* Name, d.h. der Dateihaupt- und Ergänzungsname angegeben werden.

11.6.5 Dateigruppenname

Soll nur eine einzelne Datei auf einer Diskette gespeichert werden bzw. von der Diskette in den Arbeitsspeicher gebracht werden, so ist nur die Angabe *eines* Dateinamens erforderlich. In anderen Fällen ist es jedoch wünschenswert, nicht nur *einzelne* bestimmte Dateien bezeichnen zu können, sondern auch *Gruppen* von Dateien.

Dies vereinfacht in vielen Fällen die *Arbeit mit Dateien*, z.B. beim Auflisten, Kopieren und Löschen. Ein entsprechendes Kommando, das einen Dateigruppennamen enthält, kann somit für eine ganze Gruppe von Dateien gelten, so daß die Kommandos nicht alle separat für jede einzelne Datei eingegeben werden müssen.

Beispiel:

Es sollen *alle* Dateien vom Typ BAS gelöscht werden.
Es sollen die Dateien BSP1, BSP2 und BSP3 mit Hilfe eines einzigen Kommandos auf dem Drucker ausgedruckt werden.
Es sollen alle Maschinencodeprogramme (Typ COM) kopiert werden.

> **Dateigruppennamen enthalten im Dateinamen die Dateigruppenzeichen ? und ∗.**
> - **Das Dateigruppenzeichen „?" steht stellvertretend für ein beliebiges Zeichen, das im Dateinamen erlaubt ist.**
> - **Das Dateigruppenzeichen „∗" steht stellvertretend für eine Zeichenfolge.**

Das Dateigruppenzeichen „?" bezieht sich somit nur auf ein Zeichen an einer ganz bestimmten Position im Dateinamen. Das Dateigruppenzeichen „?" darf mehrfach in einem Dateigruppennamen vorkommen.

Das Dateigruppenzeichen „∗" steht stellvertretend für den gesamten Dateihauptnamen bzw. Dateiergänzungsnamen. Dieses Dateigruppenzeichen ist sehr effektiv, denn es kann sehr viel Arbeit bei der Kommandoeingabe ersparen. Unbedacht verwendet kann es jedoch auch gefährlich sein, so beim Löschen von Dateien. Es ist daher mit Bedacht zu verwenden.

Beispiel:

Dateigruppen-name	Erläuterung
A ? C. ? E	Der Dateigruppenname A ? C. ? E steht z.B. stellvertretend für Dateinamen wie ABC.DE, AAC.EE, ACC.QE usw., d.h. an der Stelle, wo das ?-Zeichen steht, kann jedes beliebige erlaubte andere Zeichen stehen. Aus dieser Vielzahl theoretisch möglicher Dateinamen bleiben praktisch jedoch nur wenige über, die als Dateinamen auf der Diskette auch wirklich vorhanden sind und somit überhaupt angesprochen werden können.
BA ? ? .BAS	Dieser Dateigruppenname könnte z.B. stellvertretend für folgende BASIC-Quellprogrammdateien stehen: BANK, BALD, BAST, BACH usw., nicht jedoch für die Dateien BUCH, BILD o.ä..
TXT? .BAS	Dieser Dateigruppenname könnte stellvertretend für folgende BASIC-Quellprogrammdateien stehen: TXT1, TXT2, TXT3 usw. Man erkennt vielleicht an diesem Beispiel, daß die vorausschauende Wahl eines geeigneten Dateinamens das spätere Arbeiten mit den Dateien vereinfachen kann.
ADD.*	Dieser Dateigruppenname steht stellvertretend für *alle* Dateien mit dem Datei-Hauptnamen ADD.
*.COM	Dieser Dateigruppenname steht stellvertretend für *alle* Dateien mit dem Dateiergänzungsnamen COM, d.h. für alle ausführbaren Dateien im Maschinencode.
.	Dieser Dateigruppenname steht stellvertretend für alle Dateien ohne jegliche Einschränkung.

11.6.6 Dateinamen mit Laufwerkangabe

Sind mehrere Laufwerke in einem Mikrocomputersystem vorhanden, muß zum Zugriff auf eine bestimmte Datei noch das Laufwerk angegeben werden, in dem sich die Diskette mit der gewünschten Datei befindet.

Die Laufwerke werden mit Hilfe von Buchstaben unterschieden. Das Systemlaufwerk hat als Kennbuchstaben den Buchstaben A, ein zweites Laufwerk den Buchstaben B usw. (vgl. Abschnitt 11.2.1 Punkt 2).

Nach dem Einschalten der Systemeinheit ist das Systemlaufwerk A zugeschaltet. Möchte man jedoch ein anderes Laufwerk benutzen, so muß vorher eine *Laufwerkumschaltung* vorgenommen werden.

> **Mit Hilfe einer Laufwerkumschaltung ist der Zugriff auf alle Dateien in allen Diskettenlaufwerken möglich.**

Die Laufwerkumschaltung wird nicht mechanisch vorgenommen, sondern einfach durch voranstellen des gewünschten Laufwerks vor den Dateinamen der Datei, die in dem Laufwerk angesprochen werden soll. Die Laufwerkangabe wird vom Dateinamen mit Hilfe eines Doppelpunktes getrennt.

> **Die allgemeine Form eines solchen Dateinamens mit Laufwerkangabe ist:**
>
> **Laufwerkangabe:Datei(gruppen)name** ⏎

Beispiel:

Man möchte auf eine Datei ADD.BAS in Laufwerk B zugreifen. Es ist jedoch zur Zeit das Systemlaufwerk A zugeschaltet (aktiv). Die gewünschte Laufwerkumschaltung ist möglich durch eine Laufwerkangabe im Dateinamen wie folgt

    B:ADD.BAS

11.7 Speichern eines BASIC-Programmes auf Diskette

Das in Abschnitt 11.5 erstellte BASIC-Programm soll auf einer Diskette gespeichert werden.

Dazu wird die landesspezifische Systemdiskette dem Laufwerk A entnommen und diese durch eine formatierte (initialisierte) Diskette ersetzt. Da es sich um die Speicherung eines Programmes handelt, sollte die Diskette das DOS-Betriebssystem enthalten (vgl. Abschnitt 11.3).

> **Das Inhaltsverzeichnis der neuen Diskette läßt sich im BASIC-Modus mit Hilfe des folgenden Kommandos ausgeben:**
>
>   FILES [↵]

Ist die Diskette neu formatiert und enthält sie das DOS-Betriebssystem, wird folgendes ausgegeben:

    COMMAND.COM

Dies ist der Name der Datei, die alle DOS-Kommandos enthält. Anschließend meldet sich BASIC wieder bereit mit Hilfe des BASIC-Bereitschaftszeichens

    OK.

Weitere Dateien sind somit nicht auf der Diskette enthalten.

> **Das Kommando zum Speichern eines BASIC-Programmes auf die im Laufwerk A eingelegte Diskette lautet allgemein:**
>
>   SAVE "Dateiname" [↵]

Das Schlüsselwort "SAVE" kann durch Drücken einzelner Buchstabentasten eingegeben werden, aber auch kurz mit Hilfe der Funktionstaste [F4] (siehe Abschnitt 7.3). Die Wahl des Dateinamens unterliegt gewissen Regeln, auf die schon genauer eingegangen wurde (siehe 11.6). Er dient zur Unterscheidung der Dateien auf der Diskette und muß daher stets eindeutig verwendet werden.

Beispiel:

In diesem Beispiel wird der Name ADD für das im Systemlaufwerk zu speichernde Additionsprogramm verwendet, so daß sich folgendes Kommando ergibt:

    SAVE"ADD" [↵]

läßt man sich nun erneut das Dateiinhaltsverzeichnis mit Hilfe des Kommandos

FILES ⏎

ausgeben, so ergibt sich folgendes Bild:

```
COMMAND.COM    ADD.BAS
```

Die neue Datei ist somit im Inhaltsverzeichnis enthalten. Dies bedeutet, daß die Speicherung erfolgreich war. Wie die Ausgabe des Dateiinhaltsverzeichnisses weiter zeigt, wurde zum Dateinamen ADD vom Mikrocomputer automatisch der Datei- Ergänzungsname BAS hinzugefügt, um anzuzeigen, daß es sich um ein BASIC-Programm handelt. Anschließend erscheint wieder das BASIC-Systembereitschaftszeichen OK.

11.8 Laden von BASIC-Programmen von der Diskette in den Arbeitsspeicher

Um zu demonstrieren, wie ein BASIC-Programm von einer Diskette in den Arbeitsspeicher geladen wird, wird die Diskette dem Diskettenlaufwerk entnommen und der Mikrocomputer ausgeschaltet. Dies ist der Zustand, mit dem häufig begonnen wird. Das BASIC-Programm wird in folgenden Schritten geladen:

Schritt 1:

Möchte man nach dem Ladevorgang weiter in BASIC arbeiten, muß man den BASIC-Interpreter zunächst mit Hilfe der landesspezifischen Systemdiskette wie bekannt aufrufen bzw. laden (siehe Abschnitt 11.4).

Schritt 2:

Wenn das BASIC-Bereitschaftszeichen OK erscheint, wird die landesspezifische Diskette dem Diskettenlaufwerk A entnommen und durch die Diskette ersetzt, auf der sich das BASIC-Anwenderprogramm befindet (z.B. das Programm ADD.BAS).

Schritt 3:

Mit Hilfe des Kommandos

FILES ⏎

wird das Dateiinhaltsverzeichnis ausgegeben und daran überprüft, ob sich das Anwenderprogramm auch tatsächlich auf der Diskette befindet. In der ausgegebenen Liste der Dateinamen muß der Dateiname enthalten sein, den das Anwenderprogramm besitzt.

Schritt 4:

Zur Prüfung, ob der Arbeitsspeicherinhalt wirklich leer ist, kann das Kommando

LIST ⏎

eingegeben werden. Ist der Arbeitsspeicher leer, wird sofort das BASIC-Bereitschaftszeichen OK ausgegeben (siehe Abschnitt 7.3). Ist dies nicht der Fall, sollte der Arbeitsspeicher mit Hilfe des Kommandos

NEW ⏎

gelöscht werden (vgl. Abschnitt 7.3).

Schritt 5:

> **Das Ladekommando von der Diskette in den Arbeitsspeicher lautet allgemein:**
>
> LOAD"Dateiname" [↵]

Das Schlüsselwort "LOAD" kann durch Drücken einzelner Buchstabentasten eingegeben werden, aber auch kurz mit Hilfe der Funktionstaste [F3] (vgl. Abschnitt 7.3). Anschließend ist der Dateiname der Datei einzugeben, die von der Diskette in den Arbeitsspeicher geladen werden soll.

Beispiel:
In dem angesprochenen Beispiel lautet das Lade-Kommando

LOAD"ADD" [↵]

Der Dateiergänzungsname kann entfallen, wenn es sich um ein BASIC-Programm handelt. Die Laufwerkangabe kann ebenfalls entfallen, wenn, wie in diesem Fall, das Systemlaufwerk A benutzt wird.

Nach erfolgtem Laden meldet sich BASIC wieder bereit mit Hilfe des Bereitschaftszeichens OK.

Das Programm kann anschließend sofort mit Hilfe des Kommandos

RUN [↵]

gestartet oder, falls Änderungen notwendig sind, korrigiert werden usw.

11.9 Umbenennen von gespeicherten Dateien auf einer Diskette

> **Vielfach kommt es vor, daß man den Dateinamen einer Datei auf einer Diskette ändern möchte. Dies erreicht man mit Hilfe des Kommandos:**
>
> NAME"Alter Dateiname"AS"Neuer Dateiname" [↵]

Beispiel:
In diesem Fall soll z.B. folgende Umbenennung erfolgen:

NAME"ADD.BAS" AS "ADDITION.BAS" [↵]

Gibt man in diesem Falle den Dateiergänzungsnamen BAS nicht an, wird die Fehlermeldung

FILE NOT FOUND

ausgegeben.

Die Namensänderung kann überprüft werden, indem man sich das Inhaltsverzeichnis mit Hilfe des Kommandos

FILES ⏎

ausgeben läßt. Es wird folgendes ausgegeben:

COMMAND.COM　　ADDITION.BAS.

Damit ist nachgewiesen, daß die alte Datei ADD.BAS in ADDITION.BAS umbenannt wurde.

11.10　Löschen von auf einer Diskette vorhandenen Dateien

Möchte man nicht mehr benötigte Dateien auf einer Diskette löschen, so läßt sich dies mit Hilfe des Kommandos

KILL"Dateiname" ⏎

erreichen.

Auch hier muß der Dateiergänzungsname BAS mit angegeben werden.

Beispiel:

In unserem Beispiel soll das Kommando

KILL"ADDITION.BAS" ⏎

eingegeben werden.

Nach dem Löschvorgang meldet sich BASIC wieder mit dem Bereitschaftszeichen OK.

Zur Überprüfung des Löschvorgangs wird wieder das Inhaltsverzeichnis der Diskette ausgegeben, d.h. das Kommando

FILES ⏎

eingegeben. Die Datei ADDITION.BAS erscheint nicht mehr im Dateiinhaltsverzeichnis. Sie wurde somit von der Diskette gelöscht.

11.11　Benutzung einer Programm-Diskette in Laufwerk B

Es soll der *gleiche* Ablauf wie vorher gewählt werden (Abschnitt 11.5 bis 11.10), nur mit dem Unterschied, daß sich die Diskette, auf der das Programm gespeichert werden soll, permanent im Laufwerk B befindet. Die Kommandofolge ist dann:

- BASIC laden und Programm ADD erstellen (wie in Abschnitt 11.5 beschrieben).
- FILES"B:*.*" ⏎　　　　　　　　　(Dateiinhaltsverzeichnis ausgeben)
- SAVE"B:ADD" ⏎　　　　　　　　　(Programm auf der Diskette in Laufwerk B speichern)
  Mikrocomputer abschalten und BASIC neu laden.
- FILES"B:*.*" ⏎
- LIST ⏎
- LOAD"B:ADD" ⏎　　　　　　(Programm laden)
- RUN ⏎　　　　　　　　　　(Programm laufen lassen)

- NAME"B:ADD.BAS"AS"B:ADDITION.BAS" ⏎   (Programm umbenennen)
- FILES"B:*.*"
- KILL"B:ADDITION.BAS"   (Programm löschen)
- FILES"B:*.*"

Man erkennt, daß den Dateinamen die Laufwerkangabe B, getrennt durch einen Doppelpunkt, vorangestellt werden muß. Falls weitere Fragen zum Aufbau der BASIC-Disketten Kommandos auftreten, hilft die folgende Zusammenstellung weiter.

11.12 Liste der Disketten-BASIC-Kommandos

Nr.	Kommando	Erläuterung
11.12.1	FILES	Das Kommando FILES zeigt das Dateiinhaltsverzeichnis einer Diskette an. Allgemeine Form: FILES "Datei(gruppen)name" ⏎ Fehlt der Datei(gruppen)name, so werden alle Dateinamen der Diskette im Systemlaufwerk A aufgelistet. Die Laufwerkangabe gehört zum Dateinamen. Sie kann entfallen, wenn das Systemlaufwerk A benutzt wird. **Beispiele:** FILES ⏎ Mit Hilfe dieses Kommandos werden alle Dateinamen der Diskette im Systemlaufwerk A aufgelistet. FILES"*.BAS" Mit Hilfe dieses Kommandos werden alle Dateinamen mit dem Ergänzungsnamen BAS der Diskette im Systemlaufwerk A aufgelistet. FILES"B:*.*" Mit Hilfe dieses Kommandos werden alle Dateinamen der Diskette im Laufwerk B aufgelistet.
11.12.2	LOAD	Mit Hilfe des Kommandos LOAD wird ein *Programm* von einer Diskette (auch Kassette) in den Arbeitsspeicher des Mikrocomputers geladen. Allgemeine Form: LOAD"Dateiname" ⏎ Wird zum Dateinamen kein Laufwerk angegeben, wird angenommen, daß sich die Datei auf einer Diskette im Systemlaufwerk A befindet.

		Besitzt der Dateiname keinen Ergänzungsnamen, so wird die Ergänzung .BAS für BASIC-Programm angefügt. Möchte man das Programm nach dem Laden gleich ausführen lassen, so kann man dies durch Anhängen eines R wie folgt erreichen: LOAD"Dateiname", R ↵ Das R steht für das Kommando RUN. Dieses Kommando ist auch geeignet, Programme oder Segmente eines Programmes zu verketten. Beispiel: LOAD"B:RECHN.BAS",R Das Programm RECHN.BAS, das sich auf einer Diskette in Laufwerk B befindet, wird in den Hauptspeicher gebracht und ausgeführt.
11.12.3	SAVE	Mit Hilfe des Kommandos SAVE wird ein im Arbeitsspeicher des Mikrocomputers gespeichertes Programm auf einer Diskette (Kassette) gespeichert. Allgemeine Form: SAVE"Dateiname" ↵ Wird zum Dateinamen kein Laufwerk angegeben, wird angenommen, daß das Programm auf der Diskette im Systemlaufwerk A gespeichert werden soll. Besitzt der Dateiname keinen Ergänzungsnamen, so wird die Ergänzung .BAS für BASIC-Programme angehängt. Ist auf der Diskette schon eine Datei mit dem gleichen Namen vorhanden, wird diese Datei durch die neue Datei überschrieben. Das SAVE-Kommando kann auch einen *Anhang* bekommen. Der Anhang ist mit Hilfe eines Kommas vom beschriebenen SAVE-Kommando zu trennen. Anhang A Durch anhängen des Buchstaben A wird die im SAVE-Kommando angegebene Datei im ASCII-Bode gespeichert. Ohne diesen Anhang werden die BASIC-Programme in einem *komprimierten* Binärformat gespeichert. In einigen Fällen ist die Speicherung im ASCII-Code unbedingt erforderlich.

		Anhang P Durch Anhang des Buchstaben P kann die im SAVE-Kommando angegebene Datei geschützt (engl. protect, d.h. schützen) gespeichert werden. Man kann derartige Programme laden und ablaufen lassen, aber nicht mit LIST oder EDIT zur Anzeige bringen.
		Beispiel: SAVE"B:BSP1.BAS",P ⏎ Das Programm BSP1. BAS wird aus dem Arbeitsspeicher auf die Diskette in Laufwerk B gebracht und dort geschützt gespeichert.
11.12.4	**NAME**	Mit Hilfe des Kommandos NAME wird eine Datei auf einer Diskette umbenannt. Allgemeine Form: **NAME"Alter Dateiname" AS "Neuer Dateiname"** ⏎ Wird zum Dateinamen kein Laufwerk angegeben, wird angenommen, daß sich die umzubenennende Datei auf einer Diskette im Systemlaufwerk A befindet. Der Dateiergänzungsname .BAS ist hier stets mit anzufügen, da das Kommando NAME auch für andere Dateitypen benutzt werden kann. **Beispiel:** NAME "B:TEST.BAS" AS "B:BSP.BAS" ⏎ Die Datei TEST.BAS, die sich auf einer Diskette in Laufwerk B befindet, erhält den Dateinamen BSP.BAS.
11.12.5	**KILL**	Mit Hilfe des Kommandos KILL wird eine Datei von einer Diskette gelöscht. Allgemeine Form: **KILL"Dateiname"** ⏎ Wird zum Dateinamen kein Laufwerk angegeben, wird angenommen, daß sich die zu löschende Datei auf einer Diskette im Systemlaufwerk A befindet. Der Dateiergänzungsname .BAS ist stets mit anzufügen, da das Kommando KILL für alle Dateitypen mit anderen Ergänzungsnamen benutzt werden kann. **Beispiel:** KILL"B:TEST.BAS" Es wird die Datei TEST.BAS, die sich auf einer Diskette in Laufwerk B befindet, gelöscht.

12 Das DOS-Betriebssystem

Das DOS-Betriebssystem befindet sich auf der erstellten landesspezifischen DOS-Systemdiskette (vgl. Abschnitt 11.2).

DOS ist eine Kurzschreibweise für „Disk Operating System", d.h. Disketten-Betriebssystem. Dies weist auf die Hauptaufgabe dieses Betriebssystems hin. Das DOS-Betriebssystem bietet weit mehr mögliche Diskettenoperationen als das Disketten-BASIC mit den Kommandos

SAVE zum Speichern von Programmen auf Disketten (vgl. Abschnitt 11.12.3),

LOAD zum Laden von Programmen von Disketten in den Arbeitsspeicher (vgl. Abschnitt 11.12.2),

FILES zur Ausgabe des Dateiinhaltsverzeichnisses von Disketten (vgl. Abschnitt 11.12.1),

KILL zum Löschen von Dateien auf Disketten (vgl. Abschnitt 11.12.5) und

RENAME zum Umbenennen von Dateinamen auf Disketten (vgl. Abschnitt 11.12.4).

12.1 Einführung in die wichtigsten DOS-Kommandos

Man unterscheidet bei dem DOS-Betriebssystem zwischen

- dauerhaft im Arbeitsspeicher gespeicherten Kommandos (built in commands, d.h. eingebaute, residente Kommandos) und
- von der DOS-Systemdiskette ladbare Kommandos (transient commands, d.h. flüchtige Kommandos).

Die dauerhaft im Arbeitsspeicher gespeicherten Kommandos werden beim Starten des DOS-Betriebssystems (Abschnitt 12.2) in den Arbeitsspeicher des IBM PC übertragen. Aus diesem Grunde muß die Arbeitsspeicher-Kapazität ausreichend sein (mindestens 32 Kbyte, vgl. Abschnitt 11.1).

Der Vorteil der dauerhaft gespeicherten DOS-Kommandos besteht darin, daß diese Kommandos *sofort ausgeführt* werden können, während die von der DOS-Systemdiskette ladbaren Kommandos zunächst von der Diskette in den Arbeitsspeicher des Mikrocomputers geladen werden müssen und erst *anschließend ausgeführt* werden können.

Umfangreiche und seltener benutzte Kommandos werden aber dennoch in Form von ladbaren Kommandos auf der Systemdiskette gespeichert, um wertvollen Arbeitsspeicher nur dann zu belegen, wenn es erforderlich ist.

Ein weiterer Nachteil der ladbaren DOS-Kommandos besteht darin, daß zur Nutzung dieser Kommandos die Systemdiskette dauernd im Systemlaufwerk A liegen muß. Dies ist für die dauerhaft im Arbeitsspeicher gespeicherten Kommandos nicht erforderlich.

Das DOS-Betriebssystem besitzt 5 wichtige dauerhaft gespeicherte Kommandos sowie 7 wichtige ladbare Kommandos, deren Aufgaben im folgenden Abschnitt kurz umrissen werden.

12.1.1 Dauerhaft im Arbeitsspeicher gespeicherte DOS-Kommandos

Nr.	Kommando	Kurzerläuterung	Aufgabe des Kommandos
1	DIR	engl.: Directory, d.h. hier: Dateiinhaltsverzeichnis ausgeben.	Mit Hilfe des DIR-Kommandos kann ermittelt werden, ob auf einer Diskette *bestimmte Dateien* vorhanden sind. Es können auch *Listen von Dateinamen* zusammengestellt werden, z.B. für spezielle Dateitypen bzw. Dateigruppen, die sich auf einer Diskette befinden. Außerdem lassen sich auch *alle Dateinamen* von den Dateien ausgeben, die sich auf einer Diskette befinden. Somit kann man dieses Kommando auch dazu benutzen, ein Dateiinhaltsverzeichnis von Disketten ausgeben zu lassen. Dieses Kommando wird ausführlich in Abschnitt 12.3 behandelt.
2	ERASE	engl.: Erase, d.h. hier: Löschen von Dateien.	Mit Hilfe des ERASE-Kommandos können vorhandene benannte Dateien auf der Diskette gelöscht werden. Dieses Kommando wird ausführlich in Abschnitt 12.11 behandelt.
3	RENAME	engl.: Rename, d.h. hier: Umbenennen von Dateien.	Mit Hilfe des RENAME-Kommandos können vorhandene Dateinamen umbenannt werden. Dieses Kommando wird ausführlich in Abschnitt 12.12 behandelt.
4	COPY	engl.: Copy, d.h. hier: kopieren, duplizieren von Dateien.	Mit Hilfe des COPY-Kommandos können vorhandene benannte Dateien auf ein und dieselbe Diskette oder auf eine andere Diskette im gleichen oder einem anderen Laufwerk kopiert (dupliziert) werden. Dieses Kommando wird ausführlich in Abschnitt 12.6 behandelt.
5	TYPE	engl.: Type, d.h. hier: Ausgabe von Dateiinhalten auf dem Bildschirm bzw. Drucker.	Mit Hilfe des TYPE-Kommandos können Dateiinhalte von vorhandenen Dateien auf dem Bildschirm ausgegeben werden. Die Anfertigung einer Bildschirmkopie auf dem Drucker ist ebenfalls möglich. Dieses Kommando wird ausführlich in Abschnitt 12.9 behandelt.

Mit Hilfe dieser elementaren Kommandos kann man

- ermitteln, ob eine gewünschte Datei auf einer Diskette vorhanden ist (DIR),
- Dateiinhalte von der Diskette auf den Bildschirm bringen und somit sichtbar machen (TYPE),
- Dateien kopieren (COPY) bzw. umbenennen (RENAME) und,
- falls bestimmte Dateien nicht mehr benötigt werden, diese löschen (ERASE).

Drei Disketten-BASIC-Kommandos weisen die gleiche Funktion auf wie drei dieser elementarsten DOS-Kommandos.

Disketten-BASIC Kommando	DOS-Kommando-Entsprechung	Aufgabe
FILES	DIR	Dateiinhaltsverzeichnis ausgeben.
KILL	ERASE	Löschen von Dateien.
NAME	RENAME	Umbenennung von Dateien.

Es ist durchaus zweckmäßig, diese Kommandos doppelt zur Verfügung zu haben. Werden BASIC-Programme im Disketten-BASIC erstellt, entfällt für diese häufig vorkommenden Aufgaben eine sonst notwendige Umschaltung vom BASIC-Modus auf das DOS-Betriebssystem (vgl. Kapitel 12.13).

12.1.2 Wichtige von der DOS-Systemdiskette ladbare Kommandos

Diese Kommandos müssen als Dateien auf der Systemdiskette in Maschinensprache vorhanden sein, damit sie nach Aufruf in den Arbeitsspeicher geladen und sofort ausgeführt werden können.

Einen Überblick über wichtige ladbare DOS-Kommandos gibt folgende Aufstellung:

Nr.	Kommando	Kurzform für	Aufgabe des Kommandos
1	EDLINE	engl.: editing line, d.h. editieren von Zeilen.	Mit Hilfe des EDLINE-Kommandos können neue Dateien erzeugt (generiert) und alte Dateien geändert bzw. ergänzt werden. Editieren heißt soviel wie: redigieren, verfassen, überarbeiten, ergänzen, kürzen. Dieses Kommando wird ausführlich in Abschnitt 12.5 behandelt.
2	CHKDSK	engl.: check disk, d.h. prüfen von Disketten.	Mit Hilfe des CHKDSK-Kommandos kann der Zustand (Status) des Systems angezeigt werden. Dazu gehört auch die Ermittlung des freien Speicherplatzes auf Disketten sowie des benötigten Speicherplatzes für bestimmte Dateien auf der Diskette. Ähnliches gilt für den Arbeitsspeicher. Dieses Kommando wird ausführlich in Abschnitt 12.4 behandelt.

3	DISKCOPY	engl.: diskcopy, d.h. Diskette kopieren.	Mit Hilfe des DISKCOPY-Kommandos läßt sich der gesamte Inhalt einer Diskette auf eine andere Diskette kopieren. Dies wäre auch mit Hilfe des arbeitsspeicherresidenten COPY-Kommandos möglich. Der Kopiervorgang ist jedoch bei DISKCOPY kürzer. Vielfach werden auf diese Weise Sicherheitskopien angefertigt, um bei Verlust bzw. Zerstörung einer Diskette ein Duplikat zu haben. Dieses Kommando wird ausführlich in Abschnitt 12.7 behandelt.
4	SYS	engl.: System, d.h. System.	Mit Hilfe des SYS-Kommandos kann eine Kopie des DOS-Betriebssystems auf einer anderen Diskette gespeichert werden. Dies ist mit dem COPY-Kommando nicht möglich, da das DOS-Betriebssystem nicht nur aus ladbaren Kommandos besteht (Dateien). Auf speziellen Spuren der Diskette stehen wesentliche Bestandteile des DOS-Betriebssystems, die sich nur mit Hilfe des SYS-Kommandos kopieren lassen. Eine ausführliche Behandlung dieses Kommandos finden Sie in Abschnitt 12.8. Das Kopieren des DOS-Betriebssystems ist allerdings nur nötig, wenn man bei dem Formatieren der Disketten das DOS-Betriebssystem nicht mit übertragen hat (vgl. Abschnitt 11.3).
5	FORMAT	Formatieren von Disketten.	Mit Hilfe des FORMAT-Kommandos kann eine fabrikneue Diskette formatiert werden. Dieser Vorgang wurde ausführlich in Abschnitt 11.3 besprochen.
6	COMP	engl.: compare, d.h. vergleichen von Dateien.	Mit Hilfe dieses Kommandos kann der Inhalt von Dateien verglichen werden. Dies wird vielfach nach dem Kopieren gemacht, um zu prüfen, ob die Kopie mit dem Original übereinstimmt oder sich Übertragungsfehler eingeschlichen haben.
7	DISKCOMP	engl.: disk compare, d.h. Disketten vergleichen.	Mit Hilfe dieses Kommandos kann der Inhalt von zwei Disketten verglichen werden. Dies wird vielfach nach dem Kopieren ganzer Disketten gemacht, um zu prüfen, ob die Kopie mit dem Original übereinstimmt oder sich Übertragungsfehler eingeschlichen haben.

12.2 Starten des DOS-Betriebssystems

12.2.1 Einlegen der DOS-Betriebssystemdiskette

Die DOS-Betriebssystemdiskette wird in das Laufwerk A der Systemeinheit eingelegt (siehe Bild 11.1). Das Einlegen der Betriebssystemdiskette in das Diskettenlaufwerk wurde in Abschnitt 11.2.1 ausführlich beschrieben. Für die Behandlung von Disketten gilt das in Abschnitt 2.6.4 gesagte.

Ist die Schreibschutzkerbe *nicht* überklebt, können von der DOS-Betriebssystemdiskette nicht nur Daten gelesen, sondern auch Daten auf der DOS-Betriebssystemdiskette gespeichert werden.

12.2.2 Kaltstart des IBM PC

> **Allein durch das Einschalten des IBM PC wird das DOS-Betriebssystem gestartet.**

Der Benutzer wird aufgefordert, das gegenwärtige Datum und die Uhrzeit einzugeben (vgl. Abschnitt 11.2.2 Schritt 6 und 7 bzw. Abschnitt 11.4 Punkt 1 bis 3).

Nach diesen Eingaben (die auch durch Betätigung der Eingabetaste ↵ übergangen werden können, so daß dann das alte Datum und die alte Uhrzeit gilt) erscheint zusammen mit einem Hinweis auf die DOS-Version die DOS-Systembereitschaftmeldung

A >

auf dem Bildschirm (vgl. Abschnitt 11.4 Punkt 3).

Dieser ganze Vorgang dauert je nach Ausbau des Arbeitsspeichers bis zu ca. 1 1/2 Minuten.

Die DOS-Systembereitschaftsmeldung A > (engl.: System prompt) zeigt an, daß das DOS-Betriebssystem bereit ist, DOS-Kommandos, wie sie z.B. in Abschnitt 12.1.1 bzw. 12.1.2 beschrieben wurden, aufzunehmen.

Außerdem zeigt das Systembereitschaftszeichen an, daß das Diskettenlaufwerk A gerade zugeschaltet (aktiv) ist.

> **Startet man das DOS-Betriebssystem in der geschilderten Weise, so nennt man das einen Kaltstart (engl.: cold start, cold boot, bootstrap operation). Es ist das Starten des DOS-Betriebssystems vom niedrigsten Systemzustand, d.h. vom noch nicht eingeschalteten quasi „kalten" Mikrocomputer.**

Dies bringt auch der Ausdruck „bootstrap" (d.h.: sich selbst an den Haaren hochziehen) zum Ausdruck, denn das DOS-Betriebssystem startet sich nach dem Einschalten „selbst".

12.2.3 Warmstart des IBM PC

Während der Arbeit mit dem Mikrocomputer können möglicherweise durch fehlerhafte Eingaben oder Fehler im System Dinge vorkommen, die einen neuen Start des DOS-Betriebssystems bedingen, um wieder zu einer definierten Ausgangslage zu kommen.

Ein Ausschalten des IBM PC und ein neuer Kaltstart ist vielfach zu umständlich und zeitaufwendig.

Aus diesem Grunde ist auch ein Neustart des DOS-Betriebssystems vom eingeschalteten, quasi „warmen" Zustand möglich (daher „Warmstart").

> **Den Warmstart des IBM PC erreicht man durch gleichzeitiges Drücken der Tasten**
>
> **[Ctrl]** und **[Alt]**
>
> **und anschließendem Drücken der Taste**
>
> **[Del]**

Nach kurzer Zeit erscheint nach Drücken dieser Tasten das Systembereitschaftszeichen A >.

Anschließend kann ein DOS-Kommando eingegeben werden. Die wichtigsten DOS-Kommandos sollen im Folgenden ausführlicher besprochen werden.

12.3 Das DIR-Kommando

12.3.1 Aufgaben des DIR-Kommandos

Das DIR-Kommando ist nach dem Laden des DOS-Betriebssystems dauerhaft im Arbeitsspeicher des Mikrocomputers gespeichert. Die DOS-Systemdiskette muß bei Verwendung dieses Kommandos somit nicht ständig im Systemlaufwerk A liegen.

> **Das DIR-Kommando hat insbesondere die Aufgabe, dem Benutzer des Mikrocomputers Auskunft darüber zu geben, welche Dateien bzw. Dateigruppen auf der Diskette gespeichert sind (Ausgabe des Dateiinhaltsverzeichnisses einer Diskette auf dem Bildschirm).**

Diese Auskunft benötigt der Benutzer vielfach, z. B.:
— wenn unbekannt ist, welche Dateien auf einer Diskette enthalten sind,
— um zu prüfen, ob nach einem Löschkommando für bestimmte Dateien diese auch tatsächlich gelöscht wurden,
— um zu prüfen, ob nach einem Kopierkommando für bestimmte Dateien diese Dateien auch tatsächlich kopiert wurden,
— oder um zu prüfen, ob eine neu erzeugte Datei nach dem Speicherkommando SAVE tatsächlich auf der Diskette gespeichert wurde usw.

Zu diesen und anderen Zwecken wird beim Speichern von Dateien auf einer Diskette automatisch der Dateiname im Dateiinhaltsverzeichnis (engl.: <u>directory</u>) abgelegt, in dem dadurch alle Dateinamen aufgeführt sind, die sich auf der Diskette befinden.

12.3.2 Die allgemeine Form des DIR-Kommandos

Mit Hilfe des DIR-Kommandos können Dateinamen, die im Dateiinhaltsverzeichnis der Diskette enthalten sind, auf dem Bildschirm ausgegeben werden.

> **Die allgemeine Form des DIR-Kommandos ist:**
>
> **DIR ␣ Laufwerksangabe: Datei(gruppen)name[↵]**

Dabei ist:

DIR	Schlüsselwort des Kommandos.
Laufwerks-angabe	Da die Disketten in verschiedenen Laufwerken liegen können (z.B. Laufwerk A oder B), muß im DIR-Kommando festgelegt werden, von welcher Diskette in welchem Laufwerk das Datei-inhaltsverzeichnis auszugeben ist. Ist das Dateiinhaltsverzeichnis von einer Diskette im Systemlaufwerk A zu erstellen, *kann* die Laufwerksangabe A entfallen.
Datei-(gruppen-)name	Möchte man nur wissen, ob bestimmte Dateien oder Dateigruppen auf der Diskette vorhanden sind, so sind die entsprechenden Dateinamen bzw. Dateigruppennamen einzugeben. Möchte man das *gesamte* Inhaltsverzeichnis ausgegeben haben, *kann* der Dateigruppenname *.* für *alle* Dateien entfallen. Für die Wahl des Dateinamens bzw. Dateigruppennamens gilt das in Abschnitt 11.6 gesagte.

Beispiel 12.1

Es soll das Dateiinhaltsverzeichnis der DOS-Systemdiskette, die sich im Laufwerk A befindet, ausgegeben werden.

```
A>dir                                            ↕ Kommando
COMMAND   COM     4959   5-07-82   12:00p
FORMAT    COM     3816   5-07-82   12:00p
CHKDSK    COM     1720   5-07-82   12:00p
SYS       COM      605   5-07-82   12:00p
DISKCOPY  COM     2008   5-07-82   12:00p
DISKCOMP  COM     1640   5-07-82   12:00p
COMP      COM     1649   5-07-82   12:00p
EXE2BIN   EXE     1280   5-07-82   12:00p
MODE      COM     2509   6-18-82    1:48p
EDLIN     COM     2392   5-07-82   12:00p
DEBUG     COM     5999   5-07-82   12:00p
LINK      EXE    41856   5-07-82   12:00p
BASIC     COM    11392   5-07-82   12:00p          Ausgabe
BASICA    COM    16768   5-07-82   12:00p
KBFGM     BAS     3840   8-16-82    3:27p
GRAFTABL  COM     1091   8-15-82    2:12p
KEYBUK    COM     1792   6-24-82    1:45p
KEYBIT    COM     1792   6-24-82    1:45p
WTDATIM   COM     1544   9-07-82    3:28p
KEYBSP    COM     1792   6-24-82    1:46p
KEYBFR    COM     1947   9-03-82    8:43a
KEYBGR    COM     1835   8-06-82    8:14a
AUTOEXEC  BAT      128   1-01-80   12:05a
        23 File(s)
```

Dies sind somit alle DOS-Systemkommandos, die von der Systemdiskette in den Hauptspeicher *ladbar* sind. Man erkennt insbesondere die beiden BASIC-Interpreter mit den Dateinamen BASIC.COM (Disketten BASIC) und BASICA.COM (erweitertes BASIC). Die Ausgabe ist wie folgt aufgebaut:

— Für jede Datei wird eine Bildschirmzeile reserviert.
— In dieser Zeile steht der Dateihauptname und, falls vorhanden, der Dateiergänzungsname (vgl. Abschnitt 11.6.3 und 11.6.4).
— Anschließend folgt eine Zahl, die die auf der Diskette benötigte Speicherkapazität der Datei in Byte angibt.
— Dann folgt das Datum und die Uhrzeit, die der Datei zuletzt zugeordnet wurde.
— Weiterhin erkennt man, daß die Systemdateien IBMBIO.COM and IBMDOS.COM nicht im Inhaltsverzeichnis aufgeführt werden. Man spricht von „versteckten Dateien" (vgl. Abschnitt 12.4.3). Sie befinden sich auf reservierten Spuren der Diskette. Die Daten sind somit nicht direkt zugänglich wie die Daten in „normalen" Dateien.

Beispiel 12.2

Möchte man alle COM-Dateien der Systemdiskette im Laufwerk A auflisten, so gibt man das Kommando:

```
A>DIR *.COM                                               Kommando
COMMAND   COM      4959    5-07-82   12:00p
FORMAT    COM      3816    5-07-82   12:00p
CHKDSK    COM      1720    5-07-82   12:00p
SYS       COM       605    5-07-82   12:00p
DISKCOPY  COM      2008    5-07-82   12:00p
DISKCOMP  COM      1640    5-07-82   12:00p
COMP      COM      1649    5-07-82   12:00p
MODE      COM      2509    6-18-82    1:48p
EDLIN     COM      2392    5-07-82   12:00p
DEBUG     COM      5999    5-07-82   12:00p
BASIC     COM     11392    5-07-82   12:00p      Ausgabe
BASICA    COM     16768    5-07-82   12:00p
GRAFTABL  COM      1091    8-15-82    2:12p
KEYBUK    COM      1792    6-24-82    1:45p
KEYBIT    COM      1792    6-24-82    1:45p
WTDATIM   COM      1544    9-07-82    3:28p
KEYBSP    COM      1792    6-24-82    1:46p
KEYBFR    COM      1947    9-03-82    8:43a
KEYBGR    COM      1835    8-06-82    8:14a
         19 File(s)
A>
```

Beispiel 12.3

Folgendes Kommando führt zu der darauf folgenden Ausgabe auf dem Bildschirm:

```
A>DIR EDLIN                                               Kommando
EDLIN     COM      2392    5-07-82   12:00p
          1 File(s)                                       Ausgabe
```

Dieses Beispiel macht deutlich, daß der Dateiergänzungsname COM im DIR-Kommando nicht angegeben werden *muß*. Er kann jedoch mit angegeben werden. Dies gilt nicht nur für Dateinamen mit dem Dateiergänzungsname COM, sondern für alle Dateiergänzungsnamen. Dadurch wird der Aufwand bei der Eingabe verringert.

12.3.3 Fehlermeldungen

Wenn das DIR-Kommando formal falsch eingegeben wird (Syntaxfehler) oder wenn die Voraussetzungen zur Ausführung nicht erfüllt sind, werden Fehlermeldungen ausgegeben.

Beispiel 12.4

Folgendes Kommando führt zu der darauf folgenden Ausgabe auf dem Bildschirm:

```
A>DIR ED          Kommando
File not found    Ausgabe
```

Der Dateihauptname darf nicht weiter abgekürzt werden (z.B. ED anstelle von EDLIN). Es wird die Fehlermeldung „Datei nicht gefunden" (engl.: file not found) ausgegeben, da eine Datei mit dem Namen ED nicht auf der Diskette im Laufwerk A vorhanden ist.

Beispiel 12.5

Folgendes Kommando führt zu der darauf folgenden Ausgabe auf dem Bildschirm:

```
A>DIRBASIC.COM            Kommando
Bad command or file name  Ausgabe
```

Es fehlt das trennende Leerzeichen zwischen DIR und BASIC.COM. Der Mikrocomputer kann mit der Zeichenfolge nichts anfangen, denn es gibt weder ein Kommando noch eine Datei mit dieser Zeichenfolge. Daher wird die Fehlermeldung „Bad command or file name" (falsches Kommando oder Dateiname) ausgegeben.

Beispiel 12.6

Im Laufwerk B möge keine Diskette liegen. Folgendes Kommando führt zu der darauf folgenden Ausgabe auf dem Bildschirm:

```
A>DIR B:                          Kommando

Not ready error reading drive B
Abort, Retry, Ignore? A           Ausgabe

A>
```

Die Fehlermeldung besagt, daß das Laufwerk B noch nicht fertig ist. Anschließend folgt die Frage: engl.: Abort, d.h. Abbruch, engl.: Retry, d.h. Neuer Versuch, engl.: Ignore, d.h. Ignorieren?

In *diesem* Fall wurde ein A für „Abort" (Abbruch) eingegeben. Es wird darauf das DOS-Systembereitschaftszeichen A > ausgegeben, d.h. man kann andere DOS-Kommandos eingeben.

Man kann jedoch auch eine Diskette einlegen und anschließend die R-Taste (R für engl. retry, d.h. neuer Versuch) drücken. Dann wird das vorher eingegebene Kommando noch einmal ausgeführt. Liegt inzwischen eine Diskette im Laufwerk B, wird das Inhaltsverzeichnis der darin liegenden Diskette ausgegeben.

12.3.4 Bildschirmausgabesteuerung

Auf einer Diskettenseite können pro Seite maximal 64 Dateien gespeichert werden (vgl. Abschnitt 11.6.1). Wenn mehr als 25 Dateien auf einer Diskette enthalten sind, werden bei der besprochenen Ausgabe auf dem Bildschirm die ersten Dateien oben aus dem Bildschirm „wegrollen", während die nächsten Dateien von unten in den Bildschirm „hineinrollen". Dies ist zum Lesen des Dateiinhaltsverzeichnisses natürlich nicht günstig.

> Mit Hilfe von zwei Parametern läßt sich die Bildschirmausgabe so steuern, daß auch bei mehr als 25 Dateien pro Diskettenseite stets in Ruhe das Disketteninhaltsverzeichnis betrachtet werden kann.

> Mit Hilfe des Parameters/P wird die Bildschirmausgabe angehalten, wenn alle Bildschirmzeilen gefüllt sind.

Wenn man mit der Bildschirmausgabe fortfahren möchte, muß eine beliebige Taste gedrückt werden. Es wird eine neue „Bildschirmseite" ausgegeben und diese wieder so lange angezeigt, bis eine beliebige Taste gedrückt wird usw.

Beispiel 12.7
DIR /P ↵

> Mit Hilfe des Parameters/W wird das Dateiinhaltsverzeichnis komprimierter dargestellt. Auf die Ausgabe der Speicherkapazität, Datum und Uhrzeit zu jeder Datei wird verzichtet. Dafür werden jetzt 5 Dateinamen pro Zeile ausgegeben.

Beispiel 12.8
Komprimierte Darstellung der Ausgabe von Beispiel 12.1.

```
A >DIR /W
COMMAND    COM  FORMAT   COM  CHKDSK    COM  SYS       COM  DISKCOPY  COM
DISKCOMP   COM  COMP     COM  EXE2BIN   EXE  MODE      COM  EDLIN     COM
DEBUG      COM  LINK     EXE  BASIC     COM  BASICA    COM  KBPGM     BAS
GRAFTABL   COM  KEYBUK   COM  KEYBIT    COM  WTDATIM   COM  KEYBSP    COM
KEYBFR     COM  KEYBGR   COM  AUTOEXEC  BAT
        23 File(s)
```

12.4 Das CHKDSK-Kommando

12.4.1 Aufgaben des CHKDSK-Kommandos

> Das CHKDSK-Kommando ist ein Kommando zur Prüfung der Disketten (engl.: checkdisk). Erkannte Fehler werden ausgegeben.

> Das CHKDSK-Kommando wird jedoch häufiger dazu benutzt, einen sog. „Statusbericht" auszugeben.

Dieser Statusbericht gibt Auskunft über die Nutzung der Diskettenspeicherkapazität und der Arbeitsspeicherkapazität.

12.4.2 Die allgemeine Form des CHKDSK-Kommandos

> Die allgemeine Form des CHKDSK-Kommandos ist
>
> CHKDSK ⊔ Laufwerksangabe:

Wird das Systemlaufwerk A benutzt, kann die Laufwerksangabe entfallen.

Beispiel 12.9

Im Laufwerk B möge eine Diskette mit folgenden Dateien liegen (Ausgabe mit Hilfe des DIR-Kommandos):

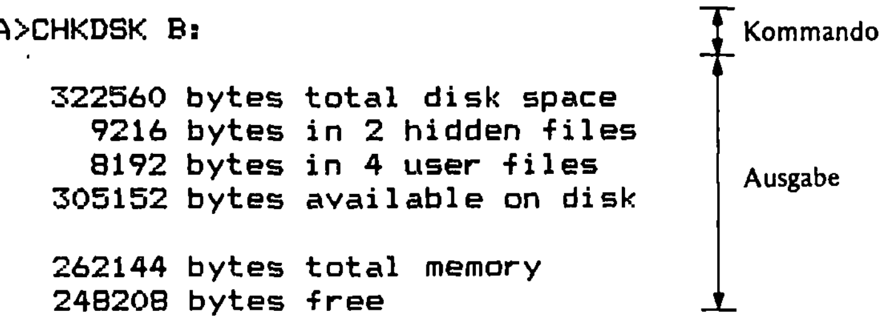

```
A>DIR B:                                        ⌶ Kommando
COMMAND    COM     4959    5-07-82    12:00p
ADD                  10    1-01-80    12:02a
B          TXT       10    1-01-80    12:03a    Ausgabe
C          TXT       10    1-01-80    12:04a
            4 File(s)
```

Um den Statusbericht zu erhalten, wird folgendes Kommando eingegeben:

```
A>CHKDSK B:                                     ⌶ Kommando

   322560 bytes total disk space
     9216 bytes in 2 hidden files
     8192 bytes in 4 user files
   305152 bytes available on disk                Ausgabe

   262144 bytes total memory
   248208 bytes free
```

12.4.3 Auskünfte aufgrund des CHKDSK-Kommandos

Der obige Statusbericht gibt somit folgende Auskünfte:

- *Diskettenspeicherkapazität*
  322 560 bytes gesamte Diskettenspeicherkapazität.
  9 216 bytes in zwei versteckten Dateien. Dies sind die Systemdateien IBM BIO.COM und IBM DOS.COM, die in den normalen Dateiinhaltsverzeichnissen nicht erscheinen.
  8 192 bytes in 4 Benutzerdateien (hier: COMMAND, ADD, B und C)
  305 152 bytes sind somit noch auf der Diskette frei verfügbar.

- *Arbeitsspeicherkapazität*
  262 144 bytes gesamte Hauptspeicherkapazität.
  248 208 bytes frei für den Benutzer.

Beispiel 12.10

Es soll der Statusbericht der landesspezifischen DOS-Systemdiskette ausgegeben werden. Die Systemdiskette möge in Laufwerk A liegen. Sie enthält bekanntlich die Dateien:

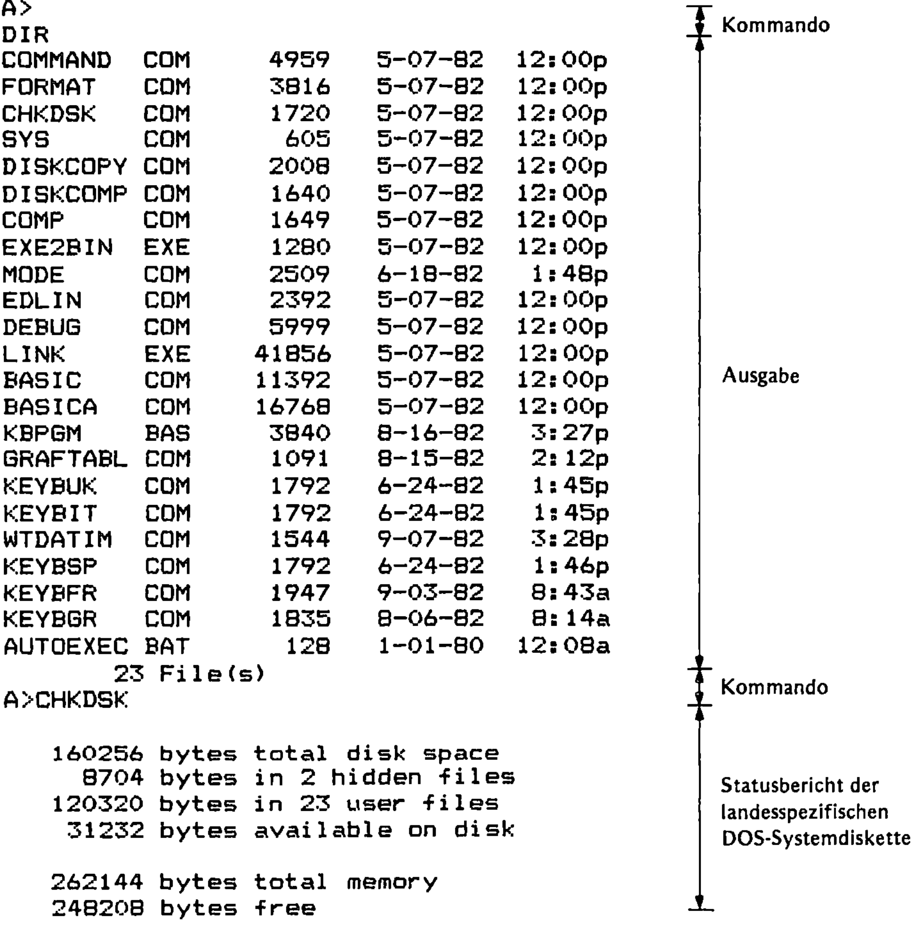

```
A>
DIR
COMMAND   COM      4959    5-07-82   12:00p
FORMAT    COM      3816    5-07-82   12:00p
CHKDSK    COM      1720    5-07-82   12:00p
SYS       COM       605    5-07-82   12:00p
DISKCOPY  COM      2008    5-07-82   12:00p
DISKCOMP  COM      1640    5-07-82   12:00p
COMP      COM      1649    5-07-82   12:00p
EXE2BIN   EXE      1280    5-07-82   12:00p
MODE      COM      2509    6-18-82    1:48p
EDLIN     COM      2392    5-07-82   12:00p
DEBUG     COM      5999    5-07-82   12:00p
LINK      EXE     41856    5-07-82   12:00p
BASIC     COM     11392    5-07-82   12:00p
BASICA    COM     16768    5-07-82   12:00p
KBPGM     BAS      3840    8-16-82    3:27p
GRAFTABL  COM      1091    8-15-82    2:12p
KEYBUK    COM      1792    6-24-82    1:45p
KEYBIT    COM      1792    6-24-82    1:45p
WTDATIM   COM      1544    9-07-82    3:28p
KEYBSP    COM      1792    6-24-82    1:46p
KEYBFR    COM      1947    9-03-82    8:43a
KEYBGR    COM      1835    8-06-82    8:14a
AUTOEXEC  BAT       128    1-01-80   12:08a
         23 File(s)
A>CHKDSK

  160256 bytes total disk space
    8704 bytes in 2 hidden files
  120320 bytes in 23 user files
   31232 bytes available on disk

  262144 bytes total memory
  248208 bytes free
```

**Der Speicherplatzbedarf jeder einzelnen Datei wird, wie das Beispiel zeigt, mit Hilfe
des DIR-Kommandos ausgegeben.**

Die Zahl, die direkt auf den Dateinamen im Dateiinhaltsverzeichnis folgt, gibt den Speicherplatzbedarf der jeweiligen Datei in Bytes an. Ihre *Summe* muß die im Statusbericht
angegebene Bytezahl für 23 Benutzerdateien (user files) sein.

**Mit Hilfe des CHKDSK-Kommandos werden somit Aussagen hinsichtlich der Ge-
samtspeicherausnutzung der Diskette bzw. des Arbeitsspeichers gemacht.**

12.5 Das EDLIN-Kommando

Der Editor ist ein wichtiges Hilfsprogramm des DOS-Betriebssystems.

> **Mit Hilfe des Editors können**
> - Dateien neu erstellt werden und
> - Dateien geändert werden.

Dazu dienen verschiedene Editor-Befehle. Befehle werden hier als Untermenge des Editor-Kommandos verstanden.

Die neu zu erstellenden oder zu ändernden Dateien sind beliebige *Text*dateien, d.h. sie sind Folgen von ASCII-Zeichen (Zeichenvorrat der Eingabetastatur) wie Briefe, Rechnungen, Programme usw.. Derartige Textdateien werden vom Anwender mit Hilfe des Editors *erstellt*. Sie müssen aber auch, bei inhaltlichen Fehlern, *verändert* werden können (vgl. Kapitel 9). Dazu dient ebenfalls der Editor.

Der Editor wird mit Hilfe des EDLIN-*Kommandos* von der Systemdiskette in den Arbeitsspeicher des Mikrocomputers geladen. Er befindet sich unter dem Dateinamen EDLIN.COM als ausführbares Programm auf der Systemdiskette. Mit Hilfe des DIR-Kommandos (vgl. Abschnitt 12.3.2) Beispiel 12.1 kann überprüft werden, ob der Editor tatsächlich auf der Systemdiskette vorhanden ist. Ist dies der Fall, kann der Editor aufgerufen und in den Arbeitsspeicher geladen werden.

12.5.1 Aufruf des Editors von der Systemdiskette im Systemlaufwerk A

Bevor der Editor mit seinen Eigenschaften von Anwender eingesetzt werden kann, muß er von der Systemdiskette im Systemlaufwerk in den Arbeitsspeicher des Mikrocomputers geladen werden. Dazu muß natürlich die Systemdiskette im Systemlaufwerk A liegen und das DOS-Betriebssystem bereit sein, d.h. es muß das Systembereitschaftszeichen A > auf dem Bildschirm zu sehen sein. Ist dies nicht der Fall, muß zunächst das DOS-Betriebssystem gestartet werden (vgl. Abschnitt 12.2) und anschließend die Ausgabe des Systembereitschaftszeichen A > abgewartet werden.

> **Der Editor wird mit folgendem Kommando aufgerufen und in den Arbeitsspeicher des Mikrocomputers geladen:**
>
> **EDLIN ␣ LW: Dateiname ↵**

Hierbei ist:

> — EDLIN das Schlüsselwort zum Aufruf des Editors. Der Dateiergänzungsname COM darf nicht zusammen mit dem Dateihauptnamen EDLIN eingegeben werden, obwohl dies der vollständige Dateiname des Editors wäre (vgl. Abschnitt 12.3.2 Beispiel 12.1). Versucht man dies dennoch, so wird erneut das Systembereitschaftszeichen A > ausgegeben. Die Ausführung des Kommandos wird somit verweigert. Man kann anschließend den Editor korrekt aufrufen.

> — LW steht hier stellvertretend für die Laufwerksangabe A bzw. B. Die Laufwerksangabe A *kann* auch entfallen, wenn das Systemlaufwerk A benutzt wird.
>
> Da man mit dem Editor Daten *auf* die Diskette bringen möchte, also die Diskette „beschreiben" möchte, darf die Diskette in dem angegebenen Laufwerk *nicht schreibgeschützt* sein.

– Vergißt man das Leerzeichen zwischen dem Schlüsselwort EDLIN und der Laufwerksangabe, so wird folgende Fehlermeldung ausgegeben:

```
Bad command or file name
A >
```

Der Mikrocomputer stellt somit fest, daß entweder das Kommandowort (command) oder der Dateiname (file name) formal falsch ist, da das Trennungszeichen fehlt.

– Der Dateiname besteht bekanntlich aus einem Dateihauptnamen und einem Dateiergänzungsnamen (vgl. Abschnitt 11.6.3 und 11.6.4). Der Dateiergänzungsname kann entfallen.

Wird überhaupt kein Dateiname angegeben, so erfolgt die Ausgabe der Fehlermeldung

```
File name must be specified
```

d.h. der Dateiname muß spezifiziert werden. Die Eingabe eines Dateinamens ist somit zwingend notwendig, gleichgültig, ob eine Datei *neu* erstellt werden soll oder eine *alte* Datei geändert werden muß.

Bei richtigem Aufruf des Editors leuchtet die Lampe des Laufwerkes A auf (Systemlaufwerk) und zeigt damit den Ladevorgang von der Diskette zum Arbeitsspeicher an. Ist der Ladevorgang beendet, erlöscht die Lampe.

> **Der Editor zeigt seine Bereitschaft zum Editieren mit dem Editor-Bereitschaftszeichen (editor's prompt)**
>
> *
>
> **an.**

Der Editor wartet nun auf die Eingabe eines Editor-Befehls.

Liegt die Systemdiskette beim Aufruf des Editors nicht im Systemlaufwerk A, sondern fälschlicherweise im Laufwerk B, so wird beim Aufruf des Editors in der vorher geschilderten Weise die Fehlermeldung ausgegeben:

```
Not ready error reading drive A
Abort, Retry, Ignore?
```

d.h. beim Versuch, vom Laufwerk A die Datei EDLIN-COM in den Arbeitsspeicher zu übertragen, wird festgestellt, daß es nicht „fertig" (engl.: not ready) ist, da die Systemdiskette fehlt. Der Mikrocomputer bietet 3 Möglichkeiten fortzufahren:

Abort – Abbruch
Retry – Erneuter Versuch
Ignore – Ignorieren, nicht zur Kenntnis nehmen.

Gibt man den Buchstaben A als Kurzform für „Abort" ein, erscheint wieder das Systembereitschaftszeichen A >, d.h. man muß nach dem Abbruch das EDLIN-Kommando *neu* eingeben. Dies ist umständlich.

Legt man jedoch die DOS-System-Diskette nach der Fehlermeldung von Laufwerk B in Laufwerk A, kann man durch Eingabe des Buchstabens R für „Retry" einen neuen Versuch starten, den Editor aufzurufen, *ohne* das EDLIN-Kommando neu eingeben zu müssen.

12.5.2 Einrichten neuer Dateien

> **Wenn Daten in eine neu eingerichtete Datei eingegeben werden sollen, so ist der Dateiname im EDLIN-Kommando**
>
> **EDLIN ⊔ LW: Dateiname ↵**
>
> **gleichzeitig der Name der neu zu erzeugenden Datei.**

Der Dateiname kann allein aus dem Dateihauptnamen bestehen. Zweckmäßig ist es jedoch, einen Ergänzungsnamen hinzuzufügen (vgl. Abschnitt 11.6.4). Der Editor richtet eine neue, *noch leere Quelldatei* mit dem angegebenen Dateinamen ein und eröffnet sie. Dem Anwender wird dies durch folgende Bildschirmausgabe mitgeteilt:

NEW FILE
*

(neue Datei)
(Bereitschaftszeichen des Editors)

Außerdem richtet der EDITOR automatisch eine *Hilfsdatei* zum Zwischenspeichern der Eingaben mit dem Dateinamen

Dateiname.$$$

ein.

Beispiel 12.11

Im Laufwerk A möge die Systemdiskette liegen, das DOS-Betriebssystem sei gestartet und eine neue Datei ADD.TXT auf der Systemdiskette angelegt (Schritt 1 der folgenden Tabelle). Anschließend wird ohne jegliche Eingabe ein Bearbeitungsabbruch herbeigeführt (Schritt 2) und anschließend geprüft, ob die beabsichtigte Erstellung einer neuen Datei auf der Diskette trotz Abbuch schon registriert wurde.

Schritt	DOS-System-bereitschafts-zeichen	Eingabe	Ausgabe
1	A >	EDLIN ⊔ ADD.BAS ↵	NEW FILE *
2		Abbruch durch Ausschalten des Systems und anschließendes Einschalten (sog. Kaltstart) bzw. Warmstart.	A >
3	A >	DIR ↵	Ausgabe des Dateiinhaltsverzeichnisses der Diskette in Laufwerk A. Es erscheint hier die Liste der bekannten DOS-Dateien, die standardmäßig auf der Systemdiskette sind (vgl. Abschnitt 12.3.2 Beispiel 12.1), sowie *zusätzlich* die vom Anwender eingerichtete Datei ADD.$$$.

Dieses Beispiel zeigt, daß vom Editor aufgrund des EDLIN-Kommandos auf der Systemdiskette die neue Datei ADD.$$$ eingerichtet wurde. Sie ist allerdings noch leer, da noch keine weiteren Eingaben erfolgten. Dies erkennt man auch an der benötigten Speicherkapazität für diese Datei auf der Diskette, die ∅ Bytes beträgt (siehe Ausgabeliste aufgrund des DIR-Kommandos).

Erst nach *Abschluß* der Dateieingabe mit Hilfe des Editor-Befehls E ↵ wird die Hilfsdatei ADD.$$$ umbenannt in ADD.BAS. Diese Umbenennung findet auch statt, wenn *keine* Daten eingegeben wurden (vgl. Abschnitt 12.5.3 Beispiel 12.13).

Nachteilig ist an diesem Beispiel, daß die neu einzurichtenden Dateien auf der Systemdiskette eingerichtet werden. Sie besitzt wegen der ladbaren Systemkommandos vielfach nicht mehr ausreichend Speicherkapazität.

Außerdem sollte die Systemdiskette zum Schutz vor unbeabsichtigtem Löschen „schreibgeschützt" sein. Dies ist aber nicht möglich, wenn auf der Systemdiskette Dateien gespeichert werden sollen.

Günstiger wäre es somit, wenn die mit Hilfe des Editors erzeugten neuen Dateien auf einer reinen *Anwenderdiskette* im Laufwerk B gespeichert würden, während die Systemdiskette im Laufwerk A liegt.

Dies ist auch möglich, wenn dem Dateinamen eine entsprechende Laufwerksangabe vorangestellt wird. Die allgemeine Form dafür ist:

> EDLIN ⎵ B: Dateiname ↵

Beispiel 12.12

Es soll der gleiche Vorgang beobachtet werden wie in Beispiel 12.11, nur mit dem Unterschied, daß das andere Laufwerk (Laufwerk B) benutzt wird.

DOS-System-bereitschafts-zeichen	Eingabe	Ausgabe
A >	EDLIN ⎵ B:ADD.BAS ↵	NEW FILE *
	Abbruch und Kaltstart bzw. Warmstart	Meldung des DOS-Betriebssystems.
A >	DIR ↵	Ausgabe des Dateiinhaltsverzeichnisses aller DOS-Dateien von der Systemdiskette in Laufwerk A.
A >	DIR B: ↵	Ausgabe des Dateiinhaltsverzeichnisses der vorher leeren aber formatierten Diskette in Laufwerk B. Sie enthält nun folgende Dateien: ADD.$$$ und, falls beim Formatieren das System mit kopiert wurde, COMMAND.COM.

12.5.3 Eingabe von Daten in neue Dateien

> **Zur Eingabe von Daten in eine neue Datei wird der Editor Befehl**
>
> **I** ⏎
>
> **verwendet.**

I ist die Kurzform für das englische Wort „insert", d.h. „einfügen" von neuen Zeichen in eine Datei, hier in eine neue Datei.

Anschließend folgt die zeilenweise Eingabe der einzugebenden Daten. Jede Zeile muß mit der Eingabe-Taste ⏎ abgeschlossen werden.

Der Mikrocomputer gibt automatisch nach Drücken der Taste ⏎ die jeweils folgende Zeilennummer aus, gefolgt von einem Doppelpunkt und einem Stern.

> **Soll die Eingabe beendet werden, müssen die Tasten**
>
> **Ctrl** und **Break**
>
> **gleichzeitig gedrückt werden.**

Dies ist das Steuerzeichen zur Beendung des Eingabevorgangs. Auf dem Bildschirm erscheint es als ∧ C.

Erst nach Eingabe dieses Steuerzeichens können wieder *andere* Editor-Befehle vom Editor bearbeitet werden. Die Beendung der Eingabe wird auch für den Anwender äußerlich sichtbar durch die Ausgabe des Editor-Bereitschaftszeichens * (editor's prompt).

> **Möchte man die Eingabedateien, die sich z.Z. noch im Arbeitsspeicher des Mikrocomputers befinden, auf der im EDLIN-Kommando genannten Diskette unter dem dort ebenfalls angegebenen Namen speichern, kann der Editor-Befehl**
>
> **E** ⏎
>
> **eingegeben werden.**

> **Somit ergibt sich für die Eingabe von Datenzeilen in eine neue Datei folgende allgemeine Befehlsfolge:**
>
> **I** ⏎
> **Eingabedatenzeile 1** ⏎
> **Eingabedatenzeile 2** ⏎
>
> .
> .
> .
>
> **Eingabedatenzeile n** ⏎
>
> **Ctrl** **Break**
>
> **E** ⏎

Mit Hilfe von [CTRL | BREAK] wird der Einfügemodus beendet und der Editor wieder in den Ausgangszustand versetzt, d.h. es können anschließend beliebige Editor-Befehle eingegeben werden.

Beispiel 12.13
Eingabe eines Programmes

Systembereit-schaftszeichen	Kommandoeingabe	Editiervorgang	
		Ausgabe des Systems	Editorbefehle und Dateizeileneingabe
A >	EDLIN ⊔ B:ADD.BAS ↵	NEW FILE * 1:* 2:* 3:* 4:* 5: ∧ C *	I ↵ 1∅ ⊔ INPUT ⊔ A,B ↵ 2∅ ⊔ C=A+B ↵ 3∅ ⊔ PRINT ⊔ A,B,C ↵ 4∅ ⊔ END ↵ [Ctrl | Break] E ↵

Erläuterung:

Es soll ein BASIC-Programm mit dem Dateihauptnamen ADD (für Addition) und dem Ergänzungs-namen BAS (für BASIC) erzeugt und auf der Diskette in Laufwerk B gespeichert werden (Kommando EDLIN ⊔ B:ADD.BAS [↵]). Da die Datei auf der Diskette in Laufwerk B noch nicht vorhanden war, erscheint die Ausgabe NEW FILE und das Editorbereitschaftszeichen *.

Nun können sog. Editor-Befehle eingegeben werden. Einer dieser Befehle ist der I-Befehl zum *Einfügen* von Daten. Schließt man diesen Befehl mit der Eingabe-Taste [↵] ab, so wird eine *zeilenweise* Ein-gabe erwartet. (Es gibt auch eine *zeichenweise* Eingabe, die später besprochen wird (vgl. Abschnitt 12.5.4.5), da sie für die Erzeugung neuer Dateien nicht verwendet wird). Dies wird durch die Ausgabe der ersten Zeilennummer, gefolgt von einem Doppelpunkt und einem Stern, auf dem Bildschirm angedeutet.

Jede Eingabezeile ist wie gewohnt durch Drücken der Eingabe-Taste ↵ zu beenden (vgl. Abschnitt 8.1 und 8.2). Die nächste Zeilennummer erscheint (gefolgt vom Doppelpunkt und Stern) usw.

Soll die Eingabe beendet werden, müssen zunächst die Tasten [CTRL | BREAK] gedrückt werden (Tasten [CTRL] und [BREAK] gleichzeitig drücken). Auf dem Bildschirm erscheinen die Zeichen ∧ C, die der Eingabe [CTRL | BREAK] auf dem Bildschirm entsprechen.

Es meldet sich wieder der Editor mit seinem Bereitschaftszeichen *, d.h. es wird die Eingabe eines neuen Editor-Befehls erwartet.

Das BASIC-Programm, das z.Z. noch im Arbeitsspeicher des Mikrocomputers steht, soll auf der Diskette in Laufwerk B gespeichert werden. Dazu muß das Editor-Kommando E [↵] eingegeben werden. Nach Drücken dieser Tasten leuchtet die Kontrollampe des Laufwerkes B auf. Dies ist das sichtbare Zeichen, daß Daten übertragen werden.

Anschließend meldet sich wieder das DOS-Betriebssystem mit dem Bereitschaftszeichen A >.

Zur Prüfung, ob die Dateien auch wirklich vorhanden sind, kann das Kommando DIR ⊔ B: [↵] eingegeben werden. Es wird das Dateiinhaltsverzeichnis der Diskette in Laufwerk B ausgegeben, das den Dateinamen ADD.BAS enthält. Die Zwischendatei ADD.$$$ existiert somit nach Abschluß der Eingabe einer neuen Datei nicht mehr.

An dieser Stelle soll noch einmal ein *Original*ausdruck für das Beispiel 12.13 angegeben werden, der alle Ein- und Ausgaben zusammenfaßt.

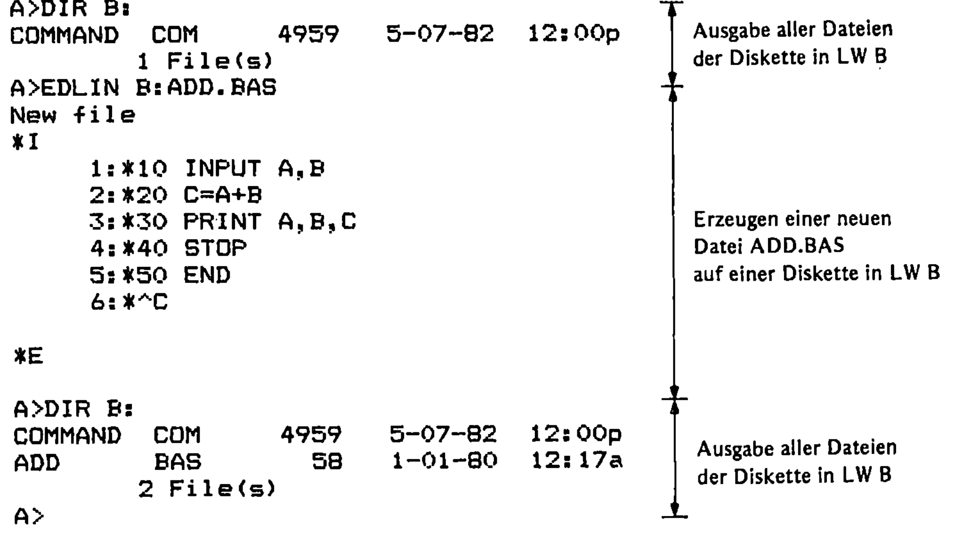

12.5.4 Änderung von vorhandenen Dateien

Bei Änderungen vorhandener Dateien müssen folgende Aufgaben bewältigt werden:

- Quelldateien von der Diskette in den Arbeitsspeicher bringen.
- Anzeigen von Dateizeilen- und Dateibereichen.
- Änderungen vornehmen.
- Geänderte Datei vom Arbeitsspeicher auf die Diskette bringen.
- Editiervorgang beenden.

Für diese prinzipiellen Aufgaben existieren entsprechende Editor-Befehle.

12.5.4.1 Quelldatei von der Diskette in den Arbeitsspeicher bringen

Ist das DOS-Betriebssystem bereit (DOS-Systembereitschaftszeichen A >), so wird, wie bereits bekannt, der Editor gestartet mit dem Kommando

ED ⎵ Laufwerksangabe: Dateiname ↵ .

Die angegebene Datei wird automatisch von der Diskette in den Arbeitsspeicher geladen, bis er zu 75 % gefüllt ist.

Wenn die Datei zu umfangreich ist, um insgesamt in den verfügbaren Arbeitsspeicher zu passen, müssen nach den eventuellen erforderlichen Änderungen in diesem Dateibereich n korrigierte Dateizeilen wieder auf die Diskette zurückgespeichert werden (Kommando „nW"). Dadurch wird im verfügbaren Arbeitsspeicher wieder Platz geschaffen. Anschließend kann man mit Hilfe des Kommandos „nA" n Datenzeilen an das Ende der schon im Arbeitsspeicher befindlichen Datei anhängen. Der Anwender erfährt durch die Bildschirmausgabe „End of input file", d.h. „Ende der Eingabedatei", wenn das Ende der Datei erreicht ist.

Dieses „Nachladen" wird der Anfänger selten vornehmen müssen, da er sicher am Anfang nicht so lange Programme schreibt. Daher wird in diesem Buch nicht näher darauf eingegangen, sondern auf das IBM-DOS-Handbuch verwiesen.

Beispiel 12.14

Es soll das in Abschnitt 12.5.3 erzeugte BASIC-Programm ADD.BAS (Beispiel 12.13) von der Diskette in Laufwerk B in den Arbeitsspeicher übertragen werden. Das Kommando lautet:

Bereit-schafts-zeichen	Kommando	Erläuterung
A >	EDLIN ⊔ B:ADD.BAS ↵	Aufruf und Start des Editors von der Systemdiskette in Laufwerk A. Aktivierung des Laufwerkes B, in dem sich die Diskette mit der Datei ADD.BAS befindet. Übertragung der Datei ADD.BAS von der Diskette in Laufwerk B in den Arbeitsspeicher.

12.5.4.2 Anzeigen von Dateizeilen und Dateibereichen auf dem Bildschirm

Um Änderungen am Dateiinhalt vornehmen zu können, ist es wichtig, den Inhalt bestimmter Dateizeilen bzw. den Inhalt von Dateizeilenbereichen während des Editierens auf dem Bildschirm ausgeben zu können.

Für diesen Zweck gibt es einen speziellen Editor-Befehl. Er lautet:

Befehl	Erläuterung
n_1, n_2 L ↵	Der Schlüsselbuchstabe L steht für engl.: LIST, d.h. hier: Ausgabe auf dem Bildschirm. n_1 und n_2 sind die Zeilennummern einer Datei (das sind die Nummern, die bei der Neueingabe automatisch *vor* die Dateizeilen gesetzt werden, vgl. Abschnitt 12.5.3). Mit Hilfe dieses Editor-Befehls werden von einer Datei alle Zeilen ab Zeilennummer n_1 bis Zeilennummer n_2 auf dem Bildschirm ausgegeben.

Varianten:

Befehl	Erläuterung
, n_2 L ↵	Es werden alle Dateizeilen ab der 11-Zeile vor der z.Z. laufenden Zeile[1] bis zur Dateizeile n_2 aufgelistet.
n_1, L ↵ oder n_1 L ↵	Es werden 23 Dateizeilen, beginnend bei der Dateizeile n_1, aufgelistet.
L ↵	Es werden 23 Dateizeilen der Datei aufgelistet, und zwar 11 Zeilen vor der z.Z. laufenden Zeile[1], die laufende Zeile selbst und 11 Zeilen hinter der laufenden Zeile.

Beispiel 12.15

Es soll das BASIC-Programm von Abschnitt 12.5.3 (Beispiel 12.13), das auf einer Diskette gespeichert wurde, in den Arbeitsspeicher des Mikrocomputers geladen werden. Anschließend sollen Bereiche der Datei aufgelistet werden. Dazu dienen folgende Befehle:

Kommandoeingabe und Dateiausgabe	Erläuterungen

`*1,L`
`    1:*10  INPUT A,B`
`    2:  20  C=A+B`
`    3:  30  PRINT A,B,C`
`    4:  40  STOP`
`    5:  50  END`
	Ausgabe von 23 Dateizeilen ab Dateizeile 1. D.h. hier wegen der Kürze des Programms: Ausgabe aller Dateizeiten bis zum Dateiende.

`*2,4L`
`    2:  20  C=A+B`
`    3:  30  PRINT A,B,C`
`    4:  40  STOP`
	Ausgabe aller Dateizeilen von Dateizeile 2 bis 4.

`*1,3L`
`    1:*10  INPUT A,B`
`    2:  20  C=A+B`
`    3:  30  PRINT A,B,C`
	Ausgabe aller Dateizeilen von Dateizeile 1 bis 3.

`*3L`
`    3:  30  PRINT A,B,C`
`    4:  40  STOP`
`    5:  50  END`
	Ausgabe von 23 Dateizeilen ab Dateizeile 3. D.h. hier: Ausgabe aller Zeilen bis zum Dateiende ab Dateizeile 3.

`*L`
`    1:*10  INPUT A,B`
`    2:  20  C=A+B`
`    3:  30  PRINT A,B,C`
`    4:  40  STOP`
`    5:  50  END`
	Ausgabe von 11 Zeilen vor und 11 Zeilen nach der laufenden Zeile. Die laufende Zeile ist hier die Zeile 1, gekennzeichnet durch den Stern * hinter der Zeilennummer. Bei kurzen Programmen hat dieses Kommando den Effekt, daß alle Dateizeilen ausgegeben werden.

---

1) Unter einer laufenden Zeile versteht man die Zeile, in der die letzte Änderung der Datei erfolgte. Sie ist äußerlich dadurch erkennbar, daß zwischen der ausgegebenen Zeilennummer und dem ersten Textzeichen der Zeile ein Stern * eingefügt ist.

Beispiel: 1Ø: * Laufende Zeile

> **Gibt man nur eine Zahl ein, so wird nur diese Dateizeile angezeigt.**
>
> **Die allgemeine Form ist:**
>
> **n** ⏎
>
> **n steht symbolisch für eine Zeilennummer.**

Dies ist eigentlich der *Zeilenaufbereitungsbefehl*, d.h. der Befehl für eine nachfolgende Aufbereitung (Korrektur) der Eingabezeile, die angezeigt wird. Die Aufbereitung erfolgt mit Hilfe sog. DOS-Aufbereitungstasten (vgl. Abschnitt 12.5.4.3 und folgende Kapitel). Er kann aber auch, wie hier, zur Ausgabe bestimmter Zeilen herangezogen werden oder aber auch, um die Position der *laufenden Zeile* zu verändern.

Beispiel 12.16

```
*1
                                        ⌷ Eingabe
      1:*10  INPUT  A,B                 ⌷ Ausgabe
      1:*^C                             ⌷ Abbruch

*3
      3:*30  PRINT  A,B,C
      3:*^C

*5
      5:*50  END
      5:*^C
```

> **Möchte man nach einer Ausgabe einer Dateizeile eine andere Dateizeile anzeigen, so sind die Tasten** [Ctrl] **und** [Break] **gleichzeitig zu drücken.**

12.5.4.3 Ersetzen von Zeichen durch andere Zeichen in Dateizeilen

Eine häufig notwendige Korrektur-Aufgabe besteht darin, Zeichen einer Datei gegen andere Zeichen auszutauschen, da man sich verschrieben hat. Dies läßt sich mit Hilfe der DOS-Aufbereitungstasten einfach bewerkstelligen. Die folgende Tabelle zeigt, wie man schrittweise zum gewünschten Ziel gelangt.

Schritt	Tasten	Erläuterung
1	[F1] oder [F2] [Zeichen]	Zunächst müssen von einer Zeile alle die Zeichen übernommen werden, die korrekt sind. Dazu gibt es zwei Möglichkeiten: 1. Die Funktionstaste F1 wird so oft gedrückt, wie korrekte Zeichen in der Zeile vorhanden sind. Die Kontrolle, damit man nicht zu häufig die Taste drückt, fällt leicht, da in einer weiteren Zeile je Tastendruck ein Zeichen kopiert wird. Man drückt die F1-Taste somit so lange, *bis* das falsche Zeichen erscheinen sollte. 2. Die Funktionstaste F2 und die Taste des ersten zu ersetzenden Zeichens werden nacheinander gedrückt. Dadurch wird die gesamte Zeile *bis* zum ersten zu ersetzenden Zeichen kopiert (das zu ersetzende Zeichen selbst wird nicht kopiert).
2	[Zeichen]	Es wird die Taste des Zeichens gedrückt, das das alte zu ersetzende Zeichen ersetzen soll. Es können auch mehrere Zeichen auf diese Weise ersetzt werden.
3	[F3]	Sind alle Zeichen ersetzt, wird die Funktionstaste F3 gedrückt. Dadurch werden die restlichen Zeichen der alten Zeile, die nicht ersetzt werden sollen, in die neue Zeile kopiert.
4	[↵]	Abschluß der geänderten Zeile.

Achtung:

Man erkennt, daß die Funktionstasten im DOS-Betrieb eine vollkommen andere Funktion haben als im BASIC-Betrieb (vgl. Abschnitt 7.3). Sie nennen sich im DOS-Betrieb Aufbereitungstasten.

Beispiel 12.17

Es wird von einer fehlerhaften Quelldatei B:ADD.BAS ausgegangen

Bildschirmausgabe	Erläuterung
```A>EDLIN B:ADD.BAS``` ```End of input file```	Aufruf des Editors EDLIN zur Aufbereitung einer Datei ADD.BAS, die sich auf einer Diskette in Laufwerk B befindet. Diese Datei wird von der Diskette in den Arbeitsspeicher übertragen. Der Text „End of input file" zeigt an, daß alle Zeilen bis zum Dateiende übertragen wurden.

```*L```
``` 1:*10 INLUT A,B```
``` 2: 20 C=A+B```
``` 3: 30 PRINT A,B,C```
``` 4: 40 STOP```
``` 5: 50 END```
	Ausgabe des Dateiinhaltes vom Arbeitsspeicher auf den Bildschirm. Man erkennt einen Fehler:
	
	Das BASIC-Schlüsselwort in Zeile 1 muß INPUT lauten.

```*1```
``` 1:*10 INLUT A,B```
``` 1:*10 INPUT A,B```
	Ziel: Austausch des Buchstabens L gegen ein P in Zeile 1.
	
	Weg:
	● Eingabe des Aufbereitungsbefehls 1 [↵]
	Ausgabe der 1. Zeile zur Aufbereitung.
	● Eingabe [F2] [L]
	Es erscheint der Text: 1:*1∅␣IN
	● Drücken der Taste [P]
	Es steht nun der Text 1:*1∅␣INP
	auf dem Bildschirm.
	● Drücken der Taste [F3]
	Die restlichen Zeichen der alten Zeile, die nicht ersetzt werden sollen, werden kopiert.
	Ausgabe: 1:*1∅␣INPUT␣A,B
	● Drücken der Taste [↵]
	Damit ist die gewünschte Änderung abgeschlossen.

```*L```
``` 1:*10 INPUT A,B```
``` 2: 20 C=A+B```
``` 3: 30 PRINT A,B,C```
``` 4: 40 STOP```
``` 5: 50 END```
	Ausgabe der geänderten Datei durch Eingabe des Befehls L [↵]
	
	Dies dient der Kontrolle, ob die Änderung auch durchgeführt wurde.

```*E```
 	
```A>```
	Speichern der geänderten Datei auf der Diskette in dem im EDLIN-Kommando bezeichneten Laufwerk unter dem dort angegebenen Namen.
	Anschließend meldet sich das DOS-Betriebssystem mit dem Bereitschaftszeichen A >.

12.5.4.4 Löschen von Zeichen in Datenzeilen

Eine notwendige Aufgabe besteht z.B. beim Korrigieren von Dateien darin, *Zeichen* an bestimmten Stellen innerhalb einer Zeile zu *löschen*. Dazu dienen wieder bestimmte *DOS-Aufbereitungstasten*. Die folgende Tabelle zeigt, wie man schrittweise zum gewünschten Ziel gelangt.

Schritt	Tasten	Erläuterung
1	F1 oder F2 Zeichen	Zunächst müssen von einer Zeile alle die Zeichen übernommen werden, die nicht gelöscht werden sollen. Dazu gibt es die inzwischen bekannten Möglichkeiten: 1. Die F1-Taste wird so oft gedrückt, *bis* das zu löschende Zeichen erreicht ist. Dabei werden die Zeichen einzeln kopiert. 2. Die F2-Taste und das erste zu löschende Zeichen werden nacheinander gedrückt. Es werden dadurch alle Zeichen bis zum zu löschenden Zeichen kopiert.
2	Del	Die Del-Taste wird so oft gedrückt, wie Zeichen gelöscht werden sollen.
3	F3	Die restlichen, nicht gelöschten Zeichen der alten Zeile werden kopiert.
4	↵	Abschluß der geänderten Zeile.

Beispiel 12.18

Es wird von der geänderten Quelldatei B:ADD.BAS in Beispiel 12.17 ausgegangen und in einigen Zeilen einige Zeichen gelöscht.

Bildschirmausgabe	Erläuterung
`A>EDLIN B:ADD.BAS` `End of input file`	Aufruf des Editors EDLIN zur Aufbereitung der Datei ADD.BAS, die sich auf einer Diskette in Laufwerk B befindet. Diese Datei wird von der Diskette in den Arbeitsspeicher übertragen.

`*L`
`     1:*10 INPUT A,B`
`     2: 20 C=A+B`
`     3: 30 PRINT A,B,C`
`     4: 40 STOP`
`     5: 50 END`
	Ausgabe des Dateiinhaltes vom Arbeitsspeicher auf den Bildschirm.

***1**
 	
`1:*10 INPUT A,B`
`1:*10 INPUT`
	Ziel:
	Löschen der Zeichen ⊔A,B in Zeile 1.
	
	Weg:
	• Eingabe des Aufbereitungsbefehls 1 ⏎
	  Ausgabe der 1. Zeile zur Aufbereitung
	• 8 mal die F1 -Taste drücken. Die ersten 8 Zeichen werden in einer weiteren Zeile kopiert.
	• 4 mal die Del -Taste drücken. Dadurch werden die letzten vier Zeichen der Zeile ⊔A,B gelöscht.
	• Die Änderung des Zeileninhaltes wird abgeschlossen durch Drücken der ⏎ Taste.

***1**
 	
`1:*10 INPUT`
`1:*^C`
	Möchte man überprüfen, ob die Änderungen wie gewünscht erfolgt sind, kann man sich die geänderte 1. Zeile noch einmal ausgeben lassen durch die Eingabe des Aufbereitungsbefehls 1 ⏎.
	
	Wenn die Zeile richtig ist, wird die Aufbereitung durch Drücken der Tasten CTRL und BREAK, abgebrochen. Sollen weitere Änderungen erfolgen, kann eine erneute Änderung sofort angeschlossen werden, wie es die folgenden Änderungen zeigen.

***4**
 	
`4:*40 STOP`
`4:* STOP`
	Ziel:
	Löschen der Anweisungsnummer 4∅ in Zeile 4.
	
	Weg:
	• Eingabe 4 ⏎
	  Ausgabe der 4. Zeile zur Aufbereitung.
	• 2 mal die Del -Taste drücken. Dadurch wird die Anweisungsnummer 4∅ gelöscht.
	• Drücken der F3 -Taste. Der restliche nicht gelöschte Teile der Zeile wird in die neue aufbereitete Zeile kopiert.
	• Die Änderung des Zeileninhaltes wird abgeschlossen durch Drücken der ⏎ -Taste.

`*2`
 	
`2: *20  C=A+B`
`2: *20  C=A`
	Ziel:
	Löschen der Zeichen +B in Zeile 2.
	
	Weg:
	• Eingabe 2 ⏎
	  Ausgabe der 2. Zeile zur Aufbereitung.
	• Eingabe F2 +
	  Ausgabe der 2. Zeile *bis* zum + Zeichen
	  `2:*20 ⎵ C=A`
	• Eingabe: zweimaliges Drücken der Del -Taste. Dadurch werden die beiden Zeichen + B gelöscht.
	• Abschluß der Änderungen durch ⏎ .

`*L`
 	
`1:  10  INPUT`
`2: *20  C=A`
`3:  30  PRINT A,B,C`
`4:     STOP`
`5:  50  END`
	Ausgabe der geänderten Datei durch Eingabe des Befehls L ⏎ .

`*E`	Speichern der geänderten Datei auf der Diskette unter dem Namen, der im EDLIN Kommando angegeben wurde.

`A>DIR B:`
`COMMAND    COM    4959    5-07-82   12:00p`
`ADD        BAK      58    1-01-80   12:17a`
`ADD        BAS      50    1-01-80   12:14a`
`       3 File(s)`
`A>`
	Ausgabe des Dateiinhaltsverzeichnisses der Diskette in Laufwerk B.
	Die im Dateiinhaltsverzeichnis angegebene Datei ADD.BAS ist die geänderte neue Datei. Die Datei ADD.BAK ist die ursprüngliche alte Datei, die sog. Sicherungsdatei (engl.: back-up-Datei).
	Sie enthält den alten Dateiinhalt. Er dient zu Sicherungszwecken, falls die neue Datei zerstört wird o.ä. Die Datei ADD.BAS enthält nur 50 bytes im Vergleich zur Datei ADD.BAK mit 58 bytes. Dies muß auch so sein, denn es wurden 8 Zeichen gelöscht.

12.5.4.5 Einfügen von Zeichen in Dateizeilen

Eine weitere wichtige Aufgabe besteht beim Korrigieren von Dateien darin, *Zeichen* an bestimmten Stellen innerhalb einer Zeile *einfügen* zu können. Dazu dienen wiederum die *DOS-Aufbereitungstasten*. Die folgende Tabelle zeigt, in welchen Schritten man zum Ziel gelangt.

Schritt	Tasten	Erläuterung
1	F1 oder F2 Zeichen	Durch entsprechend häufiges Drücken der F1 -DOS-Aufbereitungstaste bis zur Einfügestelle bzw. durch Drücken der F2 -DOS-Aufbereitungstaste und Eingabe des Zeichens, hinter dem ein neues Zeichen eingefügt werden soll, werden die Zeichen *bis* zur Einfügestelle auf dem Bildschirm ausgegeben.
2	Ins einzufügende Zeichenkette Ins	Drücken der Ins -Taste, um die folgenden Zeichen, die über die Tastatur eingegeben werden, als einzufügende Zeichen zu kennzeichnen. Anschließend müssen die einzufügenden Zeichen eingegeben werden. Zum Abschluß des Einfügevorgangs muß noch einmal die Ins -Taste gedrückt werden.
3	F3	Die restlichen Zeichen der ehemaligen Dateizeile werden an die eingefügten Zeichen angehängt.
4	↵	Abschluß der geänderten Zeile.

Beispiel 12.19

Es wird von der Quelldatei B:ADD.BAS ausgegangen, in der im Beispiel 12.18 des Abschnitts 12.5.4.4 Zeichen in mehreren Dateizeilen gelöscht wurden. Durch Einfügen der gelöschten Zeichen soll das ursprüngliche Programm wieder erstellt werden. Die Aufgabe besteht daher im einzelnen darin:

- in Zeile 1 nach 1∅⎵INPUT die Variablenliste ⎵A,B einzufügen,
- in Zeile 4 vor ⎵STOP die Anweisungsnummer 4∅ einzufügen und
- in Zeile 2 nach 2∅⎵C=A die Zeichen +B einzufügen.

Dies wird mit Hilfe der DOS-Aufbereitungstasten wie folgt erreicht:

Bildschirmausgabe	Erläuterung
A>EDLIN B:ADD.BAS End of input file	Aufruf des Editors EDLIN zur Aufbereitung der Datei ADD.BAS, die sich auf einer Diskette in Laufwerk B befindet und Übertragen der Datei von der Diskette in den Arbeitsspeicher.

*L
  1:*10 INPUT
  2: 20 C=A
  3: 30 PRINT A,B,C
  4: STOP
  5: 50 END
	Ausgabe des Dateiinhaltes auf dem Bildschirm.

*1
  1:*10 INPUT
  1:*10 INPUT A,B
	Ausgabe der Zeile 1 zur Aufbereitung (Eingabe: 1 ↵).
	Durch Drücken der Taste F3 werden alle Zeichen der 1. Zeile kopiert (10⎵INPUT).
	Die fehlenden Zeichen ⎵A,B ↵ werden eingegeben.
	Abschluß der Aufbereitung durch Drücken der ↵ -Taste.

*4
  4:* STOP
  4:*40 STOP
	Ausgabe der Zeile 4 zur Aufbereitung (Eingabe: 4 ↵).
	Durch Drücken der Taste Ins wird sofort der Einfügemodus vorbereitet. Anschließend werden die einzufügenden Zeichen (40) eingegeben.
	Nach dem Einfügen der Zeichen wird durch erneutes Drücken der Taste Ins der Einfügemodus abgeschlossen. Anschließend wird durch Drücken der DOS-Aufbereitungstaste F3 die ursprüngliche Zeile, d.h. ⎵STOP, in die aufbereitete Zeile kopiert. Der Aufbereitungsvorgang wird abgeschlossen durch Drücken der ↵ Taste.

*2
  2:*20 C=A
  2:*20 C=A+B
	Ausgabe der Zeile 2 zur Aufbereitung (Eingabe: 2 ↵).
	Drücken der Taste F3 . Die gesamte Zeile wird auf dem Bildschirm zur weiteren Aufbereitung kopiert.
	Die fehlenden Zeichen +B ↵ werden eingegeben.
	Abschluß der Aufbereitung durch Drücken der ↵ -Taste.

*L
  1: 10 INPUT A,B
  2:*20 C=A+B
  3: 30 PRINT A,B,C
  4: 40 STOP
  5: 50 END
*E
 	
A>
	Anzeige des korrigierten Programmes (Eingabe: L ↵) und Speichern des Korrigierten Programmes unter dem in EDLIN angegebenen Dateinamen in dem dort angegebenen Laufwerk (E ↵). Die rote Lampe des Laufwerks leuchtet dabei auf. DOS meldet sich nach erfolgter Speicherung mit dem Systembereitschaftszeichen A >.

12.5.4.6 Löschen von Dateizeilen

Möchte man ganze *Dateizeilen löschen*, so löscht man diese nicht zeichenweise mit Hilfe der Del-Taste (vgl. Abschnitt 12.5.4.4), sondern mit Hilfe eines speziellen Editor-Befehls. Die allgemeine Form des Editor-Befehls zeigt die folgende Tabelle.

Befehl	Erläuterung
n1, n2D ↵	Mit Hilfe des D-Befehls (D ist eine Kurzform für engl.: *delete*, d.h. löschen) können die Dateizeilen mit den Zeilennummern n1 bis n2 gelöscht werden (Löschen eines Zeilenbereiches). Die folgenden Zeilen werden entsprechend umnumeriert.
,n2D ↵	Sonderfall: Wird die erste Zeilennummer weggelassen, wird der Zeilenbereich gelöscht, der bei der *laufenden* Zeile beginnt (zuletzt bearbeitete bzw. angezeigte Zeile) und bei der Zeile n2 endet.
n D ↵ oder n, D ↵	Sonderfall: Es wird nur die *angegebene* Zeile n gelöscht.
D ↵	Es wird nur die *laufende* Zeile gelöscht. Die Zeile, die der gelöschten Zeile folgt wird zur laufenden Zeile.

Beispiel 12.20

Es wird von der geänderten Datei ADD.BAS des Beispiels 12.19 ausgegangen und aus dieser Datei einige Zeilen gelöscht.

Bildschirmausgabe	Erläuterung

`A>EDLIN B:ADD.BAS`
`End of input file`
`*L`
`    1:*10 INPUT A,B`
`    2: 20 C=A+B`
`    3: 30 PRINT A,B,C`
`    4: 40 STOP`
`    5: 50 END`
	Übertragen der Datei ADD.BAS von der Diskette in Laufwerk B in den Arbeitsspeicher und Anzeige des Dateiinhaltes auf dem Bildschirm.

`*2,3D`
`*L`
`    1: 10 INPUT A,B`
`    2:*40 STOP`
`    3: 50 END`
	Löschen der Zeilen 2 und 3 und anschließende Anzeige des Dateiinhaltes auf dem Bildschirm. Man erkennt, daß die Zeilen 2 und 3 gelöscht wurden und die ursprünglichen Zeilen 4 und 5 automatisch umnumeriert wurden. Die ursprüngliche Zeile 4, die dem gelöschten Bereich folgte, ist nun die laufende Zeile (erkennbar am Stern *).

`*3D`
`*L`
`    1: 10 INPUT A,B`
`    2: 40 STOP`
	Löschen der 3. Zeile in der geänderten Datei und anschließende Anzeige des Dateiinhaltes auf dem Bildschirm.

`*E`
 	
`A>`
	Speichern der geänderten Datei auf der Diskette. Anschließend meldet sich DOS mit dem Systembereitschaftszeichen A >.

12.5.4.7 Einfügen von Dateizeilen

Möchte man ganze *Zeilen* in Dateien *einfügen*, so fügt man diese nicht zeichenweise mit Hilfe der INS-Taste ein (vgl. Abschnitt 12.5.4.5), sondern man verwendet dazu einen speziellen Editor-Befehl. Die allgemeine Form des Editor-Befehls zeigt die folgende Tabelle.

Befehl	Erläuterung
nI ↵	Mit Hilfe des I-Befehls (I ist eine Kurzform für engl.: *insert*, d.h. einfügen) kann eine Dateizeile unmittelbar *vor* der Dateizeile n eingefügt werden.
Sonderfälle:	
I ↵	Wird keine Zeilennummer vor dem Schlüsselbuchstaben I angegeben, kann eine Zeile unmittelbar vor der *laufenden* Zeile eingefügt werden.
#I ↵	Wird dieser I-Befehl eingegeben, können Dateizeilen *hinter* der letzten Dateizeile der Datei angefügt werden.
	Wird nach der eingefügten Zeile die ↵ -Taste gedrückt, kann eine weitere einzufügende Zeile eingegeben werden. Auf diese Weise kann eine *Zeilenfolge* eingefügt werden.
	Soll hingegen die Zeileneinfügung *beendet* werden, so müssen die Tasten Ctrl und Break gedrückt werden. (Es erscheint anschließend das Editor-Bereitschaftszeichen *).
	Die eingefügten Zeilen werden beim Einfügen in eine bestehende Datei automatisch so numeriert, daß eine neue Reihenfolge entsteht, die die eingefügten Zeilen an der gewünschten Stelle berücksichtigt.

Beispiel 12.21

Es wird von der Datei ADD.BAS des vorangegangenen Beispiels 12.20 ausgegangen. Die dort gelöschten Zeilen sollen wieder eingefügt werden.

Bildschirmausgabe	Erläuterung

`A>EDLIN B:ADD.BAS`
`End of input file`
`*L`
`        1:*10  INPUT A,B`
`        2:  40 STOP`
	Übertragen der zu ändernden Datei ADD.BAS von der Diskette in Laufwerk B in den Arbeitsspeicher und Anzeige des Dateiinhaltes auf dem Bildschirm.

`*2I`
`        2:*20 C=A+B`
`        3:*30 PRINT A,B,C`
`        4:*^C`
	2I ↵
	Befehl zum Einfügen einer Zeile vor der Dateizeile 2. Anzeige der zukünftigen Zeile 2 durch die Zeichenfolge
	2:*
	Anschließend wird die zukünftig 2. Dateizeile
	2Ø␣C=A+B ↵
	eingegeben.
	Nach Abschluß der Zeile durch ↵ erscheint die Zeichenfolge 3.
	3:*
	d.h. es kann eine weitere Zeile eingefügt werden, hier z.B.
	3Ø␣PRINT␣A,B,C ↵
	Anschließende Ausgabe: 4:*
	Nun soll das Einfügen von Zeilen abgeschlossen werden. Dazu müssen die Tasten Ctrl und Break gedrückt werden. Dieser Vorgang wird auf dem Bildschirm mit Hilfe der Zeichen ʌ C dargestellt.
	Anschließend erscheint das Editor-Bereitschaftszeichen *, d.h. der Einfügevorgang ist damit beendet.

`*L`
`        1: 10  INPUT A,B`
`        2: 20  C=A+B`
`        3: 30  PRINT A,B,C`
`        4:*40 STOP`
	Anzeige der geänderten Datei.

`*#I`
`        5:*50 END`
`        6:*^C`
	Einfügen einer Zeile nach der letzten Dateizeile mit Hilfe des Befehls #I.
	Anschließend erscheint auf dem Bildschirm die Zeilenangabe 5:*.
	Darauf wird die einzufügende 5. Zeile wie folgt eingegeben:
	5Ø␣END
	Ausgabe 6:*
	Abbruch des Einfügevorgangs durch Ctrl und Break .

`*L`
`        1: 10  INPUT A,B`
`        2: 20  C=A+B`
`        3: 30  PRINT A,B,C`
`        4: 40  STOP`
`        5: 50  END`
`*E`
	Anzeige der geänderten Datei (L ↵) und Speicherung auf Diskette (E ↵).

12.5.4.8 Austauschen von Zeichen und Zeichenfolgen

Sehr wirkungsvoll ist ein Editor-Befehl zum *Austauschen* von *Zeichen* und *Zeichenfolgen* gegen ein anderes Zeichen bzw. eine andere Zeichenfolge, denn dieser Befehl vereint die Funktion der Befehle:

- Aufsuchen von Zeichen bzw. Zeichenfolgen
- Löschen von Zeichen bzw. Zeichenfolgen und
- anschließendes Einfügen von Zeichen bzw. Zeichenfolgen

Die allgemeine Form des Austauschbefehls lautet:

Befehl	Erläuterung
n1,n2 R AZ [F6] NZ [↵] AZ Abkürzung für: „Alte Zeichenkette" NZ Abkürzung für: „Neue Zeichenkette"	Der Austauschbefehl mit dem Schlüsselbuchstaben R[1] ersetzt die Zeichen der „alten Zeichenkette" AZ durch die Zeichen der „neuen Zeichenkette" NZ in einem vor dem Schlüsselbuchstaben R angegebenen Zeilenbereich n1 bis n2. Die Zeichenketten brauchen nicht gleich lang zu sein.
	Sonderfälle: 1. Wird [F6] „neue Zeichenkette" im Befehl nicht angegeben, wird die „alte Zeichenkette" im angegebenen Zeilenbereich *gelöscht.* 2. Läßt man die Zeilennummer n1 weg, beginnt der Austausch mit Zeile 1. 3. Läßt man die Zeilennummer n2 weg, endet der Austausch mit der letzten Zeile. 4. Läßt man die Zeilennummer n1 und n2 weg, so wird in der gesamten Datei, d.h. in allen möglichen Zeilen der Datei, ausgetauscht.
	Anstelle der Taste [F6] können auch die Tasten [Ctrl] und [Z] betätigt werden. Die letzte geänderte Zeile wird zur *laufenden* Zeile.

---

1) Der Schlüsselbuchstabe R steht für engl. replace, d.h. ersetzen.

Beispiel 12.22

Es soll von der geänderten Datei ADD.BAS in Beispiel 12.21 ausgegangen werden.

In der gesamten Datei soll die Variable A durch die Variable X, die Variable B durch die Variable Y und die Variable C durch die Variable Z ersetzt werden.

Bildschirmausgabe	Erläuterung

`*L`
`  1:*10  INPUT  A,B`
`  2:  20  C=A+B`
`  3:  30  PRINT  A,B,C`
`  4:  40  STOP`
`  5:  50  END`
	Nach dem Starten des Editors wird der Dateiinhalt auf dem Bildschirm aufgelistet (L ↵).

`*RA^ZX`
`  1:*10  INPUT  X,B`
`  2:  20  C=X+B`
`  3:  30  PRINT  X,B,C`
	Austausch des Buchstabens A gegen X in der *gesamten* Datei (daher keine Angabe von Zeilennummern).
	
	Man erkennt ferner, daß die Funktionstaste F6 die Zeichen Ctrl und Z ersetzt, die auf dem Bildschirm als ʌ Z dargestellt werden.
	
	Nach dem Drücken der Taste ↵ beginnt der Austausch. Die Zeilen, in denen ein Austausch stattfindet, werden gleichzeitig aufgelistet.

`*RB^ZY`
`  1:  10  INPUT  X,Y`
`  2:  20  C=X+Y`
`  3:  30  PRINT  X,Y,C`
	Austausch des Buchstabens B gegen Y in der gesamten Datei.

`*RC^ZZ`
`  2:  20  Z=X+Y`
`  3:  30  PRINT  X,Y,Z`
	Austausch des Buchstaben C gegen Z in der gesamten Datei.

`*L`
`  1:  10  INPUT  X,Y`
`  2:  20  Z=X+Y`
`  3:*30  PRINT  X,Y,Z`
`  4:  40  STOP`
`  5:  50  END`
	Ausgabe der geänderten Datei.

12.5.4.9 Aufsuchen von Zeichen und Zeichenfolgen

Teilweise möchte man in einer Datei keine Zeichenketten austauschen, sondern an diesen Stellen andere Änderungen vornehmen. Zum Durchsuchen längerer Dateien nach einer bestimmten Zeichenfolge ist ein entsprechender Editor-Befehl nützlich. Die allgemeine Form des Suchbefehls ist:

Befehl	Erläuterung
n1,n2?S Zeichenkette ↵	Der Schlüsselbuchstabe des Befehls zum Aufsuchen von Zeichen bzw. Zeichenfolgen ist S. S ist eine Kurzform für engl.: search, d.h. suchen.
	Mit Hilfe dieses Suchbefehls wird die erste Zeile gesucht, in der die im Befehl angegebene „Zeichenkette" in dem angegebenen Zeilenbereich (n1, n2) vorhanden ist. Diese Zeile wird auf dem Bildschirm ausgegeben.
	Das ? bewirkt, daß anschließend die Abfrage erfolgt: OK?
	Antwortet man mit Y für engl.: „yes" wird der Suchvorgang beendet.
	Drückt man eine beliebige andere Taste, wird die nächste Zeile gesucht, in der die Zeichenkette enthalten ist usw.
	Ist die Datei vollständig durchsucht und es wird keine Zeichenkette mehr gefunden, erscheint der engl. Text: „NOT FOUND", d.h. nicht gefunden.
	Sonderfälle: 1. Läßt man die Zeilennummer n1 weg, beginnt der Suchvorgang mit Zeile 1. 2. Läßt man die Zeilennummer n2 weg, endet der Suchvorgang mit der letzten Zeile. 3. Läßt man beide Zeilennummern weg, ist die gesamte Datei Gegenstand des Suchvorgangs.

Beispiel 12.23

Es wird von der Datei ADD.BAS des vorangegangenen Beispiels 12.22 ausgegangen. Es sollen *alle* Zeilen gesucht werden, in denen ein T enthalten ist.

Bildschirmausgabe	Erläuterung

*L
    1: 10 INPUT X,Y
    2: 20 Z=X+Y
    3: 30 PRINT X,Y,Z
    4: 40 STOP
    5:*50 END
	Anzeige des Dateiinhaltes.

*?ST 1: 10 INPUT X,Y O.K.?	Suchen der Zeile mit dem ersten T (Befehl: ?ST) Ausgabe der Zeile mit den ersten T. Abfrage, ob der Suchvorgang fortgesetzt werden soll. In diesem Fall soll der Suchvorgang fortgesetzt werden. Daher muß eine beliebige Taste außer Y gedrückt werden.
3: 30 PRINT X,Y,Z O.K.?	Ausgabe der nächsten Zeile, die ein T enthält (es ist die 3. Zeile). Anschließend wird wieder eine beliebige Taste gedrückt.
4: 40 STOP O.K.? Not found	Ausgabe der nächsten Zeile, die ein T enthält. Nach dem Drücken einer beliebigen Taste wird kein weiteres T gefunden, so daß der Ausdruck „NOT FOUND" erscheint.

12.6 Das COPY-Kommando

Das COPY-Kommando dient zum Kopieren einzelner Dateien.

Die Originaldatei wird im folgenden *Quelldatei*, die kopierte Datei *Zieldatei* genannt.

12.6.1 Kopierwünsche des Anwenders

In der Praxis bestehen folgende Kopierwünsche:

● Kopieren der Quelldatei auf die *gleiche* Diskette.
In diesem Falle ist nur ein Diskettenlaufwerk erforderlich.
Die Zieldatei muß zur Unterscheidung einen *anderen* Dateinamen aufweisen als die Quelldatei.

● Kopieren der Quelldatei auf eine *andere* Diskette.
Je nach Ausstattung des Mikrocomputersystems gibt es zwei Möglichkeiten:
— es ist nur *ein* Diskettenlaufwerk vorhanden oder
— es sind *zwei* Diskettenlaufwerke vorhanden.
Die Zieldatei kann dabei
— einen anderen Dateinamen aufweisen als die Quelldatei oder
— den gleichen Dateinamen wie die Quelldatei besitzen.

● Verketten von mehreren Quelldateien zu einer Zieldatei
— auf der gleichen oder einer anderen Diskette
— mit Hilfe eines oder zwei Laufwerken.

Auf die Kopierkommandos zu diesen Kopierwünschen soll im folgenden näher eingegangen werden.

12.6.2 Das allgemeine Kopier-Kommando

> **Das Kopierkommando hat folgende allgemeine Form:**
>
> **COPY LW:Q LW:Z ↵**

Hierbei ist:

COPY	Schlüsselwort des Kopierkommandos.
LW	Kennzeichen des Laufwerkes, in dem die Diskette mit der zugehörigen Quell- bzw. Zieldatei liegt. Als Laufwerkskennzeichen wird entweder der Buchstabe A oder B benutzt. Der zugehörige Dateiname, hier Q bzw. Z, wird durch einen Doppelpunkt von der Laufwerkangabe getrennt.
Q	Quelldatei. Die Abkürzung Q steht stellvertretend für den Dateinamen der Quelldatei (Originaldatei). Ist die Quelldatei auf einer Diskette im Laufwerk A, so kann die Laufwerksangabe A: entfallen. Besitzt die Quelldatei einen Dateiergänzungsnamen, so *muß* dieser ebenfalls angegeben werden.
Z	Zieldatei. Die Abkürzung Z steht stellvertretend für den Dateinamen der Zieldatei (Dateikopie). Soll die Dateikopie auf einer Diskette im Laufwerk A gespeichert werden, so kann die Laufwerksangabe A: entfallen. Soll die Zieldatei einen Dateiergänzungsnamen erhalten, so muß dieser ebenfalls angegeben werden.
↵	Abschluß des Kopierkommandos durch Drücken der Eingabe-Taste. Anschließend beginnt der Kopiervorgang.

Soll die Zieldatei den *gleichen Dateinamen* aufweisen wie die Quelldatei, so ist dies nur bei der Benutzung von *zwei Disketten* möglich, da sonst die Eindeutigkeit der Zuordnung eines Dateinamens zu einer Datei auf einer Diskette verloren ginge.

Werden zwei Disketten benutzt, so kann bei gleichen Dateinamen von Quell- und Zieldatei der Name der Zieldatei entfallen.

Die folgende Aufstellung zeigt in allgemeiner Form, wie die unterschiedlichen Kopierwünsche der Anwender durch Angabe der entsprechenden Kopierkommandos, abgeleitet aus dem allgemeinen Kopierkommando, erfüllt werden können.

Kopieren auf die gleiche Diskette	Kopieren auf eine andere Diskette	
	Mit einem Laufwerk	Mit zwei Laufwerken
Schritt 1: DOS wie üblich laden und das Systembereitschaftszeichen A > abwarten.		
Schritt 2: DOS-Diskette aus dem Systemlaufwerk A entnehmen und die Diskette mit der Quelldatei in das Systemlaufwerk A einlegen.		
Schritt 3: Kopierkommando wie folgt eingeben (je nach Fall Spalte wählen!):		

Kopieren im System-laufwerk:
 	
`COPY Q Z ↵`
 	
Kopieren in Lauf-werk B:
 	
`COPY B:Q B:Z ↵`
	— Die Zieldatei soll einen anderen Dateinamen aufweisen wie die Quelldatei:
	
	`COPY Q B:Z ↵`
	
	— Die Zieldatei soll den gleichen Dateinamen aufweisen wie die Quelldatei (Quelldatei in Laufwerk A):
	
	`COPY Q B:Q ↵` bzw.
	
	`COPY Q B: ↵`
	
	— Die Quelldatei befindet sich auf einer Diskette in Laufwerk B, die Zieldatei auf einer Diskette in Laufwerk A.
	
	`COPY B:Q ↵`	

	Bildschirmausgabe: Insert diskette for drive B: and strike any key when ready. Es wird somit auf Englisch darauf hingewiesen, daß eine Diskette für die Zieldatei in Laufwerk B einzulegen ist.	
	Da nur ein Laufwerk vorhanden ist, ist der Ablauf *etwas* anders als es der obige engl. Text vorgibt. — Man entnimmt dem Laufwerk A die Diskette mit der Quelldatei. — Man legt in das Laufwerk A die Diskette, auf der die Zieldatei gespeichert werden soll. — Man drückt eine beliebige Taste.	Ist die Diskette, die die Zieldatei aufnehmen soll, in Laufwerk B eingelegt, wird eine beliebige Taste gedrückt.

> **Schritt 4:**
> Der Kopiervorgang beginnt nach der Kommandoeingabe mit Drücken der ⏎-Taste. Äußerlich wird der Kopiervorgang sichtbar durch das Aufleuchten der roten Kontrollampe des Laufwerkes.
> Das Ende des Kopiervorgangs wird durch folgende Ausgabe auf dem Bildschirm angezeigt:
> 1 File(s) copied
> A>
>
> Nach dem Kopieren ist es sinnvoll, den erfolgreichen Kopiervorgang mit Hilfe des DIR-Kommandos zu überprüfen. Die kopierte Datei muß im Inhaltsverzeichnis der Zieldiskette vorhanden sein. Es ist außerdem sinnvoll, das Inhaltsverzeichnis ausdrucken zu lassen, um es mit in die Diskettenhülle legen zu können. Auf diese Weise weiß man stets, was die Disketten enthalten.

12.6.3 Kopierbeispiele zum Kopieren einzelner Dateien

12.6.3.1 Vorbereitung

Die IBM-DOS Systemdiskette wird in das Laufwerk A gelegt und das DOS-Betriebssystem wie üblich gestartet. Nach Angabe von Datum und Uhrzeit erscheint das Systembereitschaftszeichen A>.

Beispiel 12.24

Anschließend werden zunächst mit Hilfe des Kommandos EDLIN auf einer Diskette in Laufwerk B die Dateien mit den Dateinamen A, B und C wie folgt neu erzeugt:

<table>
<tr><td>

```
A>
A>EDLIN B:A
New file
*I
        1:*A
        2:*A
        3:*A
        4:*^C

*E
```

</td><td>

Erzeugen einer Datei mit dem Dateinamen A auf einer Diskette in Laufwerk B. Der Inhalt der Datei besteht aus drei Zeilen. Jede Zeile enthält nur den Buchstaben A.

Der Eingabevorgang I wird durch Drücken der Tasten CTRL Break beendet.

Mit Hilfe des Befehls E ↵ wird die Datei mit dem Namen A auf der Diskette im Laufwerk B gespeichert.

</td></tr>
<tr><td>

```
A>EDLIN B:B
New file
*I
        1:*B
        2:*B
        3:*B
        4:*^C

*E
```

</td><td>

Erzeugen einer Datei mit dem Dateinamen B auf einer Diskette in Laufwerk B. Der Inhalt der Datei besteht aus drei Zeilen mit je einem Buchstaben B.

</td></tr>
<tr><td>

```
A>EDLIN B:C
New file
*I
        1:*C
        2:*C
        3:*C
        4:*^C

*E
```

</td><td>

Erzeugen einer Datei mit dem Dateinamen C auf einer Diskette in Laufwerk B. Der Inhalt der Datei besteht aus drei Zeilen mit je einem Buchstaben C.

</td></tr>
<tr><td>

```
A>DIR B:
COMMAND   COM    4959   5-07-82   12:00p
ADD       $$$       0   1-01-80   12:19a
ADD       BAS      58   1-01-80   12:04a
A                  10   1-01-80   12:02a
B                  10   1-01-80   12:03a
C                  10   1-01-80   12:04a
        6 File(s)
```

</td><td>

Ausgabe des Dateiinhaltsverzeichnisses der Diskette in Laufwerk B. Man erkennt, daß die erzeugten drei Dateien A, B und C vorhanden sind.

</td></tr>
</table>

12.6.3.2 Kopieren auf die gleiche Diskette

Kopieren auf die gleiche Diskette im Systemlaufwerk A mit unterschiedlichem Namen

Beispiel 12.25

Dazu wird die IBM-DOS-Diskette aus Laufwerk A entnommen und die Diskette mit den erzeugten Dateien A, B und C aus Laufwerk B in Laufwerk A gelegt. Es wird folgendes Kommando gegeben:

```
A>COPY A AAA                                    Kopierkommando
        1 File(s) copied                       Ausgabe
A>DIR                                           DIR-Kommando
COMMAND   COM    4959    5-07-82   12:00p
ADD       $$$       0    1-01-80   12:19a
ADD       BAS      58    1-01-80   12:04a
A                  10    1-01-80   12:02a       Ausgabe
B                  10    1-01-80   12:03a
C                  10    1-01-80   12:04a
AAA                10    1-01-80   12:02a
        7 File(s)
```

Die Datei A, die sich auf einer Diskette im Systemlaufwerk A befindet, wird auf die gleiche Diskette mit dem Namen AAA kopiert. Das anschließend eingegebene DIR-Kommando zeigt, daß die Kopie AAA tatsächlich angefertigt wurde.

Kopieren auf die gleiche Diskette im Laufwerk B mit unterschiedlichem Namen

Beispiel 12.26

Dazu wird die Diskette aus Laufwerk A in Laufwerk B gelegt und folgendes Kommando gegeben:

```
A>COPY B:B B:BBB                               Kopierkommando
        1 File(s) copied                       Ausgabe
A>DIR B:                                        DIR-Kommando
COMMAND   COM    4959    5-07-82   12:00p
ADD       $$$       0    1-01-80   12:19a
ADD       BAS      58    1-01-80   12:04a
A                  10    1-01-80   12:02a       Ausgabe
B                  10    1-01-80   12:03a
C                  10    1-01-80   12:04a
AAA                10    1-01-80   12:02a
BBB                10    1-01-80   12:03a
        8 File(s)
```

Die Datei B, die sich auf einer Diskette im Laufwerk B befindet, wird auf die gleiche Diskette mit dem Namen BBB kopiert. Das anschließend eingegebene DIR-Kommando zeigt, daß die Kopie BBB tatsächlich angefertigt wurde.

Kopieren auf die gleiche Diskette bei gleichem Namen

Beispiel 12.27

Die Diskette wird in Laufwerk A gelegt und folgendes Kommando gegeben:

```
A>COPY C C                                     Kopierkommando
File cannot be copied onto itself
        0 File(s) copied                       Ausgabe
```

Es wurde der Versuch unternommen, die Datei C in Laufwerk A auf die gleiche Diskette mit gleichem Namen zu kopieren. Dieser Versuch wird abgewiesen durch die englische Fehlermeldung

„File can not be copied onto itself"

Das besagt:

„Die Datei kann nicht in sich selbst kopiert werden".
Es wird somit keine Datei (engl.: file) kopiert.

12.6.3.3 Kopieren auf eine andere Diskette in einem anderen Laufwerk

Beispiel 12.28

Die Dateiinhaltsverzeichnisse der Disketten in den Laufwerken A und B mögen folgende Dateien zeigen:

```
A>DIR
COMMAND   COM      4959    5-07-82   12:00p
ADD       $$$         0    1-01-80   12:19a
ADD       BAS        58    1-01-80   12:04a
A                    10    1-01-80   12:02a
B                    10    1-01-80   12:03a
C                    10    1-01-80   12:04a
AAA                  10    1-01-80   12:02a
BBB                  10    1-01-80   12:03a
        8 File(s)
A>DIR B:
COMMAND   COM      4959    5-07-82   12:00p
        1 File(s)
```

Die Datei A soll nun von der Diskette in Laufwerk A zur Diskette in Laufwerk B mit *gleichem* Namen kopiert werden. Anschließend soll die Datei B von der Diskette in Laufwerk A zur Diskette in Laufwerk B mit dem *geänderten* Namen B.TXT kopiert werden. Mit Hilfe des DIR B: Kommandos soll anschließend der erfolgreiche Kopiervorgang nachgewiesen werden.

```
A>COPY A B:
        1 File(s) copied
A>COPY B B:B.TXT
        1 File(s) copied
A>DIR B:
COMMAND   COM      4959    5-07-82   12:00p
A                    10    1-01-80   12:02a
B         TXT        10    1-01-80   12:03a
        3 File(s)
```

Man erkennt, daß im Gegensatz zu Beispiel 12.27 auf verschiedenen Disketten Dateien mit gleichem Dateinamen auftreten dürfen.

Kopieren von Laufwerk B zu Laufwerk A

Beispiel 12.29

Es soll die Datei B.TXT von der Diskette in Laufwerk B mit *gleichem* Namen zur Diskette in Laufwerk A übertragen werden und der erfolgreiche Kopiervorgang nachgewiesen werden. Dazu dienen folgende Kommandos:

```
A>COPY B:B.TXT
        1 File(s) copied
A>DIR
COMMAND   COM    4959   5-07-82   12:00p
ADD       $$$       0   1-01-80   12:19a
ADD       BAS      58   1-01-80   12:04a
A                  10   1-01-80   12:02a
B                  10   1-01-80   12:03a
C                  10   1-01-80   12:04a
AAA                10   1-01-80   12:02a
BBB                10   1-01-80   12:03a
B         TXT      10   1-01-80   12:03a
        9 File(s)
```

12.6.3.4 Kopieren auf eine andere Diskette, wenn nur ein Laufwerk vorhanden ist

Beispiel 12.30

Es soll die Datei A mit dem neuen Namen A.TXT auf eine andere Diskette kopiert werden. Dabei steht nur das Laufwerk A zur Verfügung.

Eingabe des Kommandos:

COPY␣A␣B:A.TXT

Über die Bildschirmausgabe wird der Benutzer aufgefordert, die Disketten zu wechseln. Nachdem dies getan ist, wird der Kopiervorgang nach Drücken einer beliebigen Taste gestartet.

Dieser Kopiervorgang ist nur möglich, wenn tatsächlich nur ein Diskettenlaufwerk zur Verfügung steht. Ist der IBM PC jedoch mit zwei Laufwerken ausgestattet, erscheint eine Fehlermeldung:

Not ready error reading drive B
Abort, Retry, Ignore?

d.h. es wird eine „Nicht-fertig-Fehlermeldung" ausgegeben, da keine Diskette in Laufwerk B liegt. Es wird gefragt, ob abgebrochen (Abort), das Kopieren noch einmal versucht (Retry) oder die Fehlermeldung ignoriert (Ignore) werden soll.

Durch Eingabe des Buchstabens A wird z.B. der Abbruch gewählt. Es meldet sich anschließend wieder das IBM-DOS-Betriebssystem durch Ausgabe von A > bereit.

12.6.4 Kopieren von Dateigruppen

Beispiel 12.31

In den Laufwerken A und B mögen Disketten mit folgenden Dateinamen liegen:

```
A>DIR
COMMAND   COM      4959    5-07-82   12:00p
ADD       $$$         0    1-01-80   12:19a
ADD       BAS        58    1-01-80   12:04a
A                    10    1-01-80   12:02a   .
B                    10    1-01-80   12:03a
C                    10    1-01-80   12:04a
          6 File(s)
A>DIR B:
COMMAND   COM      4959    5-07-82   12:00p
A         TXT        10    1-01-80   12:02a
B         TXT        10    1-01-80   12:03a
C         TXT        10    1-01-80   12:04a
          4 File(s)
```

Es sollen nun die Dateien A.TXT,B.TXT und C.TXT von der Diskette in Laufwerk B zur Diskette in Laufwerk A übertragen werden. Dazu wären eigentlich drei Kopierkommandos nötig. Durch Verwendung eines *Dateigruppennamens* kann man den Kopiervorgang jedoch vereinfachen. Alle drei Dateien haben den gleichen Dateiergänzungsnamen TXT. Das Dateigruppenzeichen * steht für beliebige Dateihauptnamen. Somit ergibt sich folgendes Kopierkommando für die Dateigruppe:

```
A>COPY  B:*.TXT
A         TXT
B         TXT
C         TXT
          3 File(s) copied
```

Die jeweils kopierten Dateien werden auf dem Bildschirm durch Angabe des Dateinamens ausgegeben. Zur Kontrolle kann man sich das Dateiinhaltsverzeichnis der Diskette in Laufwerk A wie folgt ausgeben lassen.

```
A>DIR
COMMAND   COM      4959    5-07-82   12:00p
ADD       $$$         0    1-01-80   12:19a
ADD       BAS        58    1-01-80   12:04a
A                    10    1-01-80   12:02a
B                    10    1-01-80   12:03a
C                    10    1-01-80   12:04a
A         TXT        10    1-01-80   12:02a
B         TXT        10    1-01-80   12:03a
C         TXT        10    1-01-80   12:04a
          9 File(s)
A>
```

12.6.5 Verketten von Dateien

Beim Kopieren von Dateigruppen bleibt jede kopierte Datei eine selbständige Einheit.

Teilweise besteht jedoch der Wunsch, aus einzelnen separaten Dateien eine einzige Datei zu bilden. Dies nennt man „verketten von Dateien".

Das Verketten von Dateien ist mit Hilfe eines DOS-Kopierkommandos möglich. Die Dateien, die zu einer Datei verkettet werden sollen, werden dazu vor der Laufwerksangabe und dem Dateinamen mit einem +-Zeichen versehen und einfach aufgelistet. Die allgemeine Form ist somit:

```
COPY LW:Q1 + LW:Q2+ ... +LW:Qn LW:Z ↵
```

Die Dateien Q1 bis Qn sind die Dateinamen der zu verkettenden Quelldateien auf Disketten in den jeweiligen vor den Dateinamen angegebenen Laufwerken.

Das Laufwerk und der Name der Zieldatei wird am Ende der Liste angegeben. Äußeres Kennzeichen, daß es sich um die Zieldatei handelt, ist das fehlende +-Zeichen vor der Laufwerksangabe, d.h. diese Datei gehört nicht zur Dateikette.

Beispiel 12.32

Es sollen die Dateien A, B und C auf der Diskette in Laufwerk A verkettet werden zu einer Datei mit dem Namen GES. Sie soll auf der gleichen Diskette gespeichert werden.

Dazu dient das folgende Kommando:

```
A>COPY A+B+C GES
        1 File(s) copied
A>DIR
COMMAND   COM     4959    5-07-82   12:00p
ADD       $$$        0    1-01-80   12:19a
ADD       BAS       58    1-01-80   12:04a
A                   10    1-01-80   12:02a
B                   10    1-01-80   12:03a
C                   10    1-01-80   12:04a
A         TXT       10    1-01-80   12:02a
B         TXT       10    1-01-80   12:03a
C         TXT       10    1-01-80   12:04a
GES                 28    1-01-80    1:46a
```

Das DIR-Kommando bestätigt die Speicherung der verketteten Datei GES, wie der obige Ausdruck zeigt. Die Datei GES hat nach der Verkettung den Inhalt:

```
A
A
A
B
B
B
C
C
C
```

12.6.6 Steuerparameter beim Kopieren von Dateien

Mit einer Reihe von Steuerparametern kann der Kopiervorgang beeinflußt werden.

Es gibt einen Steuerparameter, der zu einer *Überprüfung* der kopierten Daten führt. Wenn Fehler beim Übertragen aufgetreten sind, erscheint eine Fehlermeldung. Dieser zusätzliche Überprüfungsaufwand geht natürlich auf Kosten der Kopierzeit.

Weiterhin gibt es Steuerparameter, die die Dateien entweder im ASCII-Code oder in einem *komprimierten* Binärcode kopieren, ein *Dateiendezeichen* anfügen bzw. nicht anfügen und dergleichen.

Darauf soll hier nicht weiter eingegangen werden. Es sei für derartige Fälle auf das IBM-Benutzerhandbuch verwiesen.

12.7 Das DISKCOPY-Kommando

> **Das DISKCOPY-Kommando hat die Aufgabe, den gesamten Disketteninhalt einer Diskette auf eine andere Diskette zu kopieren.**

Der wesentliche Unterschied zum COPY-Kommando ist somit, daß nicht einzelne Dateien Kopiert werden können, sondern stets die Gesamtheit *aller* Dateien auf einer Diskette.

Dies wäre auch mit Hilfe des COPY-Kommandos möglich, wenn der Dateigruppenname *.* verwendet wird (vgl. Abschnitt 11.6.5). Auf den dennoch bestehenden Unterschied zum DISKCOPY-Kommando wird später eingegangen. Zunächst soll das DISKCOPY-Kommando näher besprochen werden.

> **Das DISKCOPY-Kommando ist ein Kommando, das vor der Benutzung stets von der IBM-DOS-Systemdiskette zu laden ist (vgl. Abschnitt 12.1).**

Außerdem ist anzumerken, daß bei Verwendung des DISKCOPY-Kommandos *nur* die Dateien kopiert werden, die im Dateiinhaltsverzeichnis der Diskette aufgeführt sind. Die Systemdateien IBM BIOS und IBM BDOS werden nicht kopiert, auch wenn sie auf der Originaldiskette vorhanden sind.

> **Die allgemeine Form des DISKCOPY-Kommandos lautet:**
>
> > DISKCOPY ⎵ Laufwerksangabe 1: ⎵ Laufwerksangabe 2: ↵

Hierbei ist:

DISKCOPY	Schlüsselwort
Laufwerksangabe 1	Angabe des Quellaufwerks (Laufwerk, in dem das Original, die Datenquelle, liegt).
Laufwerksangabe 2	Angabe des Ziellaufwerks (Laufwerk, in dem die Kopie erstellt werden soll).

Möchte man bei zweiseitigen Disketten nur die erste Seite einer Diskette kopieren, so kann man an das Kommando den Parameter /1 anhängen.

Weiterhin ist anzumerken, daß die Diskette, die die Kopie aufnehmen soll, formatiert sein muß.

Diskettenkopie auf das Systemlaufwerk

Fehlt die Laufwerksangabe 2 (Ziellaufwerk), so wird das Systemlaufwerk A als Ziellaufwerk angesehen.

Die Laufwerksangabe 1 (Quellaufwerk) muß B sein, wenn die Laufwerksangabe 2 (Ziellaufwerk) fehlt und zwei Laufwerke benutzt werden.

Diskettenkopie mit einem Laufwerk

Fehlt die Laufwerksangabe 2 (Ziellaufwerk), so wird ebenfalls das Systemlaufwerk A als Ziellaufwerk angesehen. Wird aber nun als Laufwerksangabe 1 (Quellaufwerk) das Systemlaufwerk A angegeben, so bedeutet das, daß Quelle und Ziel auf einem Laufwerk (A) eingelegt werden. Auf diese Weise lassen sich Diskettenkopien auch auf nur einem Laufwerk erstellen.

Einfacher ist es jedoch in diesem Fall, gleich beide Laufwerksangaben entfallen zu lassen. Auf diese Weise lassen sich ebenfalls Diskettenkopien auf einem Laufwerk erstellen.

Beispiel 12.33

Kopieren von Disketteninhalten, wenn zwei Laufwerke vorhanden sind

1. DOS-Starten und warten, bis das Systembereitschaftszeichen A > erscheint.
2. Eingeben des Kommandos
   DISKCOPY ⌴A:⌴B: ↵
3. Das System gibt folgende Anweisung auf dem Bildschirm aus:

```
Insert source diskette in drive A:

Insert target diskette in drive B:

Strike any key when ready
```

d.h. es soll die Quelldiskette in Laufwerk A eingelegt werden (vorher DOS-Diskette entfernen!).

Die Zieldiskette soll in Laufwerk B eingelegt werden. Anschließend ist eine beliebige Taste zu drücken.

Folgende Dateien mögen auf den Disketten vorhanden sein:

```
A>DIR
COMMAND   COM      4959    5-07-82   12:00p
BSP       BAS        58    1-01-80   12:04a
          2 File(s)
A>DIR B:
COMMAND   COM      4959    5-07-82   12:00p
ADD                  10    1-01-80   12:02a
B         TXT         10    1-01-80   12:03a
C         TXT         10    1-01-80   12:04a
          4 File(s)
```

Wird eine beliebige Taste gedrückt, erscheint folgende Meldung während des Kopierens:

```
Copying 2 side(s)

Copy complete

Copy another (Y/N)?N
```

d.h.

Es werden 2 Seiten kopiert.

*Nach*dem der Kopiervorgang beendet ist, erscheint die Meldung auf dem Bildschirm:

Kopie fertig.

und die Anfrage:

Eine weitere Kopie (Ja/Nein)?

4. Soll keine weitere Kopie angefertigt werden, wird die Taste N für engl.: „NO" (nein) gedrückt. Anschließend wird das Systembereitschaftszeichen A > ausgegeben.
5. Kontrolle mit Hilfe des DIR-Kommandos

```
A>DIR
COMMAND   COM      4959    5-07-82   12:00p
BSP       BAS        58    1-01-80   12:04a
          2 File(s)
A>
DIR B:
COMMAND   COM      4959    5-07-82   12:00p
BSP       BAS        58    1-01-80   12:04a
          2 File(s)
```

Wie man erkennt, wurde der ursprüngliche Inhalt auf der Diskette in Laufwerk B durch den Inhalt der Diskette in Laufwerk A überschrieben. In Laufwerk B ist somit die Kopie von Laufwerk A.

Beispiel 12.34

Kopieren von Disketteninhalten, wenn nur ein Laufwerk vorhanden ist.

1. DOS laden. Warten bis A > erscheint.
2. Kommando DISKCOPY ↵ eingeben.
3. Ausgabe auf dem Bildschirm

   Insert source diskette in drive A.
   Strike any key when ready.

   Wie der englische Text besagt, soll die Quelldiskette in Laufwerk A gelegt werden. Dazu muß vorher die DOS-Diskette entfernt werden. Anschließend soll eine beliebige Taste gedrückt werden. Daraufhin werden die Daten von der Quelldiskette in den Arbeitsspeicher übertragen. Wenn das geschehen ist, erfolgt folgende Meldung:
4. Insert target diskette in drive B.

   Strike any key when ready.

   Dieser engl. Text fordert den Benutzer auf, die Zieldiskette in Laufwerk B zu legen. Dazu muß die Quelldiskette vorher entnommen werden. Anschließend muß eine beliebige Taste gedrückt werden.

   Danach werden die Daten aus dem Arbeitsspeicher auf die Zieldiskette übertragen. Wenn dies beendet ist, erscheint folgende Meldung:
5. Copy complete
   Copy another (Y/N)?

   Dieser engl. Text meldet:

   Kopie beendet. Wollen Sie noch eine weitere Kopie? Falls ja, geben Sie Y ein, ansonsten N.

12.8 Das SYS-Kommando

Hat man die DOS-Betriebssystemdateien IBMBIO.COM und IBMDOS.COM beim Formatieren der Disketten nicht gleich mit übertragen (vgl. Abschnitt 11.3), so besteht die Möglichkeit, dies mit Hilfe des SYS-Kommandos nachzuholen. Dies ist auch vielfach erforderlich, wenn eine Anwenderprogrammdiskette ohne DOS gekauft wurde und diese aber unter DOS ablaufen soll.

Mit Hilfe des SYS-Kommandos kann eine Kopie von DOS auf eine Anwenderprogrammdiskette übertragen werden.

Die allgemeine Form des SYS-Kommandos ist:

> **SYS Laufwerksangabe:**

Auch hierbei ist es wesentlich, daß die Diskette, die das DOS-Betriebssystem aufnehmen soll, vorher richtig formatiert wurde (vgl. Abschnitt 11.3).

12.9 Das TYPE-Kommando

Bislang wurden *Dateiinhalte* mit Hilfe des Editors auf dem Bildschirm ausgegeben.

Dieses Verfahren ist relativ umständlich, wie Beispiel 12.35 zeigt.

Beispiel 12.35

Liegt eine Diskette mit folgenden Dateien im Laufwerk A

```
A>dir
COMMAND   COM     4959    5-07-82    12:00p
ADD       $$$        0    1-01-80    12:19a
ADD       BAS       58    1-01-80    12:04a
A                   10    1-01-80    12:02a
B                   10    1-01-80    12:03a
C                   10    1-01-80    12:04a
A         TXT       10    1-01-80    12:02a
B         TXT       10    1-01-80    12:03a
C         TXT       10    1-01-80    12:04a
GES                 28    1-01-80     1:46a
        10 File(s)
```

und soll der Inhalt der Datei GES auf dem Bildschirm ausgegeben werden, so führt das Kommando

```
A>EDLIN GES
Bad command or file name
```

zu einer Fehlermeldung (bad command or file name, d.h. falsches Kommando oder Dateiname).

Die Ausgabe des Dateiinhaltes der Datei GES gelingt nicht, da das EDLIN-Kommando ein von der Systemdiskette ladbares Kommando ist. Diese Datei ist jedoch nicht auf der Diskette, wie das Inhaltsverzeichnis zeigt. Es muß somit diese Diskette dem Laufwerk A entnommen werden und gegen die Systemdiskette ausgetauscht werden. Die Diskette mit der Datei GES wird hingegen vor der Ausgabe des Dateiinhaltes mit Hilfe des EDLIN-Kommandos in das Laufwerk B geleget und anschließend DOS gestartet. Gibt man jetzt das EDLIN-Kommando ein, kann mit Hilfe des Editor-Befehls L der Dateiinhalt der Datei GES ausgegeben werden (vgl. Abschnitt 12.5.4.2). Der Editor kann ohne erneutes Speichern mit Hilfe des Editor-Befehls Q verlassen werden. Dies zeigt folgender Ausdruck:

```
A>EDLIN B:GES
End of input file
*L
      1:*A
      2: A
      3: A
      4: B
      5: B
      6: B
      7: C
      8: C
      9: C
*Q
Abort edit (Y/N)? Y
A>
```

Dieses Verfahren zur Ausgabe von Dateiinhalten ist, wie schon gesagt wurde, relativ umständlich.

Möchte man nur den Dateiinhalt einer bestimmten Datei auf dem Bildschirm ausgeben, so ist es einfacher, das TYPE-Kommando zu verwenden.

Das TYPE-Kommando ist ein *dauerhaft* im Arbeitsspeicher gespeichertes Kommando, d.h. nach dem Laden des DOS-Betriebssystems ist dieses DOS-Kommando im Arbeitsspeicher vorhanden, so daß die DOS-Diskette selbst nicht mehr benötigt wird, wenn Dateiinhalte von Disketten auf dem Bildschirm ausgegeben werden sollen. Dies ist ein wichtiger Unterschied zum EDLIN-Kommando.

> **Die allgemeine Form des TYPE-Kommandos ist:**
>
> > **TYPE Laufwerksangabe: Dateiname ↵**

Mit diesem Type-Kommando kann jede ASCII-Datei auf einfache Weise schnell auf dem Bildschirm angezeigt werden. Dies ist in der Praxis wichtig,

- z.B. zum Überprüfen, welchen Inhalt die Datei aufweist,
- oder um zu sehen, ob der Inhalt der Datei Fehler enthält.

Ist man sich sicher, daß die Datei verändert werden muß, empfiehlt es sich hingegen, gleich mit dem Editor EDLIN zu arbeiten.

Beispiel 12.36

Es soll der Inhalt der Datei GES, die sich auf einer Diskette in Laufwerk B befindet, auf dem Bildschirm ausgegeben werden. Dazu dient das Kommando:

```
A>TYPE B:GES          TYPE-Kommando
A
A
A
B                     Ausgabe auf dem Bildschirm:
B
B                     Dateiinhalt der Datei GES
C                     von der Diskette in Laufwerk B.
C
C
```

Beispiel 12.37

Auf einer Diskette in Laufwerk B sind folgende Dateien enthalten:

```
A>DIR B:
COMMAND   COM     4959    5-07-82   12:00p
ADD       $$$        0    1-01-80   12:19a
ADD       BAS       58    1-01-80   12:04a
A                   10    1-01-80   12:02a
B                   10    1-01-80   12:03a
C                   10    1-01-80   12:04a
A         TXT       10    1-01-80   12:02a
B         TXT       10    1-01-80   12:03a
C         TXT       10    1-01-80   12:04a
GES                 28    1-01-80    1:46a
          10 File(s)
```

Es wird nun folgendes Kommando gegeben:

```
A>
TYPE B:*.TXT
A
A
A
```

Man würde nun erwarten, daß aufgrund des Dateigruppenzeichen * die Inhalte der Dateien A.TXT, B.TXT und C.TXT auf dem Bildschirm ausgegeben werden. Es wird jedoch nur der Inhalt der ersten Datei ausgegeben.

Gibt man das Kommando

```
TYPE B:ADD.*
```

wird keine der beiden im Inhaltsverzeichnis angegebenen Dateien ADD.$$$ bzw. ADD.BAS ausgegeben.

Dieses Beispiel zeigt, daß keine Dateigruppen mit Hilfe des TYPE-Kommandos ausgegeben werden können, sondern nur einzelne Dateien.

Weist eine Datei mehr als 24 Zeilen auf, d.h. mehr Zeilen als auf dem Bildschirm darstellbar sind, so fangen die Zeilen an, sich zum oberen Rand hin wegzubewegen. Neue Zeilen rücken von unten nach. Man spricht vom „Rollen" (engl.: scrolling) des Bildschirminhaltes.

Dies ist störend, wenn ein Teil einer Datei gezielt genauer betrachtet werden soll.

Mit Hilfe der Steuertasten

`Ctrl` und `Num Lock`

läßt sich zum Zeitpunkt des Drückens die Bildschirmausgabe anhalten (vgl. Abschnitt 2.3).

Man hat anschließend Zeit, sich die Ausgabe genau zu betrachten.

Durch Drücken einer beliebigen Taste kann die Ausgabe fortgesetzt werden.

Beispiel 12.38

Es wird mit Hilfes des Kommandos EDLIN eine neue Datei ROL erzeugt, die in 50 Zeilen die Zahlen 1 bis 50 enthält. Der Dateiinhalt wird anschließend mit Hilfe des TYPE-Kommandos auf dem Bildschirm ausgegeben.

```
A>EDLIN B:ROL
New file
*I
        1:*1
        2:*2
        3:*3
        4:*4
        5:*5
        6:*6
        7:*7
        8:*8
        .
        .
        .
        5∅:*50
        51:* ^ C
    *E
A>TYPE B:ROL
```

Die Ausgabe wird zu beliebigen Zeiten durch Drücken der Tasten $\boxed{\text{Ctrl}}$ und $\boxed{\text{NumLock}}$ unterbrochen. Fortgesetzt wird die Ausgabe durch Drücken einer beliebigen Zeichentaste.

12.10 Ausdruck der Bildschirmausgabe

Der Anwender hat vielfach den Wunsch, Ausgaben, die auf dem Bildschirm erscheinen, auch auf Papier ausdrucken zu lassen, wie z. B.

- Ausdruck des Dateiinhaltsverzeichnisses zur Dokumentation,
- Ausdruck der Eingaben (Kommandos) des Anwenders,
- Ausgabe von Dateiinhalten.

DOS bietet *zwei Möglichkeiten*, alles das, was auf dem Bildschirm ausgegeben wird, auszudrucken:

12.10.1 Ausgabe auf dem Drucker parallel zur Bildschirmausgabe

> **Drückt man die Steuertasten $\boxed{\text{Ctrl}}$ und $\boxed{\text{PrtSc}}$ gleichzeitig, so wird alles das, was anschließend auf dem Bildschirm ausgegeben wird, gleichzeitig parallel auf dem Drucker ausgegeben (vgl. Abschnitt 2.3).**

Das Druckbild entspricht exakt dem Bild, das sich bei der Ausgabe auf dem Bildschirm ergibt.

Nachteilig ist, daß bei *fehlerhaften Eingaben*, die auf dem Bildschirm protokolliert werden und z.B. anschließend zur Korrektur mit der Rückschritt-Taste $\boxed{\leftarrow}$ auf dem Bildschirm gelöscht werden, auf dem Drucker als Fehler erhalten bleiben, da die fehlerhaften Zeichen auch auf dem Drucker protokolliert wurden, aber nicht, wie auf dem Bildschirm, mit der Rückschritt-Taste gelöscht werden konnten.

> **Soll der Druckvorgang beendet werden, so sind die Steuertasten [Ctrl] und [PrtSc] noch einmal zu drücken.**

12.10.2 Ausdruck des momentanen Bildschirminhaltes auf dem Drucker

> **Drückt man zunächst die Steuertaste [⇧] und anschließend die Taste [PrtSc] , so wird der momentane Bildschirminhalt auf dem Drucker ausgegeben.**

Dies bedeutet, daß höchstens so viele Zeilen gedruckt werden, wie der Bildschirm Zeilen aufweist.

Eine Beendung des Druckkommandos ist nicht erforderlich.

12.10.3 Ausdruck von Dateiinhalten

Da die Dateiinhalte oft mehr Zeilen aufweisen als der Bildschirm, ist das Druckkommando zum Ausdrucken von Dateiinhalten.

[Ctrl] + [PrtSc]	Parallelschalten des Druckers zum Bildschirm.
TYPE ␣ Laufwerksangabe: Dateiname ↵	Ausdruck des Dateiinhaltes.
[Ctrl] + [PrtSc]	Druckerparallelschaltung abschalten.

Das TYPE-Kommando selbst wird ebenfalls ausgedruckt.

12.10.4 Ausdruck des Dateiinhaltsverzeichnisses

[Ctrl] + [PrtSc]
DIR ␣ Laufwerksangabe: Dateiname ↵
[Ctrl] + [PrtSc]

Da die Inhaltsverzeichnisse im allgemeinen nicht sehr lang sind, ist auch folgendes Druckkommando möglich:

DIR ␣ Laufwerksangabe: Dateiname ↵	Ausgabe des Dateiinhaltsverzeichnisses auf dem Bildschirm.
[⇧] + [PrtSc]	Ausdruck des momentanen Bildschirminhaltes.

An dem Beispiel erkennt man einen Unterschied deutlich.

Im ersten Fall muß das Druckkommando *vor* dem eigentlichen Druck erfolgen, im zweiten Fall *nach* Ausgabe auf dem Bildschirm.

Der zweite Fall läßt dem Anwender somit die Möglichkeit, in Ruhe zu entscheiden, ob man den Bildschirminhalt wirklich drucken möchte.

12.11 Das ERASE- oder DEL-Kommando

Bislang wurden nur Dateien auf den Disketten gespeichert. Es muß jedoch auch für den Anwender die Möglichkeit bestehen, Dateien, die nicht mehr benötigt werden, von den Disketten zu *löschen*. Dazu dient sowohl das ERASE- als auch das DEL-Kommando (erase bedeutet ebenso wie die Kurzform del für delete zu deutsch: löschen).

Dateien können mit Hilfe der folgenden Kommandos gelöscht werden:

> **ERASE Laufwerksangabe: Datei(gruppen)name ↵**   bzw.

> **DEL Laufwerksangabe: Datei(gruppen)name ↵**

Diese Löschkommandos sind nach dem Laden von DOS dauerhaft im Arbeitsspeicher gespeichert.

Befindet sich die Datei auf einer Diskette im Systemlaufwerk A, kann die Laufwerksangabe entfallen.

Es wird keine Meldung auf dem Bildschirm ausgegeben, daß eine Datei(gruppe) gelöscht wurde. Einziges Anzeichen ist die Ausgabe des Systembereitschaftszeichens A >. Daher sollte man stets nach dem Löschen das Dateiinhaltsverzeichnis daraufhin überprüfen.

Da vom Eingabeaufwand das Kommando DEL kürzer ist, wird es meist bevorzugt.

Es können auch Dateigruppenzeichen in den Dateinamen verwendet werden. So können größere Dateibestände ökonomisch gelöscht werden. Die Dateigruppenzeichen sollten jedoch im Zusammenhang mit dem Löschkommando mit Vorsicht verwendet werden, da man auf diese Weise leicht Dateien löschen kann, die man eigentlich nicht löschen wollte. Es empfiehlt sich, vor dem Löschen das Dateiinhaltsverzeichnis genau zu betrachten.

Beispiel 12.39

Es soll von folgenden Dateien auf einer Diskette in Laufwerk B ausgegangen werden:

```
A>DIR B:
COMMAND    COM     4959     5-07-82    12:00p
ADD        $$$        0     1-01-80    12:19a
ADD        BAS       58     1-01-80    12:04a
A                    10     1-01-80    12:02a
B                    10     1-01-80    12:03a
C                    10     1-01-80    12:04a
A          TXT       10     1-01-80    12:02a
B          TXT       10     1-01-80    12:03a
C          TXT       10     1-01-80    12:04a
GES                  28     1-01-80     1:46a
ROL                 113     1-01-80    12:30a
        11 File(s)
A>DEL B:*.*
Are you sure (Y/N)? N
A>
```

Nach der Ausgabe des Dateiinhaltsverzeichnisses wird das Löschkommando für *alle* Dateien (Dateigruppenname *.*) auf der Diskette in Laufwerk B gegeben.

Da dieses Kommando zwar sehr effektiv, aber auch gefährlich ist, wird vor der Ausführung des Kommandos vom System gefragt:

Are you sure (Y/N)?

d.h.: Sind Sie sicher? Wenn ja, soll Y (für engl.: Yes, d.h. ja) eingegeben werden,

im anderen Falle N (für engl.: No, d.h. nein).

Da mit Hilfe dieser Dateien noch andere Löschvorgänge betrachtet werden sollen, wird N gedrückt und somit keine Datei gelöscht. Es erscheint anschließend das Systembereitschaftszeichen A >.

Beispiel 12.40

Es sollen die Dateien A.TXT,B.TXT und C.TXT gelöscht werden. Diese Dateigruppe wird mit folgendem Löschkommando gelöscht:

A > DEL ⌴ B: *.TXT ↵

Mit Hilfe des DIR-Kommandos DIR ⌴ B: kann überprüft werden, ob die Löschung erfolgreich war. Dies zeigt der folgende Ausdruck.

```
A>DIR B:
COMMAND   COM      4959    5-07-82   12:00p
ADD       $$$         0    1-01-80   12:19a
ADD       BAS        58    1-01-80   12:04a
A                    10    1-01-80   12:02a
B                    10    1-01-80   12:03a
C                    10    1-01-80   12:04a
GES                  28    1-01-80    1:46a
ROL                 113    1-01-80   12:30a
        8 File(s)
```

Beispiel 12.41

Es sollen weiterhin die Dateien A, B und C gelöscht werden. Diese Dateigruppe wird mit folgendem Löschkommando gelöscht.

A > DEL ⌴ B:? ↵

Das Dateiinhaltsverzeichnis zeigt, daß die Löschung erfolgreich war.

```
A>DIR B:
COMMAND   COM      4959    5-07-82   12:00p
ADD       $$$         0    1-01-80   12:19a
ADD       BAS        58    1-01-80   12:04a
GES                  28    1-01-80    1:46a
ROL                 113    1-01-80   12:30a
        5 File(s)
```

Beispiel 12.42

Im Anschluß zum vorhergehenden Beispiel sollen die Dateien GES und ROL gelöscht werden.

Man gibt dazu folgendes Löschkommando:

DEL ⌴ B:??? ↵

Zur Kontrolle läßt man sich das Dateiinhaltsverzeichnis wie bekannt ausgeben.

Man wird erkennen, daß diese Dateien gelöscht wurden. Die Dateien ADD.$$$ und ADD.BAS wurden nicht gelöscht, obwohl der Dateihauptname ebenfalls aus drei Zeichen besteht. Sie unterscheiden sich jedoch im Dateiergänzungsnamen.

Beispiel 12.43
Es soll die Datei BSP, die gar nicht auf der Diskette vorhanden ist, gelöscht werden. Das Löschkommando lautet:

DEL ⊔ B:BSP ↵

Es erscheint die Fehlermeldung:

```
File not found
```

d.h.   Datei nicht gefunden

Beispiel 12.44
Überklebt man die Schreibschutzkerbe der Diskette in Laufwerk B und gibt das Löschkommando für die auf der Diskette vorhandene Datei ADD.BAS

DEL ⊔ B:ADD.BAS ↵

so erscheint die Fehlermeldung:

```
Write protect error writing drive B
Abort, Retry, Ignore?
```

Es wird hiermit auf englisch auf den Schreibschutz (write protect) in Laufwerk B (drive B) hingewiesen. Durch Drücken der Taste A (Abort) wird das Löschkommando abgebrochen und man gelangt zurück zum DOS-Bereitschaftszeichen A >.

12.12 Das RENAME-Kommando

Der Anwender hat in manchen Fällen den Wunsch, Dateien umzubenennen. Dies ist mit dem bekannten Kopierkommando COPY möglich. Dazu wird eine Kopie mit Hilfe des COPY-Kommandos mit dem gewünschten neuen Dateinamen erstellt und anschließend die alte Datei mit Hilfe des ERASE- bzw. DEL-Kommandos gelöscht, d.h. zum Umbenennen einer Datei ist folgende Kommandofolge bei Benutzung des Systemlaufwerkes A notwendig:

```
COPY ⊔ Alter Dateiname ⊔ Neuer Dateiname ↵
DEL Alter Dateiname ↵
```

Wird das Laufwerk B benutzt, so wäre die Kommandofolge:

```
COPY ⊔ B:Alter Dateiname ⊔ B:Neuer Dateiname ↵
DEL ⊔ B: Alter Dateiname ↵
```

Dies Verfahren ist etwas umständlich. Aus diesem Grunde gibt es das RENAME-Kommando.

| Mit Hilfe des RENAME-Kommandos können Dateien umbenannt werden. |

RENAME ist das englische Wort für umbenennen.

Das RENAME-Kommando ist ein dauerhaft im Arbeitsspeicher geladenes Kommando. Dies bedeutet, daß die DOS-Systemdiskette nicht eingelegt sein braucht, um dieses Kommando zu verwenden.

Die allgemeine Form des RENAME-Kommandos ist

RENAME ⊔ Laufwerksangabe:Alter Dateiname ⊔ Neuer Dateiname ↵

Dabei ist:

RENAME	Schlüsselwort des RENAME-Kommandos. Es ist auch die abgekürzte Form REN erlaubt.
Laufwerksangabe	Eine Laufwerksangabe ist nur vor dem alten Dateinamen möglich und sinnvoll, denn das Laufwerk wird bei einer Umbenennung nicht geändert. Es wird nur der *Name* auf einer Diskette in einem Laufwerk verändert. Der *Inhalt* bleibt nach wie vor unverändert auf der gleichen Diskette. Die Laufwerksangabe vor dem alten Dateinamen kann auch entfallen, wenn das Systemlaufwerk A benutzt wird.
Dateinamen	Der alte Dateiname (Original) wird gegen den neuen Dateinamen im Inhaltsverzeichnis der Diskette ausgetauscht. Am Inhalt der Datei wird nichts geändert. Es können die Dateihauptnamen allein, die Dateiergänzungsnamen allein oder die Dateihaupt- und ergänzungsnamen gleichzeitig umbenannt werden. Es können außerdem die Dateigruppenzeichen * und ? im neuen Dateinamen verwendet werden. Es werden dann die entsprechenden Zeichen bzw. die Zeichenfolge vom alten Dateinamen übernommen.

Beispiel 12.45

Es wird von folgenden Dateien auf einer Diskette in Laufwerk B ausgegangen:

```
COMMAND   COM      4959    5-07-82   12:00p
ADD       BAS        58    1-01-80   12:04a
          2 File(s)
```

Anschließend soll die Datei ADD.BAS auf der Diskette in Laufwerk B in ADD.TXT umbenannt werden. Dies ist möglich mit Hilfe des Kommandos

```
A>REN B:ADD.BAS *.TXT

A>DIR B:
COMMAND   COM      4959    5-07-82    12:00p
ADD       TXT        58    1-01-80    12:04a
          2 File(s)
```

Zur Prüfung wurde das geänderte Dateiinhaltsverzeichnis ausgegeben.

Beispiel 12.46

Es soll die Datei ADD.TXT auf einer Diskette in Laufwerk B in BSP.BAS umbenannt werden. Dazu dient das folgende Kommando

```
A>REN B:ADD.TXT BSP.BAS

A>DIR B:
COMMAND   COM      4959    5-07-82    12:00p
BSP       BAS        58    1-01-80    12:04a
          2 File(s)
```


Beispiel 12.47

Es soll von den Dateien ausgegangen werden, die nach der Umbenennung in Beispiel 12.46 vorliegen. Es wird folgendes Kommando gegeben:

```
A>REN B:ADD.BAS BSP1
Duplicate file name or File not found
A>
```

Die englische Fehlermeldung gibt an, daß entweder

- ein schon auf der Diskette vorhandener Dateiname als neuer Dateiname gewählt wurde und dies nicht zulässig ist (duplicate file) oder
- die angegebene Datei (alter Dateiname) nicht auf der Diskette im bezeichneten Laufwerk vorhanden ist und somit nicht umbenannt werden kann (file not found, d.h. Datei nicht gefunden).

In diesem Beispiel ist es so, daß die Datei ADD.BAS nicht auf der Diskette vorhanden ist (Vorhanden ist nur die Datei BSP.BAS).

Beispiel 12.48

Folgende Dateien mögen auf einer Diskette in Laufwerk B vorhanden sein:

```
A>DIR B:
COMMAND   COM      4959    5-07-82    12:00p
ADD                  10    1-01-80    12:02a
B         TXT        10    1-01-80    12:03a
C         TXT        10    1-01-80    12:04a
          4 File(s)
A>REN B:B.TXT C.TXT
Duplicate file name or File not found
```

Auf das Umbenennungskommando folgt die bekannte Fehlermeldung, da die Datei C.TXT, in die die Datei B.TXT umbenannt werden soll, schon auf der Diskette vorhanden ist.

Ein wesentlicher Unterschied zwischen den *beiden* Umbenennungsverfahren mit Hilfe der Kommandofolge COPY und DEL zum einen und REN zum anderen ist:

Mit Hilfe des COPY-Kommandos wird nicht nur der Name der Datei ausgetauscht, sondern der ganze Inhalt. Es entsteht eine *neue* Datei, die Kopie. Beim Kopiervorgang werden die aufeinanderfolgenden Sektoren in optimaler Reihenfolge aneinandergereiht. Somit entfallen von der Zugriffszeit her gesehen aufwendige Suchvorgänge der aufeinanderfolgenden Sektoren, die auf der Diskette verstreut sein können. Neu kopierte Dateien lassen sich somit i.a. in kürzerer Zeit laden.

Mit Hilfe des REN-Kommandos wird nur der Dateiname geändert. Die Anordnung der Sektoren, die den Dateiinhalt aufnehmen, bleibt unverändert.

12.13 Erstellen von BASIC-Programmen mit Hilfe des Editors EDLIN und anschließender Programmstart

Man kann BASIC-Programme mit Hilfe des Editors EDLIN erstellen und später unter BASIC ablaufen lassen. Dies soll folgendes Beispiel zeigen:

Beispiel 12.49

Im Laufwerk A möge die Systemdiskette liegen, in Laufwerk B die Anwenderdiskette, die das erstellte BASIC-Programm aufnehmen soll.

Kommandoeingabe für ein Kurzes BASIC-Programm:

Das BASIC-Programm, das den Text HALLO auf dem Bildschirm ausgeben soll, soll unter dem Namen HALLO.BAS gespeichert werden.

```
A>EDLIN B:HALLO.
New file
*I
        1:*10 PRINT"HALLO"
        2:*^C

*E

A>
```

Anschließend wird der BASIC-Compiler von der Systemdiskette in Laufwerk A mit folgendem Kommando aufgerufen:

```
BASIC ↵
```

Damit ist die Umschaltung von DOS auf BASIC erfolgt. Der Arbeitsspeicher wird mit dem Kommando NEW gelöscht und mit dem Kommando LIST überprüft, daß er wirklich leer ist. Nun soll das Programm HALLO.BAS von der Diskette geladen werden.

Durch Drücken der Taste F3 erscheint der Text

```
LOAD"
```

auf dem Bildschirm. Er wird durch Drücken der entsprechenden Tasten wie folgt ergänzt:

```
LOAD"B:HALLO.BAS" ↵
```

Dadurch wird das BASIC-Programm HALLO von der Diskette in Laufwerk B in den Arbeitsspeicher des Mikrocomputers geladen. Es kann jetzt zur Ausführung gebracht werden durch das Kommando

RUN ↵

Es erscheint dann die erwartete Ausgabe des Textes

HALLO

und das BASIC-Bereitschaftszeichen

OK

Umschalten von BASIC auf DOS

Möchte man anschließend wieder von BASIC auf DOS umschalten, um z.B. eine Kopie des Programmes anzufertigen, was im BASIC-Modus nicht möglich ist, so muß das Kommando

SYSTEM ↵

eingegeben werden. Anschließend erscheint das bekannte DOS-Bereitschaftszeichen A >.

13 Anhang

13.1 Anhang A1: Glossarium

Adresse

Die Speicherplätze des Arbeitsspeichers sind durchnumeriert. Die Zahl, die die Position eines Speicherplatzes im Arbeitsspeicher angibt, ist die *Adresse* des Speicherplatzes. Mit Hilfe einer Adresse kann man *wahlfrei* in dem durch die Adresse gekennzeichneten Arbeitsspeicher Daten (Informationen) speichern bzw. umgekehrt wieder auf diese Daten zurückgreifen.

Alphanumerische Zeichen

Unter alphanumerischen Zeichen versteht man die Menge alle *alpha*betischen Zeichen (Buchstaben) und *numerischen* Zeichen (Ziffern). Vielfach werden auch die Sonderzeichen dazugerechnet.

Baud

Diese Einheit der Nachrichtentechnik gibt Auskunft über die Schrittgeschwindigkeit der Informationsübertragung, d.h. über die Anzahl der Bits, die in einer Sekunde übertragen werden (bps = bit per second). Die Einheit wird i.a. mit Bd abgekürzt.

Befehl

Ein Programm setzt sich aus *elementaren* Befehlen zusammen, die das Steuerwerk einer DVA *direkt* ausführen kann (Maschinencode). Die ausführbaren Funktionen des Steuerwerkes führen zu einem festen Befehlsvorrat, der jedoch je nach ausführbaren Funktionen von DVA zu DVA unterschiedlich sein kann.

Die Befehle, die das Steuerwerk einer DVA „versteht", sind immer in folgende allgemeine Gruppen zusammenfaßbar:

— Transfer-Befehle

Transfer-Befehle *transferieren* (bewegen) Daten zwischen Registern[1] des Steuerwerkes, von diesen Registern zu den Speicherzellen des Arbeitsspeichers und umgekehrt.

— Arithmetische Befehle

Arithmetische Befehle führen *arithmetische Rechnungen* aus. Dazu gehören Additions- und Subtraktionsbefehle.

— Logische Befehle

Logische Befehle führen *logische Rechnungen* aus, wie z.B. logische UND- und ODER-Verknüpfungen und Vergleichsbefehle.

— Verzweigungsbefehle

Verzweigungsbefehle bieten die Möglichkeit, den linearen Programmablauf mit Hilfe von programmierten *Verzweigungen* verlassen zu können. Dazu gehören z.B. unbedingte und bedingte Sprungbefehle.

---

[1] Vgl. Anhang A1.

Der grundsätzliche Aufbau der Befehle ist bei allen Prozessoren gleich. Sie bestehen aus dem eigentlichen *Befehlscode* (Operationscode) und dem *Operanden*. Der Operationscode gibt an, *was* gemacht werden soll, d.h., aus ihm werden die Steuerinformationen entnommen. Der Operand gibt an, *womit* z.B. der Operationscode etwas ausführen soll, bzw. *wie* er etwas ausführen soll. Allgemeiner gesagt, der Operand gibt eine Zusatzinformation zur Befehlsausführung durch den Prozessor. Der Operationscode besteht bei 8bit-Prozessoren aus einem Byte, der Operand im allgemeinen aus weiteren ein bis zwei Byte.

Binärziffer

Unter einer Binärziffer (engl. binary digit) versteht man eine Ziffer aus einer Menge von zwei Ziffern (daher binär). Diese beiden Ziffern werden mit $\emptyset$ und 1 bezeichnet. Sie lassen sich in einer digital arbeitenden Datenverarbeitungsanlage durch unterschiedliche Spannungspegel (z.B. $\emptyset$ Volt und + 5 Volt) physikalisch einfach darstellen. Durch unterschiedliche Folgen derartiger Binärziffern können unterschiedliche Steuersignale dargestellt werden. Siehe auch Bit.

Bit

Ein *bit* ist eine Abkürzung für binary digit, zu deutsch: Binärzeichen[1]), d.h. es ist ein Zeichen aus einer Menge von zwei möglichen Zeichen. Beispiele sind: Punkt oder Strich im Morsealphabet, zwei festgelegte Spannungspegel H (High = hoch) oder L (Low = tief), die Ziffern $\emptyset$ oder 1.

Das Bit ist die kleinste Speichereinheit einer DVA. Alle zu speichernden Zeichen müssen mit Hilfe der Binärzeichen verschlüsselt werden. Das Bit ist daher im Speicher selten direkt adressierbar und somit nicht manipulierbar, sondern nur eine feste Menge von Bits (Codes, z.B. der ASCII-Code, siehe Anhang A2).

Größere Einheiten von bits sind:

2^4 bit = 8 bit = 1 byte

2^{10} bit = 1024 bit = 1 Kbit (1 Kilobit)

2^{10} byte = 1024 byte = 1 Kbyte (1 Kilobyte)

Byte

Siehe Bit.

Cursor

Der Cursor ist eine Lichtmarke auf dem Bildschirm eines Mikrocomputers, der die Stelle kennzeichnet, an der das nächste Zeichen ausgegeben wird. Er ist rechteckig (Strich), teilweise blinkend und kann über Cursor-Tasten gesteuert werden.

Datei

Unter einer Datei versteht man eine Folge von Buchstaben, Ziffern und Sonderzeichen, die für den Benutzer eine Einheit bilden. Somit kann man für die Gesamtmenge der Zeichen (Daten[1])) einen Namen vergeben, unter dem diese Zeichenmenge *gespeichert*

---

[1]) Vgl. Anhang A1.

werden kann bzw. umgekehrt wieder aus dem Speicher geholt werden kann. Wie diese Zeichenmenge *physikalisch* auf bzw. in dem Speicher gespeichert wird, zum Beispiel zusammenhängend oder nicht, ist für den Benutzer nicht wichtig, denn die Datei bildet eine *logische* Einheit. Beispiele von Dateien sind: Programme, Rechnungsdaten, Standardbrieftexte usw. Aus dem Gesagten wird das Kunstwort „Datei" verständlich, das Elemente der Worte „Daten Kartei" enthält.

Daten

Mit Daten bezeichnet man Zeichen und Zeichenfolgen (Buchstaben, Ziffern und Sonderzeichen). Sie haben eine Bedeutung und geben somit eine Information.

Interface

Englischer Ausdruck für Schnittstelle, Übergangsstelle zwischen zwei Bereichen. Häufig sind Anpassungsmaßnahmen an der Schnittstelle notwendig (sog. Interfaceschaltungen).

Kbit

Siehe Bit.

Kbyte

Siehe Bit.

Plotter

Ein Plotter ist ein mechanisches Ausgabegerät zum Zeichen von Grafiken mit hohem Auflösungsvermögen unter Kontrolle eines Mikrocomputers.

RAM

RAM ist eine Abkürzung für den englischen Begriff Random Access Memory. Im Deutschen spricht man von *Schreib-Lesespeichern* mit wahlfreiem Zugriff. RAMs haben heute eine Kapazität von z.B. 256 Kbit. Hierzu ist eine Fläche von ca. 25 mm^2 erforderlich. Auf dieser Fläche sind ca. 10^6 Bauelemente untergebracht. Der Leistungsbedarf eines solchen Speicherbausteins liegt bei ca. 3 Watt.

Register

Register sind *kleine schnelle Zwischen*speicher. Sie befinden sich im Zentralprozessor (CPU), um Daten oder Speicheradressen während der Verarbeitung kurzfristig zwischenzuspeichern. Der Zugriff der CPU auf Daten im Register ist schneller als auf Daten im Arbeitsspeicher. Da Register recht aufwendig sind, ist die Zahl der Register recht klein.

ROM

ROM ist eine Abkürzung für den englischen Begriff Read Only Memory. Im Deutschen spricht man von „nur lesbaren Speichern" (Festwertspeicher). ROMs sind Speicher, deren Inhalt später nicht mehr geändert werden kann. Daher sind sie besonders geeignet für Programme, die längere Zeit unverändert bleiben, wie z.B. Programme für Betriebssysteme von Computern, Steuerungen von externen Geräten und dgl.
ROMs sind wegen der nicht notwendigen Adressierung (siehe RAM) sehr schnell.

Schreib-Lese-Speicher
Siehe RAM.

Verarbeitungsgeschwindigkeit
Die Verarbeitung von Befehlen[1]) geschieht nicht in einem einzigen Verarbeitungsschritt, sondern in mehreren Zyklen[1]). Die Zeit, die für einen Zyklus benötigt wird, ist eine wichtige Größe für die *Verarbeitungsgeschwindigkeit* der DVA.

Zoll
Zoll ist ein Längenmaß (engl. inch). Als Kennzeichen für das Zollmaß wird i.a. das Zeichen " verwendet. 1 Zoll entspricht 2,54 cm.

Zyklus
Unter einem *Befehlszyklus* (engl. instruction cycle) versteht man den Zyklus zur vollständigen Verarbeitung eines Befehls, d.h. den Verarbeitungsvorgang an sich. Die dazu benötigte Zeit ist die Befehlszykluszeit. Der Befehlszyklus wird unterteilt in mehrere *Operationszyklen* (Teile des Befehlsverarbeitungsvorgangs). Diese Operationszyklen sind weiter unterteilt in sog. *Operationsschritte*. Dies ist die kleinste Arbeitseinheit innerhalb eines Befehlszyklus.

13.2 Anhang A2: Der ASCII-CODE

Jedes Zeichen im Zeichenvorrat des Mikrocomputers wird intern im Mikrocomputer in Form einer bestimmten Folge von Nullen und Einsen dargestellt, d.h. in Form eines zweiwertigen Codes (Werte 0 und 1). Die Zuordnung der Nullen und Einsen zu den verschiedenen Zeichen kann nach unterschiedlichen Gesichtspunkten erfolgen. Daher gibt es unterschiedliche Codes. Einer der meist benutzten Codes zur Darstellung der üblichen Zeichen des Zeichenvorrates ist der 7-Bit-ASCII-Code[2]. Mit ihm lassen sich $2^7 = 127$ Zeichen codieren.

> **Die Zeichen des Zeichenvorrats werden im Mikrocomputer durch einen 7-Bit-ASCII-Code dargestellt.**

Beispiel 13.1:
Der Buchstabe A wird im ASCII-Code dargestellt durch den Code:

$$A \rightarrow 1000001$$

Da die 7-stellige Binärzahl für den menschlichen Gebrauch vielfach unhandlich ist, wird in ASCII-Code-Tabellen ein einfacherer Code benutzt. Es bietet sich an:

---

[1]) Vgl. Anhang A1.

[2]) ASCII ist eine Abkürzung für: American Standard Code für Information Interchange.

- Hexadezimaläquivalent
  Der 7-Bit-ASCII-Code wird vorn um ein $\emptyset$-Bit ergänzt. Die so entstandene 8-Bit Codierung wird in zwei 4-Bit-Codegruppen aufgeteilt. Für jede 4-Bit-Gruppe wird die entsprechende *Hexadezimalzahl* angegeben (Hexadezimaläquivalent des ASCII-Codes). Dies hat den Vorteil, daß auch umgekehrt vom Hexadezimaläquivalent leicht wieder auf den zugehörigen Binärcode geschlossen werden kann.

  Der Hexadezimalcode wurde in Abschnitt 2.1 ausführlich besprochen, so daß hier nicht näher darauf eingegangen wird.

Beispiel 13.2

Das Hexadezimaläquivalent des Buchstabens A im ASCII-Code ergibt sich wie folgt:

Die ASCII-Codierung des Buchstabens A ist:

$1\emptyset\emptyset\emptyset\emptyset\emptyset 1$

Ergänzung der 7 Bit um ein Null-Bit am Anfang:

$\emptyset 1 \emptyset\emptyset\ \emptyset\emptyset\emptyset 1$

Aufteilung der 8 Bit in zwei 4-Bit-Gruppen:

$\emptyset 1 \emptyset\emptyset\ \emptyset\emptyset\emptyset 1$

Zuordnung der zugehörigen Hexadezimalzahl zu jeder 4-Bit-Gruppe:

$\emptyset 1 \emptyset\emptyset \rightarrow$ 4 Hex
$\emptyset\emptyset\emptyset 1 \rightarrow$ 1 Hex

Das Hexadezimaläquivalent für den Buchstaben A ergibt sich somit zu:

A $\rightarrow$ 41 Hex

- Dezimaläquivalent
  Angabe der zur Binärzahl (ASCII-Code) zugehörigen Dezimalzahl, dem sog. Dezimaläquivalent.

  Die Umwandlung von Binärzahlen in Dezimalzahlen und umgekehrt wird im Anhang A3 näher beschrieben, so daß an dieser Stelle darauf verzichtet wird.

Beispiel 13.3

Der Buchstabe A wurde im ASCII-Code durch den Binärcode $1\emptyset\emptyset\emptyset\emptyset\emptyset 1$ dargestellt. Das zugehörige Dezimaläquivalent ist:

$$A \rightarrow 1\emptyset\emptyset\emptyset\emptyset\emptyset 1_{binär}$$
$$= 1 * 2^6 + \emptyset * 2^5 + \emptyset * 2^4 + \emptyset * 2^3 + \emptyset * 2^2 + \emptyset * 2^1 + 1 * 2^{\emptyset}$$
$$= 65_{dez.}$$

Wie dieses Beispiel zeigt, läßt sich der Buchstabe A durch das Dezimaläquivalent 65 repräsentieren.

Entsprechend lassen sich alle üblichen Zeichen durch ein Dezimaläquivalent, d.h. durch eine Dezimalzahl zwischen $\emptyset$ und 127, darstellen. Die folgende Tabelle zeigt die (Hexa) dezimaläquivalente des ASCII-Codes für die üblichen Zeichen.

> **Zur einfacheren Handhabung des ASCII-Codes durch den Menschen wird der ASCII-Code i.a. nicht in Form des 7-stelligen Binärcodes verwendet, sondern in Form des zugehörigen Dezimaläquivalentes bzw. Hexadezimaläquivalentes.**

ASCII-Code		Zeichen bzw. Funktion	Bedeutung
Hexadezimaläquivalent	Dezimaläquivalent		
00	0	NUL	NULL
01	1	SOH	Start of heading
02	2	STX	Start of text
03	3	ETX	End of text
04	4	·EOT	End of transmission
05	5	ENQ	Enquiry
06	6	ACK	Acknowledge
07	7	BEL	Bell (Glocke)
			Bei Mikrocomputern i.a. keine Funktion
08	8	BS	Backspace (Rücktaste, löscht das letzte Zeichen)
09	9	HT	Horizontal tab
0A	10	LF	Line feed (Zeilenvorschub)
0B	11	VT	Vertikal tab
0C	12	FF	Form feed (Seitenvorschub)
0D	13	CR	Carriage return (Wagenrücklauf)
0E	14	SO	Shift out (turn cursor on-schaltet den Cursor an)
0F	15	SI	shift in (turn cursor off-schaltet den Cursor aus)
10	16	DLE	Data link escape
11	17	DC1	Device control 1
12	18	DC2	Device control 2
13	19	DC3	Device control 3
14	20	DC4	Device control 4
15	21	NAK	Neg. acknowledge
16	22	SYN	Synchronous idle
17	23	ETB	End trans.block
18	24	CAN	Cancel — verwendet f. Cursor-Links-Taste
19	25	EM	End of medium — verwendet f. Cursor-Rechts-Taste
1A	26	SUB	Substitute — verwendet f. Cursor-Unten-Taste
1B	27	ESC	Escape — verwendet f. Cursor-Oben-Taste
1C	28	FS	File separator — verwendet f. Cursor-Home-Taste
1D	29	GS	Group separator — verw. z. Verschieben d. Cursors an den Zeilenanfang

1E	30	RS	Record separator — verwendet zum Löschen bis Zeilenende
1F	31	US	Unit separator — verwendet zum Löschen bis Bildschirmspeicherende
20	32	SP	Space (Leerzeichen)
21	33	!	Exclamation point (Ausrufungszeichen)
22	34	"	Quotation mark (Anführungszeichen)
23	35	# (£)	Number sign (Nummernzeichen)
24	36	$	Dollar sign (Dollarzeichen)
25	37	%	Percent sign (Prozentzeichen)
26	38	&	Ampersand
27	39	'	Apostroph
28	40	(	Left parenthesis (linke Klammer-Klammer auf)
29	41	)	Right parenthesis (rechte Klammer auf)
2A	42	*	Asterisk (Stern)
2B	43	+	Plus Zeichen
2C	44	,	Komma
2D	45	—	Minus Zeichen
2E	46	.	Punkt
2F	47	/	Schrägstrich (slash)
30	48	0	
31	49	1	
32	50	2	
33	51	3	
34	52	4	10 Ziffern
35	53	5	
36	54	6	
37	55	7	
38	56	8	
39	57	9	
3A	58	:	Doppelpunkt (colon)
3B	59	;	Semikolon
3C	60	<	Kleiner (less) Zeichen
3D	61	=	Gleichheitszeichen (equal)
3E	62	>	Größer (greater) Zeichen
3F	63	?	Fragezeichen (question mark)
40	64	@	At-sign (At-Zeichen)

41	65	A	
42	66	B	
43	67	C	
44	68	D	
45	69	E	
46	70	F	
47	71	G	
48	72	H	
49	73	I	
4A	74	J	
4B	75	K	
4C	76	L	
4D	77	M	Großbuchstaben
4E	78	N	
4F	79	O	
50	80	P	
51	81	Q	
52	82	R	
53	83	S	
54	84	T	
55	85	U	
56	86	V	
57	87	W	
58	88	X	
59	89	Y	
5A	90	Z	
5B	91	[	Eckige Klammer auf (Left bracket)
5C	92	\	Umgekehrter Schrägstrich (Reverse slash)
5D	93	]	Eckige Klammer zu (Right bracket)
5E	94	^ (teilw. ↑ bzw. ⌐)	Zirkumflex
5F	95	— (teilw. ←)	Unterstreichung (underline)
60	96	`	Akzent
61	97	a	Kleinbuchstaben
62	98	b	
63	99	c	
64	100	d	
65	101	e	
66	102	f	
67	103	g	
68	104	h	
69	105	i	
6A	106	j	

6B	107	k	
6C	108	*l*	
6D	109	m	
6E	110	n	
6F	111	o	
70	112	p	
71	113	q	
72	114	r	
73	115	s	
74	116	t	
75	117	u	
76	118	v	
77	119	w	
78	120	x	
79	121	y	
7A	122	z	
7B	123	{	Geschweifte Klammer auf (Left brace)
7C	124	|	Vertikale Linie (vertical line)
7D	125	}	Geschweifte Klammer zu (Right brace)
7E	126	~	Tilde
7F	127	DEL	Delete

Die ASCII-Codes mit den Dezimaläquivalenten Ø bis 31 sind, wie die Tabelle zeigt, keine darstellbaren Zeichen des Zeichenvorrats, sondern Steuerzeichen. Sie werden bei Mikrocomputern nur selten und teilweise auch anders genutzt, als es die Spalte „Zeichen bzw. Funktion" angibt.

— Der Angabe entsprechend genutzt wird das Steuerzeichen mit dem Dezimaläquivalent 13 (carriage return, d.h. Wagenrücklauf). Dieser Code wird von der Mikrocomputertastatur abgegeben, wenn die RETURN-Taste gedrückt wird.

— Die Steuerzeichen mit den Dezimaläquivalenten 24 bis 29 werden, anders als der ASCII-Code es vorschreibt, zur Steuerung des Cursors verwendet. Dies ist nicht genormt. Daher kommt es vor, daß die Cursorsteuerung je nach Mikrocomputer unterschiedliche Codes aufweist (z.B. Dezimaläquivalent 11—15). Dies ist dem Herstellerhandbuch zu entnehmen.

13.3 Anhang A3: Umwandlung von Zahlen

13.3.1 Umwandlung von Binärzahlen (Dualzahlen) in Dezimalzahlen

— Binärzahlen besitzen nur zwei Werte, dargestellt durch die Ziffern: $\emptyset$ und 1.
— Die Stellenwerte der Ziffern in einer Binärzahl sind Potenzen von 2.

Einige Potenzen von 2 zeigt die folgende Tabelle:

$2^0 = 1$	$2^8 = 256$
$2^1 = 2$	$2^9 = 512$
$2^2 = 4$	$2^{10} = 1024$
$2^3 = 8$	$2^{11} = 2048$
$2^4 = 16$	$2^{12} = 4096$
$2^5 = 32$	$2^{13} = 8192$
$2^6 = 64$	$2^{14} = 16384$
$2^7 = 128$	$2^{15} = 32768$

Tabelle der ersten 16 Potenzen von 2

Die ausführliche Schreibweise der Binärzahl läßt sich mit Hilfe der Stellenwerte wie folgt angeben:

$$1\ \emptyset\ 1\ 1\ \emptyset\ 1 \qquad \text{Binärzahl ohne Stellenwerte}$$

$$\underline{1}\cdot 2^5 + \underline{\emptyset}\cdot 2^4 + \underline{1}\cdot 2^3 + \underline{1}\cdot 2^2 + \underline{\emptyset}\cdot 2^1 + \underline{1} + 2^0 \qquad \text{Binärzahl mit Stellenwerten}$$

Jeder Binärziffer ist in einer Binärzahl ein Stellenwert zugeordnet, der mit der Binärziffer zu multiplizieren ist. Den kleinsten Stellenwert bekommt die am weitesten rechts stehende Binärziffer zugeordnet. Der Stellenwert steigt nach links um jeweils eine Potenz.

Rechnet man den obigen Ausdruck, der die Stellenwerte enthält, aus, so erhält man das Dezimaläquivalent, d.h. die zur Binärzahl gehörende Dezimalzahl.

Für das oben angeführte Beispiel ergibt sich:

$$32 + \emptyset + 8 + 4 + \emptyset + 1 = 45_{dez}.$$

13.3.2 Umwandlung von Dezimalzahlen in Binärzahlen (Dualzahlen)

Mit Hilfe der Tabelle der Potenzen von 2 lassen sich Dezimalzahlen auch in Dualzahlen umwandeln. Dazu wird geprüft, welche Zweierpotenzen in der Dezimalzahl enthalten sind. Die entsprechenden Stellen der Dualzahl erhalten eine 1, die übrigen eine $\emptyset$.

Beispiel:

Umwandlung der Dezimalzahl 89_{dez} in eine Dualzahl.

$$
\begin{array}{rl}
 & 89 \\
 & -64 \; \widehat{=} \; 2^6 \\
\hline
\text{Rest} & 25 \\
 & -16 \; \widehat{=} \; 2^4 \\
\hline
\text{Rest} & 9 \\
 & -8 \; \widehat{=} \; 2^3 \\
\hline
\text{Rest} & 1 \; \widehat{=} \; 2^0.
\end{array}
$$

Somit ergibt sich die Binärzahl (Dualzahl) entsprechend der vorhandenen bzw. nicht vorhandenen Potenzen zu:

Potenzen	2^6	2^5	2^4	2^3	2^2	2^1	2^0
Binärzahl	1	$\emptyset$	1	1	$\emptyset$	$\emptyset$	1

13.4 Anhang A4: Literaturverzeichnis

[1]   IBM-Bedienerhandbuch.
[2]   IBM-BASIC-Handbuch.
[3]   IBM-Disk-Operating-System (DOS).
[4]   IBM-Technisches Handbuch.
[5]   IBM-Service und Diagnose Handbuch.

Sachwortverzeichnis

A
Abbruch 12
Ablaufsteuerung 40
Abschluß 57
Adapter 22
Adresse 2, 170
Advanced BASIC 38
Änderung von Dateien 128
ALGOL 32
Algorithmus 62
Alphanumerisches Zeichen 170
ALT-Taste 10, 12
Anweisung 1, 4, 55, 58
Anweisungsnummer 55
Anwenderprogramm 39
Anzeigen von Dateiinhalten 158
APL 32
Arbeitsspeicher 2, 5
Arbeitsspeicherkapazität 2
ASCII-Code 6, 173
Assembler 30
— sprache 30
Auflösung 14
Aufruf 97
Aufsuchen von Zeichenfolgen 144
Ausdruck 83
— der Bildschirmausgabe 161
Ausgabe 3
Ausgabeeinheit 3
Ausgabe von Dateiinhalten 158
Austauschen von Zeichenfolgen 142
AUTO 53

B
BASIC 32
— Bereitschaftsmeldung 98
Baud 170
Befehl 1, 3, 170
Bereitmeldung 44
Betriebssystem 5, 39
— Kommandos 43
Bildschirm 14
— adapter 23
— ausgabesteuerung 118
— Editor 42
Binärziffer 28, 171, 179
Bit 2, 171
Blank 13
Break-Taste 12, 126
Byte 171

C
Carriage RETURN 9
CAPS LOCK-Taste 7, 13
CASSETTE 20
CHKDSK 112, 119
COBOL 32, 38
Codierung 28
COMP 113
Compiler 32, 33
CONT 11, 51
COPY 111, 145
CPS 19
CPU 3
CTRL-Taste 12
Cursor 26, 56, 60, 64, 66, 70
— Tasten 8

D
D 139
Datei 99, 171
— änderung 122
— ergänzungsname 100
— erstellung 122
— gruppenname 101
— gruppenzeichen 101
— hauptname 100
— inhaltsverzeichnis 115
— name 18, 99, 100, 111, 115
— typ 100
Daten 2, 15, 172
DVA 1
Datenverarbeitungsanlage 1
— system 4
Dauerhafte Umschaltung 7, 8
DEL 163
DELETE 76
DEL-Taste 12, 13, 60, 67, 134
Dezimaläquivalent 174
Dezimalpunkt 61
Dialog 44
— betrieb 36
DIN-Tastatur 6, 89
DIR 111, 115
DISKCOMP 113
DISKCOPY 113, 155
Diskette 15, 37, 46
Disketten BASIC 37, 88
— Inhaltsverzeichnis 103
— Laufwerk 14
— Prüfung 119

— Speicherkapazität 120
Doppelt breite Schrift 84
DOS 46
DOS Betriebssystem 17, 18, 110
— Kommandos 110
— Kopie 158
— Systembereitschaftszeichen 114
Drucker 19, 78
Dualzahlen 179

E
E 126
EDIT-Kommando 73
Editor 42, 122
— Aufruf 122
— Bereitschaftszeichen 123
EDLIN-Kommando 112, 122
Ein-Ausgabesteuerung 40
Einfügen von Zeichen 66, 72, 127, 137
— von Zeilen 75, 140
Eingabe 2, 55, 58, 83, 99, 126
— einheit 2
— fehler 61
— taste 9
— tastatur 6, 20
Einrichten von Dateien 124
Einschalten 44
END-Taste 13, 65, 69
ERASE 111, 163
Ersetzen von Zeichen 64, 72, 131
— von Zeilen 74
ESC-Taste 12, 68
Externe Speicher 2, 14, 41

F
Farbgrafikbildschirm 14
— adapter 14
Fehler 60
Fehlermeldung 41, 118
Fernseher 14
Festplatte 19
Festwertspeicher 45
Fettdruck 86
File 99
FILES 103, 107
Firmware 45
Floppy Disk Laufwerk 14
FORMAT 113
Formatgerecht 61
Formatierung 15, 18, 95
Fortgeschrittenes BASIC 38
FORTRAN 32, 38
Funktionstasten 10

G
Grafikmatrixdrucker 19
Grundsystem 26

H
Hardware 4, 39
Hauptspeicherkapazität 120
Helligkeitsknopf 26
HELP-Routinen 43
Hexadezimal 29
— äquivalent 174
Hilfsdatei 124
Home 8, 12
Hülle 16

I
I 126, 140
IBM-DOS-Betriebssystem 46, 89
Indexloch 16
Information 2
Inhaltsverzeichnis 103
INS-Taste 13, 66, 137
Interface 5, 172
Interpreter 32, 35

K
Kaltstart 12, 114
Kassetten BASIC 37
Kbit 2, 172
Kbyte 2, 172
KEY 11, 52
Keyboard 20
KILL 106, 109
Kommando 41, 43
— worte 43
Komprimierte Schrift 85
Kontrastknopf 26
Kopieren von Dateien 145
— von Disketten 155
Korrektur 64

L
L 129
Laden 37
Landesspezifische Systemdiskette 89
Langloch 16
Laufwerkangabe 102
— umschaltung 102
Leerzeichen 56
— taste 13
Leitwerk 3
Line Editor 42
LIST 11, 47, 70, 72

LLIST 84
LOAD 11, 49, 105, 107
Logische Fehler 61
Löschen von Dateien 163
— von Programmen 77
— von Zeichen 67, 72, 134
— von Zeilen 68, 75, 139
LPRINT 83
LPT1 11, 51

M
Magnetbandkassettenrekorder 14
Maschinensprache 28
Meldung 41
Minidiskette 16, 17
Momentane Umschaltung 7
Monitor 5, 21, 39

N
Name 105, 109
Neustart 63
NEW 77
NEW FILE 124
Normaldiskette 16, 17
NUM-LOCK-Taste 7, 12, 160

O
Objektprogramm 32, 33, 39
OK 37
Operating System 38
Organisationsprogramm 39
OS 38

P
PASCAL 32, 38
PL1 32
Problemorientierte Programmiersprachen 31
Programm 1, 2, 4
— eingabe 33
— erstellung 52
— gesteuertes Drucken 83
Programmierhilfen 42
— sprache 5, 28
Programmlaufverfolgung 42
— pause 12
— start 168
Prozessor 5
PRTSC-Taste 13, 161

Q
Quelldatei 124
Quellprogramm 32, 33, 39

R
R 142
RAM 2, 172
Rechenlauf 33, 44
— werk 3
Register 172
RENAME 111, 165
RENUM 53
RETURN-Taste 9
Rücktaste 9, 68
RUN 11, 48, 59

S
S 144
SAVE 11, 50, 103, 108
Schirmbild 37
Schlüsselwort 56
Schreib-Lesekopf 15
Schreib-Lese-Speicher 2, 173
Schreibschutzkerbe 16
Schwarz-Weiß-Bildschirm 21
SCREEN 11, 52
Screen Editor 42
Sektor 15
Shift 7
Software 4
Space 13
Speicher 2
— kapazität 16
Speichern auf Diskette 103
Speicherplatzbedarf 121
— verwaltung 40
Spur 15
Standard BASIC 37
Starten 59, 114
Statusbericht 119
Steuerwerk 3
Symbolischer Code 30
Syntax Error 60
Syntaxfehler 60
SYS 113, 158
SYSTEM 169
Systembereitschaftszeichen 37, 44
— diskette 89, 91
— einheit 5, 20
— laufwerk 89
— wiederanlauf 12
— zustand 42